当青春遇见马克思

本书编写组

人民出版社

《当青春遇见马克思》编委会

前 言

读者朋友们现在阅读的《当青春遇见马克思》这本书，从多维度、多视角、多层面阐释了“青春”与马克思的“遇见”和对话。这本书的作者，有知名教授，也有青年学生，他们有一个共同点就是年轻，其中不少是“90后”。希望这本饱含青春气息、具有青春魅力的书，能够得到广大读者尤其是青年朋友的喜爱和共鸣。

1818年5月5日马克思出生在德国特里尔城，今年是马克思诞辰205周年和逝世140周年。马克思给我们留下的最有价值、最具影响力的精神财富，就是以他的名字命名的科学理论——马克思主义。马克思主义极大推进了人类文明进程，马克思至今依然被公认为“千年第一思想家”。马克思主义产生于那个时代又超越了那个时代，是那个时代的思想精华又是整个人类的思想精华。在人类思想史上，还没有一种理论像马克思主义那样对人类文明进步产生了如此广泛而巨大的影响。学习马克思，就要学习和实践马克思主义关于人类社会发展规律的思想、关于坚守人民立场的思想、关于生产力和生产关系的思想、关于人民民主的思想、关于文化建设的思想、关于社会建设的思想、关于人与自然关系的思想、关于世界历史的思想、关于马克思主义政党建设的思想等，并不断赋予其新的时代内涵。

马克思主义是我们立党立国、兴党兴国的根本指导思想，拥有马克思主义科学理论指导是我们党鲜明的政治品格和强大的政治优势，是我们党坚定信仰信念、把握历史主动的根本所在。“不断谱写马克思主义中国化时代化新篇章，是当代中国共产党人的庄严历史责任。”① 党的二十大报告中的这一重要论述表明新时代新征程我们继续推进实践基础上理论创新的主题和统领，就是开辟马克思主义中国化时代化新境界，不断谱写马克思主义中国化时代化新篇章。这是当代中国共产党人的庄严历史责任，也是哲学社会科学工作者和马克思主义理论学者共同的使命担当。党的二十大报告还指出：“中国共产党人深刻认识到，只有把马克思主义基本原理同中国具体实际相结合、同中华优秀传统文化相结合，坚持运用辩证唯物主义和历史唯物主义，才能正确回答时代和实践提出的重大问题，才能始终保持马克思主义的蓬勃生机和旺盛活力。”② 这一“深刻认识到”既是百年感悟、经验总结，也是本质内涵、时代要求，更是推进马克思主义中国化时代化的规律性认识。

马克思说过：“理论在一个国家实现的程度，总是取决于理论满足这个国家的需要的程度。”③ 一百年来，中国共产党坚持把

---

① 习近平：《高举中国特色社会主义伟大旗帜　为全面建设社会主义现代化国家而团结奋斗——在中国共产党第二十次全国代表大会上的报告》，人民出版社 2022 年版，第 18 页。

② 习近平：《高举中国特色社会主义伟大旗帜　为全面建设社会主义现代化国家而团结奋斗——在中国共产党第二十次全国代表大会上的报告》，人民出版社 2022 年版，第 17 页。

③ 《马克思恩格斯选集》第 1 卷，人民出版社 2012 年版，第 11 页。

马克思主义写在自己的旗帜上，不断推进马克思主义中国化时代化，用博大的胸怀吸收人类创造的一切优秀文明成果，用马克思主义中国化的科学理论引领伟大实践。马克思主义的科学性和真理性在中国得到充分检验，马克思主义的人民性和实践性在中国得到充分贯彻，马克思主义的开放性和时代性在中国得到充分彰显。

相较于马克思所处的那个时代，当今世界和当代中国都发生了前所未有的深刻变化，但是马克思主义的世界观和方法论没有过时，我们还要“回到马克思”“走近马克思”“走进马克思”，马克思仍然“与我们同行”，是我们“同时代的人”。面对百年未有之大变局和世所罕见史所罕见的风险挑战，迫切需要立足时代前沿，观照重大现实，坚持问题导向，推进理论创新。习近平总书记指出:“问题是创新的起点，也是创新的动力源。只有聆听时代的声音，回应时代的呼唤，认真研究解决重大而紧迫的问题，才能真正把握住历史脉络、找到发展规律，推动理论创新。”① 我们要强化问题意识，把握历史主动，在统筹世界百年未有之大变局和中华民族伟大复兴的战略全局的“两个大局”中，在实现以中国式现代化全面推进中华民族伟大复兴的“中心任务”中，让马克思主义展现出更强大、更有说服力的真理力量。

“道固远，笃行可至。事虽巨，坚为必成。”实践发展没有止境，理论创新也永无止境。一个民族要走在时代前列，就一刻

① 习近平:《在哲学社会科学工作座谈会上的讲话》，人民出版社 2016 年版，第 14 页。

不能没有理论思维，一刻不能没有正确思想引领。恩格斯说过："马克思的整个世界观不是教义，而是方法。它提供的不是现成的教条，而是进一步研究的出发点和供这种研究使用的方法。"①问题是时代的声音，新征程上继续推进马克思主义中国化时代化理论创新，开辟马克思主义中国化时代化新境界，就要以科学的态度对待科学，以真理的精神追求真理，坚持实事求是、解放思想、守正创新，用马克思主义观察时代、把握时代、引领时代，科学回答中国之问、世界之问、人民之问、时代之问，用马克思主义之"矢"去射新时代中国之"的"，不断谱写马克思主义中国化时代化新篇章，发展当代中国马克思主义、21 世纪马克思主义。让我们大家特别是青年学者青年朋友们一起为此努力，我想这就是《当青春遇见马克思》的学术追求、价值旨向、意义所在。

郭建宁

2023 年 3 月

① 《马克思恩格斯选集》第 4 卷，人民出版社 2012 年版，第 664 页。

目 录

第 一 章

文本阅读中的马克思

一、阅读马克思主义文本的方法

文本阅读的方法很多，不同类型和不同性质的文本具有不同的阅读方法，不能一概而论。但是，不是从具体方法，而是从方法论的角度来讲，马克思主义文本的阅读又存在着一些基本原则。只有坚持和掌握好这些基本原则或者说基本方法，才能透彻地理解马克思主义的文本，更深入地掌握马克思主义的基本原理。在我们看来，历史性方法、总体性方法、批判性方法和创造性方法是有效阅读马克思主义文本的基本方法，也是马克思主义经典作家本身进行研究和阅读的基本方法。这些方法论层面的方法，是马克思主义文本阅读的“道”，而不是阅读的“技”。在这里，我们将结合马克思主义的世界观和方法论，就这些基本方法进行初步阐释，希望对青年朋友阅读马克思主义文本，走进马克思主义的理论大厦有所帮助。

（一）历史性的阅读方法

读者总是免不了带着自己的认识背景、立场偏好去解读文本，读者与作者之间存在必然的不同和差异。这种差异作为文本阅读的前提和约束性条件，常常给阅读理解带来困难。困难倒不是说读者不了解、不认识作者在文本中提到的人物、事件、著作等具体内容，而是说由于这种差异，读者并不一定了解作者的动机、目标、用意，以至于对文本的内容、意义和性质难以做出客观的判断和评价。如何来解决这一困难，在读者与文本之间建立有效的交流和对话呢？我们认为，历史唯物主义的历史性方法具有重要意义。所谓历史性方法，就是通常讲的以历史的眼光看待问题，也是揭示和把握事物历史性特征的方法。历史性方法要求在阅读马克思主义文本的时候，将文本及其中的概念、范畴、命题放到历史语境和历史发展过程中进行把握，揭示它们的历史性规定，从而真正达到同情的理解，避免教条主义，避免主观臆断和苛求前人。

首先，历史性的阅读方法要求将马克思主义的文本放到文本产生的历史语境中进行考察。马克思主义将理论看成对现实的观念把握，现实是原本，文本只是副本，因此只有将副本放置到与历史原本的关联中，放到副本诞生的历史语境中，文本才能得到正确理解。历史是产生理论的土壤。在历史唯物主义看来，文本中的概念、命题、思想没有独立的生命，它们不过是移入头脑的改造过的东西而已，是对现实的抽象和概括，“这些抽象本身离开了现实的历史就没有任何价值”①。如果我们不回到文本产生的历史语境中去，不去了解文本与其时代之间的关联，我们就不

① 《马克思恩格斯文集》第1卷，人民出版社2009年版，第526页。

能真正掌握文本的内容、性质、意义和限度。在阅读马克思主义文本的时候，认认真真地考察它产生的历史背景，了解文本面对的现实状况，以及文本要解决的客观问题，是阅读马克思主义文本的第一要求，也就是马克思主义经典作家经常采用的阅读方法和研究方法。

其次，历史性的阅读方法要求在文本产生的思想语境中理解文本。历史性阅读不仅要回到“历史原本”中去，还要回到“思想副本”中去把握文本。对人类历史发展与具体现实的理解是在“思想副本”中实现的，人类思想本身就是人类历史发展的观念建构，是观念中的现实。因此，一种思想理论的形成，从而一本经典文本的诞生，不仅是对现实的反应，也常常受到各种思想和文本的影响。马克思主义是在吸收前人思想成果的基础上形成发展起来的。我们只有把马克思主义文本放置到具体的思想语境中，对比分析它与相关思想的联系与差异，才能看到具体文本的理论价值和历史意义。比如说，如果不把马克思的《1844 年经济学哲学手稿》放到当时德国古典哲学、英国政治经济学和法国社会主义思潮取得的思想成就和理论限度中，我们就根本无法判定这一著作的理论价值，甚至无法读懂其中某些具体内容。就像一个孩子更像他的同时代人，我们只有与同时代人相比较才能真正认识这个孩子一样，文本也要在它同时代相关文本思想中才能得到准确的理解。

最后，历史性阅读方法要求在历史发展的过程中理解文本思想的相对性。历史性的观点不仅要求我们在具体历史语境中理解事物，也要求我们以历史发展的眼光认识事物的生成变化，理解事物的阶段性与过程性。文本一旦创作发表出来，就相对确定和相对完成了。但是，文本的生命却是在阅读、传播和接收的过程中得到展开的。经典的文本往往会在不同的历史时间被重新阅读。不同历史时期对相同的文本内容会有不同的理解，同一文本会产生不同的影响。因此，把握不同文本在内容上的联系和差异，揭示不同文本对同一问题的看法，了解同一文本在不同历史语境中的接受情况，才能把握文本意义和价值的流变，才能对文本进行客观的、历史的评价，真正把握文本的生命力和历史意义。

对当代青年而言，掌握历史唯物主义的历史性方法，以历史的眼光阅读马克思主义文本，是读通、读透马克思主义著作的首要要求。马克思主义文本是历史存在的产物，不同时期的文本都是对相应历史时代的理论反映和观念表征，无论是“历史原本”还是“思想副本”都是不断发展变化的，我们要始终保持一种开放的态度，把握文本的历史性。历史性阅读方法将文本置于其产生的历史语境和历史发展过程中进行理解，一方面能够避免将马克思主义看作抽象绝对真理的教条主义，另一方面能够避免从历史的变迁出发否定马克思主义的虚无主义观点。

（二）总体性的阅读方法

我们讲的总体性方法，是一种世界观也是一种方法论。它要求在总体性的联系中把握对象，揭示对象自身及其与周遭之间的辩证联系，从而深入地理解和把握对象本身。事物从来不是抽象同一的孤立个体，一方面它总是处在复杂网络关系中的节点，另一方面它本身又是由众多可分要素和层次构成的复合总体。因此，对于事物的认识就要坚持总体性的方法，在总体联系中把握事物。文本也是一种事物，阅读文本尤其要求一种总体性的方法。马克思主义经典作家本身对总体性的方法有过深入阐释。将总体性作为马克思主义文本的阅读方法，有利于克服当今时代碎片化、浅层化、表象化的阅读趋势，加深对马克思主义的理解。

首先，总体性的阅读方法强调在多重文本关系中理解文本，而不是孤立地进行文本解读。马克思主义发展史上产生了许许多多的文本，文本之间形成了复杂的关系，有的文本之间疏远，有的文本之间亲近，有的文本相互印证，有的文本又相互抵牾。要深入地理解一个文本，就需要将单一的文本放置到相关的文本群中，放到总体的文本联系中进行阅读，让相关的文本相互对话，而不是孤立地就某个文本阅读某个文本。孤立地进行单个的文本阅读，看不到文本内容之间的联系，看不到思想的发展和变化，因此常常会导致片面的、极端的结论。我们只有在文本的总体联系中，才能辨识一个文本的内容、性质和意义，辨别哪些观点是一以贯之的，哪些观点是发生了根本性变化的；哪些内容是本质重要的，哪些内容是次要的；哪些范畴淡化甚至消除了，哪些范畴却得到了强化和进一步的发展。在总体联系中，我们才能理解这些变化的性质和意义。

其次，总体性的阅读方法要求在总体性的问题框架中把握文本的具体内容。马克思主义是一种总体性理论，马克思主义坚持总体性的眼光来看待事物、研究事物。这绝对不是说，马克思主义理论是一种宏大空疏的理论，马克思主义文本没有对问题进行细致入微的分析，因此，阅读马克思主义的文本只要大而化之地把握一些抽象的教条就够了。辩证的总体性强调的是，一个文本的总体问题、总体立场、总体观点和总体取向在具体的环节和要素中得到展开，它们规定了具体要素和环节的基本性质。黑格尔讲真理是过程，真理是全体，只有在总体过程中具体要素才能获得它特定的内涵和位置。要深入地理解文本中的具体范畴、命题和思想，就要将它们放到文本的总体框架和总体意识中进行把握，而不是将它们从总体意识和总体联系中抽象出来，孤立地进行理解。在今天这样一个浅层化、碎片化的阅读时代，存在着各种对马克思主义文本的挑章摘句、片面引用，存在着各种对马克思主义具体命题、思想、理论的误解和曲解。青年人要真正深入理解马克思，有效阅读马克思主义文本，就要克服这些现象，坚持总体性的阅读方法，避免断章取义、囫囵吞枣地阅读，错失与马克思主义的真正相遇。

最后，总体性的阅读方法要求把握文本的复杂性，而不是进行一种抽象的还原主义解读。上面我们讲到，阅读马克思主义文本要抓住总问题，在总体框架中理解具体细节和内容。这种阅读方法绝对不是对文本内容的简化，不是忽视文本内容和内涵的丰富性和复杂性。马克思主义的总体性范畴不是指抽象主义、还原主义的同一性总体，而是“具体的总体”，它是将对象看成是各种关系、层次、要素构成的复杂总体，反对将对象看成由抽象同一性本质规定的绝对存在。在谈到人的本质时，马克思坚决地反对本质主义和还原主义的抽象立场。在马克思看来，人的本质

“在其现实性上，它是一切社会关系的总和”①，因此，我们认识人就是要把握人丰富的社会性，在各种存在关系、存在方式和存在过程中理解人的现实，从抽象上升到具体，而不是停留在它的抽象规定上。总体性的阅读方法就是秉承马克思主义的这种方法论原则，把文本看成是复杂的辩证总体，强调文本的复杂性、丰富性，要求从多层次、多维度、多视角的总体视域中把握文本，挖掘和发现文本的丰富内涵和多重意义，从而加深对文本的理解。

在马克思主义学说中，具体不是脱离总体的孤立存在，而是始终处于总体性关系中的具体。有效阅读马克思主义文本，掌握马克思主义的基本概念和观点，必须将其置于总体性的关系中进行分析。只有掌握总体性的阅读方法，我们才能在马克思主义的总体理论中理解具体的问题，才能在某一文本的总体性中把握文本中涉及的具体问题和具体内容，在总体与具体的辩证循环中深化对马克思主义文本的理解。

（三）批判性的阅读方法

马克思主义理论是一种批判性理论，法兰克福学派甚至以社会批判理论来命名马克思主义。批判性是马克思主义的基本特征。这种批判性体现在马克思主义理论的主题是对现代资本主义文明的理论批判，马克思主义把批判看成人类思想发展的基本手段，马克思主义本身是通过理论上的批判和自我批判得以确立并不断在社会历史中发展变化的理论。批判性的方法是马克思阅

① 《马克思恩格斯文集》第 1 卷，人民出版社 2009 年版，第 501 页。

读他人文本的方法，马克思的不少著作都冠以“批判”之名，诸如《黑格尔法哲学批判》，《神圣家族》的副标题是“对批判的批判所做的批判”，《资本论》的副标题为“政治经济学批判”。这些著作都是马克思在批判性阅读其他学者作品的过程中形成的。在这个意义上，批判性也是马克思主义理论的基本方法。阅读马克思主义文本，我们要具有批判性精神，坚持批判性思维。批判性的阅读是反对教条主义、反对盲目迷信，促进思想解放，实现理论创新的基本阅读方法。

首先，批判性的阅读方法意味着辩证的理性立场，而不是抽象否定。对于批判和批判性，日常生活中常常存在误解，这个词变得具有贬义，好像就是打击、否定，不讲情面地瓦解对立面的观点。实际上，批判意味着辩证的理性立场，也就是在把握对象的基础上客观地对对象进行判定。在这个意义上，批判是人类思想和理论发展的根本方法，批判性已经成为现代精神的基本特征，思想和理论常常通过批判并且接受批判才能得到确立和确认。在文本阅读中坚持理性的批判立场，客观地辨析文本的内容、性质、价值和意义，是文本阅读的基本要求。批判意味着理性的反思，而不是盲目崇拜，不是把作者或者某一作品看成不能质疑的绝对权威，代表着永恒的绝对真理，而是在历史过程中、在总体关系中辨析文本的贡献和局限，对某一思想、某一文本进行准确的定位。在马克思主义文本的阅读中，我们要特别地强调这种批判的方法，避免将马克思主义神圣化，违背马克思主义的批判精神。马克思主义本身是在批判和自我批判中不断发展变化的。

其次，批判性的方法意味着细致地分析和解构，以松动和激发文本的内在活力。批判性并不只是一种立场和思维方式，在文本解读方法的意义上它有点类似于解构主义的解构方法，要求通过细致的辩证和分析，就像庖丁解牛那样深入文本的深处去把握文本，剖析文本内部要素、环节、层次之间的交叉联系、空白断裂、矛盾冲突、自洽抵牾，从而达到深入理解、揭示文本意义和限度的目的。批判性的阅读是一种内在深入的文本阅读方法，它让文本内部的要素和结构状况被展示出来，用文本自身来说话。批判性的阅读并不崇拜任何文本，并不先入为主地强调文本本身的权威性、自洽性和统一性，而是更多地揭示文本本身存在的问题，松动文本已经形成的僵硬形象，从而达到激活文本生命力和多样性的潜能。马克思可以说是这种批判性阅读方法的大师和高手，通过批判性的阅读产生了大量的经典文本，比如《黑格尔法哲学批判》《神圣家族》和《德意志意识形态》等等。批判性的阅读方法，有利于我们发现马克思主义文本的丰富内涵，有利于我们重构马克思主义文本的理论形象，有利于打破绝对主义的文本阅读思路，开启文本的开放性，在解构中发现新的思想因素。

最后，批判性的阅读方式指向思想和理论的建构。批判性的阅读不是为了否定和抛弃一个文本，不是为了批判而批判，不是为了解构而解构，而是在解构和分析中走向理论的建构。对于批判思维来说，它不把理论体系看成绝对自洽和稳定的抽象结构，不把一种理论看成是绝对正确的永恒真理。人类思想的发展就是不断生成和解构的循环过程，批判不过是顺应并介入这个过程的中介因素，它在促成旧思想瓦解的过程中促成新思想的诞生。批判性方法立足于马克思所言的辩证法的基础之上，即在对现实事物肯定的理解中包含着对事物否定的、必然灭亡的理解。正是这种辩证法的基本观念，要求文本阅读要以主动的姿态参与思想建构—解构—建构的循环过程。解构的目的是建构，建构不仅包含解构的环节并且最终会走向结构的瓦解。以批判性的方式阅读马克思主义文本，根本目的是指向马克思主义的创新，指向马克思主义理论的建构。

我们阅读马克思主义文本的时候，一方面是坚持其真理性成分，另一方面是解析理论中存在的问题，为新的理论创造提供原料和滋养，从而推动马克思主义的与时俱进和当代发展。当代青年在阅读马克思主义著作的时候，一定要避免绝对主义和虚无主义的抽象对立，从抽象的肯定倒向抽象的否定，而是要以马克思主义辩证的批判性方法来阅读马克思主义文本本身，从而真正做到一脉相承和与时俱进的辩证统一。

（四）创造性的阅读方法

阅读马克思主义文本的目的是坚持和发展马克思主义，而不是教条主义地固守理论的传统。因此，在马克思主义文本阅读中，一定要坚持创新性的思维，以便在坚持马克思主义基本原理的基础上，实现马克思主义的创造性发展。一部马克思主义的发展史，本质上就是马克思主义理论不断自我革命，从而不断实现自我创新的历史。这就要求我们以创造性的眼光、态度和目的来阅读马克思主义的文本。我们要坚持问题导向，带着对现实的关怀去阅读文本，在文本的断裂、空白、模糊和冲突的地方发现新的理论生长点，推进理论的创新。

首先，创造性阅读意味着我注六经基础上的六经注我，在经典的基础上推进理论发展。“我注六经”的阅读注重对文本义理的把握，强调回归文本本身，注重文本文献的分析，字句的考证诠释，拒绝对文本文意的延伸和发挥。一般来说，这种我注六经的阅读方法具有当然的合理性，但就马克思主义理论的品性和宗旨来说，以这种方法为主阅读马克思主义文本显然不够。马克思主义从来不把自己的理论和文本看成是完成了绝对真理的静止文本，而是在实践中发展生成的历史性理论。因此，马克思主义对文本的解读绝对不是对某种圣书的注解，不是一种单纯的阐释和宣教。客观阐释马克思主义文本，要求具有我注六经的文本功夫，但这只是基本要求，更重要的是我注六经基础上的六经注我，让经典作家的思想为我所用，成为我们新思想、新理论的资源和基础。只要没有违背马克思主义基本立场、观点和方法，为理论上的创新对马克思主义经典思想和文本的征用完全是正当的、合理的，而且是必须的。

其次，创造性阅读意味着以现实为指向的理论回溯，为回答现实问题寻找理论的支持。就像习近平总书记指出的那样：“时代是思想之母，实践是理论之源。实践发展永无止境，我们认识真理、进行理论创新就永无止境。今天，时代变化和我国发展的广度和深度远远超出了马克思主义经典作家当时的想象。”①

① 习近平：《在庆祝中国共产党成立 95 周年大会上的讲话》，人民出版社 2016 年版，第 9 页。

有效阅读马克思主义文本，就不能照本宣科，刻舟求剑，而应该以实践为基础，以解决我们的实际问题为导向，进行创造性的阅读。在阅读中，以现实问题激活文本，以文本中的思想回应现实，在现实与理论之间形成辩证的对话，让理论服务现实，而不是成为剪裁现实的工具。在马克思主义理论发展过程中，列宁、毛泽东等经典作家都是创造性阅读的典型代表。他们结合丰富的实践斗争阅读马克思主义文本，实际运用马克思主义理论，实现了马克思主义的民族化和时代化，使马克思主义始终保持着与时俱进的强大生命力。正如毛泽东在《改造我们的学习》中指出的："在这种态度下，就是要有目的地去研究马克思列宁主义的理论，要使马克思列宁主义的理论和中国革命的实际运动结合起来，是为着解决中国革命的理论问题和策略问题而去从它找立场，找观点，找方法的。"① 我们在理论阅读和研究文本的过程中，要时刻注意以现实问题为导引，注重运用马克思主义的理论解释现实、解决现实问题，从而进一步推进马克思主义中国化时代化。

最后，创造性阅读是文本本身的再发现，凸显文本被遮蔽的潜在活力。我们说，每一个文本都是总体性的存在，文本的诞生就意味着作者赋予了文本特定的内涵。但是，文本内容、意义、价值的实现却是历史性的过程，是在传播、接受过程中被揭示和展现出来的。由于历史实践的发展变化，不同历史时期对同一文本的理解是不同的，特定的历史条件还可能对文本

① 《毛泽东选集》第 3 卷，人民出版社 1991 年版，第 801 页。

造成一定程度的遮蔽。创造性阅读就是在特定的历史时期，处于特定的现实和思想语境中，阅读者努力发掘、凸显文本被遮蔽的内容、性质和意义，将那些潜在的、未曾得到显现的因素凸显出来，以阅读者的独到眼光和创造性意识，重新激活文本，赋予文本新的价值和意义。今天，社会历史在加速发展，各种问题层出不穷，各种思想相互激荡，阅读视角丰富多彩。我们只要不是把马克思主义的文本看成是静止的僵死的东西，而是把它们看成生成发展着的鲜活存在，充分发挥自己的主体性，创造性地阅读马克思主义的著作，我们就能够从中汲取丰富的营养，从不同的视角和侧面激活文本，使马克思主义众多文本展示出鲜活的生命力。

前面我们分别阐释了有效阅读马克思主义文本的 4 种基本方法。历史性方法、总体性方法、批判性方法以及创造性方法本身是内在统一的方法论原则，或者说是方法论层面的方法。历史性方法侧重于纵向的发展视角，总体性方法侧重于横向的系统性视角，坚持历史性和总体性的方法实际上就是要求以理性的、辩证的批判性方法来阅读马克思主义的文本，以便把握一个文本及其内容具体的、历史性的特征和性质，揭示其历史性的生命力及其限度，为新的理论创造提供基础。创造性阅读是前 3 种阅读方法的目的所在，要求我们在经典文本的原生问题与时代问题的视域融合中进行阅读，以时代之问激活经典的原生问题，以原生问题的经典性论述开启对时代之问的回答，从而实现理论的创新。正如习近平总书记所言："共产党人要把读马克思主义经典、悟马克思主义原理当作一种生活习惯、当作一种精神追求，用经典涵养正气、淬炼思想、升华境界、指导实践。”① 时代赋予当代青年的不仅是“解释世界”，更重要的是“改变世界”。我们唯有反复阅读经典，才能淬炼思想，才能升华境界，才能获得指导实践的科学理论并且在实践中实现理论的创新。

二、新世界观的天才萌芽:《关于费尔巴哈的提纲》

1845 年 1 月，马克思遭到法国反动当局的驱逐，被迫从巴黎移居比利时的布鲁塞尔。在布鲁塞尔的这几年，也是马克思思想实现彻底转变，真正实现升华和飞跃的几年。正是在这个时期，马克思写下了一个提纲式的笔记，即《关于费尔巴哈的提纲》(以下简称《提纲》)。《提纲》是马克思为了写《德意志意识形态》，对费尔巴哈进行的研究，在一边读费尔巴哈的著作时，一边记下来了 11 条笔记。

但《提纲》在马克思生前并没有发表，马克思把它写在了 1844—1847 年的笔记本中。这个笔记本是什么时候被发现的呢?是在马克思逝世以后，恩格斯在整理马克思遗稿的时候发现了这个提纲，并将其作为《路德维希·费尔巴哈和德国古典哲学的终结》一书的附录发表了出来，取名为《马克思论费尔巴哈》。为了使读者对马克思的这个不是为出版而写的文件更容易理解，恩

① 习近平:《在纪念马克思诞辰 200 周年大会上的讲话》，人民出版社 2018 年版，第 26 页。

格斯曾做了某些文字上的修改，而《关于费尔巴哈的提纲》这一标题是苏共中央马克思列宁主义研究院在发表这个提纲时加上的。

从《提纲》的名字来看，它是对费尔巴哈的批判。马克思的《提纲》对费尔巴哈进行批判意味着马克思告别了旧哲学的最后一站，开始了新世界观的征途。那么费尔巴哈是谁呢？费尔巴哈是德国古典哲学的最后一位代表人物。他是一个坚定的但是不彻底的唯物主义者。他的唯物主义思想是半截子唯物主义。

费尔巴哈的全名叫路德维希·安德列斯·费尔巴哈。1804年，费尔巴哈出生在德国巴伐利亚兰茨胡特城的一个书香之家。19岁时，费尔巴哈进入海德堡大学学习神学。但在他学习神学的第2年，便对神学感到失望，而对哲学更感兴趣，于是转学到柏林大学跟随黑格尔学习哲学。1826年，费尔巴哈已经成为了一名狂热的黑格尔信徒，他称《逻辑学》为“哲学的法规大全”，认为它“包含了全部哲学”。然而抱有怀疑精神的费尔巴哈在学习黑格尔哲学的同时，也逐渐对黑格尔哲学产生了质疑。他对黑格尔哲学的前提和抽象性质产生了怀疑，并开始重新思考思维和存在、逻辑和自然的关系问题。他不满意于黑格尔哲学的抽象性，开始致力于自然科学的研究。之后，他到爱尔兰根大学学习了两年自然科学，并在爱尔兰根大学留任讲授哲学史。

1830年，费尔巴哈私下撰写了他的第一部著作《论死与不朽》，驳斥了“灵魂不灭、个人不死”的观点。在当时不允许随便评价宗教的社会氛围中，他十分激进、大胆地抨击和否定了宗教，触犯了正统的基督教的逆鳞。本来这只是费尔巴哈私下的研究结果，并没有打算出版，只是在亲密的朋友圈内部小范围交流而已。但他的所谓友人在他不知情的情况下竟然匿名出版了这本书，又被执行书报检查制度的行政当局追查到了他的真实身份。爱尔兰根大学深表遗憾地废除了费尔巴哈的执教资格，使得费尔巴哈在远离德国科学文化中心的穷乡僻壤中孤独地度过了余生。

虽然隐居在乡下，但是他力图从穷乡僻壤中积极参加国内的精神生活。他批判黑格尔哲学，成为同黑格尔哲学彻底决裂的唯物主义者。1839 年出版的《黑格尔哲学批判》揭露了黑格尔哲学的本质，他认为黑格尔的哲学实际上就是理性化、现代化了的神学。基督徒用信仰来解释上帝，黑格尔则把上帝化成了理性，因此，费尔巴哈认为黑格尔哲学是神学最后的避难所和最后的理性支柱。1841 年，费尔巴哈发表了《基督教的本质》。在《基督教的本质》中，费尔巴哈把神的本质归结为人的本质，坚决地宣布了唯物主义和无神论，“直截了当地使唯物主义重新登上王座”①，证明自然界不依赖任何哲学、精神而存在，自然界是人类赖以生长的基础，宗教只是自然与人类本质的产物。费尔巴哈是人本学理论的集大成者，他的人本理论学说勇敢地把人从宗教神学和理性主义的怀抱与羁绊中解放出来，并成为马克思人本理论的宝贵思想资源。

费尔巴哈对马克思的影响固然很大，但马克思在费尔巴哈的理论基础上克服了它的缺陷，建立起了自己的科学唯物主义。而《提纲》正是马克思与费尔巴哈人本主义唯物主义正式决裂的

---

① 《马克思恩格斯选集》第 4 卷，人民出版社 2012 年版，第 228 页。

起点，全面揭示了费尔巴哈人本主义唯物主义的局限性，也可以说是马克思思想的分水岭。

回顾马克思思想的发展历程，《提纲》是马克思思想发展的必然产物。1842 年，马克思在《莱茵报》工作时，用黑格尔客观唯心主义的国家观对普鲁士的封建专制制度进行了猛烈批判。在《莱茵报》的一年多时间里，马克思的思想发生了一个重要的转变，他越来越强烈地意识到黑格尔理想化的唯心主义国家观在现实的国家面前是软弱无力的，普鲁士国家只对私人利益负责。这使他最终放弃了对黑格尔哲学的信仰，在 1843 年开始接受费尔巴哈的人本主义哲学，并在此影响下从事批判封建专制制度和资本主义制度的理论活动。尽管几乎是从这一转变的一开始，马克思就发现了费尔巴哈思想的某些局限性，并且也自觉地把费尔巴哈人本主义方法的理论视域推广到了经济生活的领域，但在 1845 年之前，马克思对于哲学人本主义思维方法本身却一直没能进行有效的批判，也未能提出一个代替人本主义的新的观点。

1844 年，马克思撰写了《1844 年经济学哲学手稿》，并和恩格斯共同撰写了《神圣家族》，还曾对人本主义唯物主义的历史观持赞同态度。但是由于马克思最终发现了生产力和生产关系的矛盾，发现了历史发展的物质动因问题，实现了从人本主义历史观向唯物主义历史观的飞跃。1845 年 3 月，马克思为了批判德国资产阶级经济学家李斯特的《政治经济学的国民体系》一书，对经济学又做了一次更加深入的研究。这对于马克思的思想发展来说是一个重要的契机。与斯密等古典经济学家不同，李斯特是国家保护主义的代表。在这之前，对斯密、李嘉图等人的经济学研究使马克思产生了这样一个思维定式，即从私有制现实出发的理论必然与工人阶级的利益相悖。对李斯特经济学观点的批判使马克思的这一思维定式得到了转变。李斯特从国家利益出发反对古典经济学的基本方法，提出了与世界主义相对立的国家主义以及与交换价值相对立的生产力这两个基本观点。在对李斯特的观点批判中，马克思逐渐认识到，只有彻底科学的才是真正人道的，只有从现实的物质生活出发才能够真正得出符合无产阶级利益的结论。因此，在 1845 年春天，马克思思想的发展已经给他提供了全面剖析费尔巴哈人本主义哲学方法的充足条件。在这一意义上，我们可以说，《提纲》是马克思思想发展的一种必然产物。

1845 年的春天，当恩格斯再次见到马克思时，恩格斯惊讶地发现，短短的几个月，马克思已经从历史唯物主义的基本原理出发，开始批判他们一度崇拜过的费尔巴哈。就是从这个《提纲》开始，马克思才真正成了现在我们认为的代表辩证唯物主义和历史唯物主义的那个“马克思”。恩格斯对《提纲》给予了高度评价，认为它是“包含着新世界观的天才萌芽的第一个文献，是非常宝贵的”①。

此外，从无产阶级革命运动的理论要求的角度上看，《提纲》的产生也不是偶然的，它是适应无产阶级革命实践需要的产物。19 世纪上半叶，在英、法等欧洲一些比较先进的国家，随着资本主义大工业的迅速发展，资本主义生产方式的内部矛盾日益尖锐，无产阶级反对资产阶级的斗争也日益高涨。1831 年和 1834

① 《马克思恩格斯选集》第 4 卷，人民出版社 2012 年版，第 219 页。

年法国里昂工人先后举行了两次武装起义；1836—1848年英国的宪章运动发展成为第一次群众性的、政治性的无产阶级革命运动；1844年德国西里西亚纺织工人爆发了武装起义。这些事件表明，无产阶级已经作为一支独立的政治力量，登上了历史舞台。但是这时的工人运动仍然带有自发性质，它迫切需要科学的理论指导。另外，当时在工人运动内部还流传着各种资产阶级、小资产阶级思潮，这就严重阻碍了工人运动的进一步发展。社会历史的发展已经在呼唤一种新的理论出现。《提纲》正是在这一时代背景下诞生的。

为什么《提纲》这么重要？因为《提纲》第一次提出了马克思主义哲学区别于旧唯物主义的一个根本观点，就是实践的观点，这标志着马克思已经找到了解开他思想困扰的钥匙。马克思认为实践是历史发展的基础，同时也是哲学理论的基础，把革命实践作为马克思主义哲学的出发点和落脚点。马克思把实践观点引进认识论，奠定了辩证唯物主义的基础，把实践观点应用于社会历史领域，提出了历史唯物主义的基本原理，从而阐明了马克思主义哲学的显著特点，提出了无产阶级哲学的历史使命和根本任务。因此，《提纲》的最大的理论价值在于什么呢？它是辩证唯物主义和历史唯物主义的奠基石，标志着马克思与旧唯物主义彻底划清了界限，在思想上彻底转变成为了新唯物主义者。而恩格斯将《提纲》称为“包含着新世界观的天才萌芽的第一个文献”，其根据也正在于此。

《提纲》的第一条即表明了马克思在哲学世界的新观点即实践的观点。按照这种新的世界观，世界在本质上就是人的实践活动，人与外界客体在世界中是以实践的方式结合在一起的。人类的社会历史既不是精神发展的历史，也不是事物客体的机械运动的历史，但它也不是对人类的精神、价值以及客观对象的抛弃，它是以人的实践的方式把上述主体与客体两方面的因素统一在一起的过程。通过实践，人在改造外部对象的同时也改变了自己的生活、活动方式，从而体现了人作为主体的价值的不断实现。在现实的社会生活中，这必然要通过生产关系的革命来完成。共产主义是人类主体价值的真正实现，而历史的意义也正是通过这样的方式表达出来的。在这一理论维度上，实践又具有革命的、批判的意义。

因此，随着实践世界观的诞生，便出现了一种新的精神即现实的、实践的人文精神，一门新的科学即关于社会历史的真正的科学。在世界观维度上的实践的立足点为马克思得出生产力、生产关系的概念及其分析方法直接打通了道路。

值得指出的是，在把握这一条笔记内容时，对一些重要句子的涵义一定要作准确的理解。在谈到费尔巴哈唯物主义的缺点时，马克思说它“对对象、现实、感性，只是从客体的或者直观的形式去理解，而不是把它们当做人的感性活动，当作实践去理解，不是从主体方面去理解”①。这是对费尔巴哈哲学世界观的准确界定。费尔巴哈的哲学主要是用来批判宗教神学的，在宗教中，神具有独一无二的自明性，费尔巴哈的哲学为了达到批判宗教的目的，用自然界和人代替了神的地位。因此，在费尔巴哈看

① 《马克思恩格斯选集》第 1 卷，人民出版社 2012 年版，第 137 页。

来，外界事物和人即整个感性世界是独立自存的。这就等于把现实世界看成了一个凝固的客体。从思维方式的角度来看，这显然是直观的。进一步来说，费尔巴哈理论的目的也并没有向他发出实践式思维的呼唤，作为对神性的批判，费尔巴哈只需指出神的观念是人的本质的异化就可以了。费尔巴哈除了宗教批判之外，就是忙于建立他的爱的新宗教了，这就更不需要实践式的思维方式了。

在谈到唯心主义的观点时，马克思说它们“当然是不知道现实的、感性的活动本身的”①。这句话同样也点出了唯心主义世界观的根本特性。当然，对此我们也不能作机械的理解。唯心主义者不是不承认外界对象的真实存在，而是仅仅把对象看作是一种现象。他们认为，在现象的背后隐藏着的是它的本质即精神。主观唯心主义者把这种精神理解为个体的主观精神，客观唯心主义者则把它理解为绝对的客观的精神。黑格尔就是一位客观唯心主义者，在他看来，在作为现象的世界历史背后存在一个世界精神，是它在推动着真实历史的前进。既然如此，正像马克思所说的，他就“当然是不知道现实的、感性的活动”②即实践活动本身了。

马克思在《提纲》中还批判了费尔巴哈在人的本质问题上的观点，并提出了对人的本质的科学界定，即《提纲》的第六条内容。

---

① 《马克思恩格斯选集》第 1 卷，人民出版社 2012 年版，第 137 页。

② 《马克思恩格斯选集》第 1 卷，人民出版社 2012 年版，第 137 页。

人的本质是什么？这是一个古老的哲学问题。古今中外的思想家在这一问题上提出过各种不同的观点。有人从伦理的角度研究人的本质，如中国古代的思想家所提出的“人善说”和“人恶说”。有人从自然实体的角度研究人的本质，如古希腊的哲学家们把人归结为火、水等等。也有从生物生理的角度来理解人的本质的，如弗洛伊德就把人的本质看作是性。而马克思则把人的本质视为一切社会关系的总和：“人的本质不是单个人所固有的抽象物，在其现实性上，它是一切社会关系的总和。”① 这是唯物史观对人的本质的经典论述。

任何个人都处于现实的社会关系之中，因而，在他的身上必然体现着当时社会关系的特征。资本主义社会中的人必然会被利益的关系所笼罩，用马克思的话来说就是他们处在“物化”的社会关系之中。而封建社会中的人则是以人身的依附和被依附关系为主要特征的。这就是人的本质的现实性一面。然而，实践的观点的另外一个重要的内涵是指实践活动的革命性特征。也就是说，现实的社会关系本身是处在一个不断发展的过程之中的，并且发展的根源还直接来自它本身。这就预示着人的本质中必然还同时拥有超越现实性的一面。在资本主义社会，随着社会生产力的不断发展，无产阶级身上的对现实社会关系的超越性就会越来越强地表现出来，直至资本主义制度最终被推翻。值得指出的是，人的本质中的这两个层面在实践的视域内其实都是具有现实性的，而不单单是现实性的特征才具有现实性。在理解这一条中

① 《马克思恩格斯选集》第 1 卷，人民出版社 2012 年版，第 139 页。

的“在其现实性上”[1]这一限定语时，我们要格外注意。马克思在这里并没有放弃人对现实的超越性的思想层面。如果对这几个字仅仅直观理解，那就会大大缩小马克思实践观点的内涵及其理论意义。事实上，正是由人的本质的现实决定性和潜在超越性共同构成了人的本质的真正现实性。

马克思在这一条提纲中还批判了费尔巴哈关于人的本质的观点。马克思认为，费尔巴哈的思想存在以下 3 个方面的矛盾：第一，唯物主义与历史主义的矛盾。当费尔巴哈坚持唯物主义时，他就把人看作是一种直观感性的存在，一种从自身出发的自在存在，这样的人显然是在社会历史之外的。当费尔巴哈谈论历史发展的时候，他只把诸如宗教之间的更替现象理解为历史本身，这实际上就把宗教意识这一唯心主义的因素看成了历史的主体。造成这种现象的根本原因在于费尔巴哈撇开了人类实践活动的真实过程，假定出了一种抽象的、孤立的人类个体。第二，人道主义思维原则与感性直观的认识原则之间的矛盾。按照费尔巴哈感性直观的认识方法，人的存在与本质是一致的，因为既然人是自我证明的自在存在，他就不会有与当前存在所不同的另外一个本质。可当用这样的方法去分析私有制社会中的现实的人时，便会出现与费尔巴哈坚持的另一个原则即人道主义的思维原则相对立的情况。私有制下的人是以物质利益为轴心的“物化”的人，如果承认人的这种存在就是人的本质的话，岂不跟作为费尔巴哈哲学基本立论的人的类本质思想相矛盾了吗？反过来，当费尔巴

① 《马克思恩格斯选集》第 1 卷，人民出版社 2012 年版，第 139 页。

哈坚持人道主义原则的时候，他也不可能彻底地贯彻感性直观的认识方法。费尔巴哈只有在假定的“类”中，在“一种内在的、无声的、把许多个人纯粹自然地联系起来的普遍性”①中才可能真正自由地运用他的人道主义思维方法。第三，理论与实践的矛盾。作为一名哲学人本主义者，费尔巴哈也努力地使自己的理论起到批判现实的作用。可由于其在对人的认识问题上的非实践性，他的理论与真正的批判性实践相距甚远。谈到现实生活世界的异化，费尔巴哈说这是由于人处于孤立的、个体的状态所导致的，解决这一问题的办法也很简单，只要把这些处在孤独之中的个人组合成一个符合人本质的“类”就可以了。对现实生活的如此批判在马克思看来是根本没有找到正确的方向。在这一条提纲中，马克思说的“费尔巴哈没有对这种现实的本质进行批判”②，也正是这个意思。另外，从费尔巴哈感性直观的认识原则中最终还会得出为现实辩护的保守结论。既然存在与本质是一致的，存在决定本质，那么，人们在现实中所要做的难道不就是安于现状吗？从这里我们也可以看出费尔巴哈的局限性。

《提纲》的最后一条，“哲学家们只是用不同的方式解释世界，而问题在于改变世界”③。马克思在这一条中从哲学使命的角度论述了新唯物主义的特点，同时也批判了旧哲学在这方面的局限性。

---

① 《马克思恩格斯选集》第 1 卷，人民出版社 2012 年版，第 139 页。

② 《马克思恩格斯选集》第 1 卷，人民出版社 2012 年版，第 135 页。

③ 《马克思恩格斯选集》第 1 卷，人民出版社 2012 年版，第 140 页。

马克思说过去的“哲学家们只是用不同的方式解释世界”，事实的确如此。在马克思以前的哲学家中，虽然也有一些号称“战斗的”唯物主义者，如18世纪的法国唯物主义者们。但即使是他们，在本质上也没能使自己的哲学越出“解释世界”的范围。具体表现在：第一，他们没能真正提出改造世界的任务。要想在哲学上提出改造世界的任务，必须要具备这么一个思想前提，即科学地分析社会的基本结构以及人类历史发展的基本规律，而这对于过去的哲学家来说是不可能的。他们没有看到现实实践关系的改变在改造世界中的根本地位，而是把思想关系的改变视为自己理论的核心，这就决定了他们不可能真正提出改造世界的任务。第二，他们没有找到改造世界的现实力量。过去的哲学家们囿于其阶级局限性，不可能发现无产阶级这一改造世界的现实力量，因此，他们所能做的至多也只是对现实世界的思想上的改造。

马克思说“问题在于改变世界”，这意思是说新唯物主义是把与无产阶级利益直接相连的革命性视为自己的核心特征之一的。这里实际上点出了新唯物主义的科学性与党性、世界观与方法论之间的辩证关系问题。在马克思看来，唯物主义一旦深入到社会历史领域，那么，它只有与无产阶级的利益联系起来，把改变资本主义这一旧世界作为自己的基本理论任务，它才可能具有科学性。这是唯物主义学说的科学性与党性的相互结合问题。任何超越于这种党性之外的科学性都将是不可能的。另外，如果不把改变世界作为自己的首要目标，不把唯物主义理解为一门改造世界的学问，那么，即使是在对世界的理解和解释的问题上，它也不可能得出正确的答案。放弃改变世界的使命，就是放弃了实践的哲学观，没有了实践的观点，对世界的任何哲学解释都将是不科学的。这里说明的是新唯物主义的世界观与方法论在实践基础之上的统一问题。

值得指出的是，我们在理解这段话时应着力避免对之作僵化的解释。马克思在这里绝没有轻视解释世界的重要性的意思，他所批判的只是以前的哲学家对世界的错误的解释方法及其由此得出的思想结论。在马克思本人的思想中，解释世界与改造世界是相互统一的。如果不能对世界作出正确的解释，那就不能真正地改变世界；如果不以改变世界为理论目标，那么，要想正确地解释世界也是不可能的。而唯物主义历史观不仅是正确解释世界的科学理论，也是改造旧世界的强大思想武器。

三、留给老鼠的牙齿去批判:《德意志意识形态》

《德意志意识形态》（以下简称《形态》）是马克思和恩格斯合作的第二本著作。如同马克思的《1844 年经济学哲学手稿》那样，《形态》同样是一本命运多舛的著作。《形态》在马克思和恩格斯生前没有出版，它曾经长期存放在德国社会民主党档案库中，直到 1932 年才由苏共中央马克思恩格斯研究院发表了该书的德文全文。马克思回忆道："当1845年春他也住在布鲁塞尔时，我们决定共同阐明我们的见解与德国哲学的意识形态的见解的对立，实际上是把我们从前的哲学信仰清算一下。这个心愿是以批判黑格尔以后的哲学的形式来实现的。两厚册八开本的原稿早已送到威斯特伐利亚的出版所，后来我们才接到通知说，由于情况改变，不能付印。既然我们已经达到了我们的主要目的——自己弄清问题，我们就情愿让原稿留给老鼠的牙齿去批判了。”① 虽然《形态》“留给老鼠的牙齿去批判”了 80 多年，以致这本著作长期湮没无闻，但是马克思和恩格斯所“弄清的问题”，使得《形态》占据着马克思主义思想史上极其重要的位置。从某种意义上说，这是一本改变人类思想史进程的伟大著作，是一本人类重新考察自身历史的里程碑式著作。为什么《形态》具有如此重要、不可取代的意义？就让我们带着这一问题走进《形态》的文本世界。

（一）为什么要批判“德意志意识形态”？

《德意志意识形态》的副标题为“对费尔巴哈、布·鲍威尔和施蒂纳所代表的现代德国哲学以及各式各样先知所代表的德国社会主义的批判”。根据这一副标题可知，《形态》所说的“意识形态”不是一般意义上的意识形态，而是特指当时德国以费尔巴哈、布·鲍威尔和施蒂纳为代表的青年黑格尔派哲学思想和“真正的社会主义”思潮。要理解马克思和恩格斯为什么对“德意志”的意识形态采取批判态度，这就需要从 19 世纪的德意志民族说起。

与同时代的英国、法国民族相比，德意志民族的突出特征是政治专制、经济落后与哲学思想文化高度发达的同时并存，由

① 《马克思恩格斯文集》第 2 卷，人民出版社 2009 年版，第 593 页。

此造成了德意志民族的时代错位。正像马克思在《〈黑格尔法哲学批判〉导言》中所说的:“正像古代各民族是在想象中、在神话中经历了自己的史前时期一样,我们德国人在思想中、在哲学中经历了自己的未来的历史。我们是当代的哲学同时代人,而不是当代的历史同时代人。”① 对于德意志民族来说,德国经济政治的落后造成其行动上的软弱,而德国的哲学文化却向来处于欧洲领先地位,如此一来德意志民族就会很自然地借用哲学文化上的高歌猛进来战胜其社会实践上的胆小萎缩,从而曲折地表达其对时代的同步感。正是这种“精神胜利法”使得德意志民族的代言人,即以费尔巴哈、布·鲍威尔和施蒂纳为代表的德意志意识形态家逐渐习惯于在客观事物尚未成熟的条件下,以完全脱离于客观事物的主观联系来代替客观事物本身的联系,以纯粹想象的关系来弥补和克服现实的残破对人的种种制约性规定,这就使得德意志意识形态比英国和法国的意识形态更加依赖于精神的想象能力和“概念的自我规定”。正像阿尔都塞所言:“同德国的历史不发达相对应,德国在意识形态和理论方面表现为过分发达,这是其他欧洲国家不能和它相比的。不过,这种理论的发达是一种异化的意识形态的发达,它同它反映的真实问题和真实对象没有具体的联系,而这一点却非常重要。”② 因此可以说,马克思和恩格斯对“德意志”意识形态的批判,首先是对“德意志”的政治经济现实与意识形态之间的错位配置进行批判,是对“德意志”落

① 《马克思恩格斯文集》第 1 卷,人民出版社 2009 年版,第 9 页。

② [法] 阿尔都塞:《保卫马克思》,顾良译,商务印书馆 2006 年版,第 64 页。

后现实基础上产生出异化的意识形态的批判。

除此之外，马克思和恩格斯的理论批判矛头还指向了“德意志意识形态”本身，这就涉及“德意志意识形态”的问题。表面看来，以青年黑格尔派为代表的德意志意识形态家专事于抽象缥缈的精神王国，不与德国粗糙的现实生活尤其是德国资产阶级的物质利益相关联。然而这是假象！马克思和恩格斯一针见血地指出：“青年黑格尔派的意识形态家们尽管满口讲的都是所谓‘震撼世界的’词句，却是最大的保守派。如果说，他们之中最年轻的人宣称只为反对‘词句’而斗争，那就确切地表达了他们的活动。不过他们忘记了：他们只是用词句来反对这些词句；既然他们仅仅反对这个世界的词句，那么他们就绝对不是反对现实的现存世界。”① 与通常的利益辩护方式不同的是，青年黑格尔派以激烈的词句批判的方式来为德国资产阶级利益张目。由于德国资产阶级的物质利益尚处于封建专制王权的束缚之中，而德国资产阶级不敢像法国资产阶级那样公开地伸张自己的思想主张，因此就找到了青年黑格尔派的神秘主义思辨方式来曲折地表达他们的利益诉求，这种方式在马克思和恩格斯看来最大的问题就是绝缘于“德国哲学和德国现实之间的联系问题”，绝缘于“他们所作的批判和他们自身的物质环境之间的联系问题”。② 建立在这些绝缘之上，青年黑格尔派就能够在“纯粹的思想领域中”掀起一次次的“世界性骚动”，这些骚动的典型特征便是“虚假”，表现为颠

① 《马克思恩格斯文集》第 1 卷，人民出版社 2009 年版，第 516 页。

② 《马克思恩格斯文集》第 1 卷，人民出版社 2009 年版，第 516 页。

倒观念和现实的派生关系、将历史多重规定性稀释为观念的单一规定性、将人的精神的中介作用夸大为决定作用、撇开实证材料的纯粹想象、盲目相信理性的批判力量等。就青年黑格尔派哲学的表现形态来说，这种哲学是一种相信观念派生现实的哲学，这似乎与德国资产阶级的利益诉求没有多少关系；而就青年黑格尔派哲学的功能来说，这种哲学发挥着分解德国现实、以观念层面的词句批判回避实践层面的资产阶级批判的功能。就此而言，青年黑格尔派哲学是一种关于资产阶级合法性、虚假性的意识形态。正是在这种意义上，马克思和恩格斯指认青年黑格尔派哲学思想对德国现实的辩护性和保守态度，而要从根本上克服这种意识形态的问题，就要使“现存世界革命化”，以实践的批判来取代纯粹的观念批判。

（二）新世界观：“从人间升到天国”的道路

在马克思主义发展史上，1845 年是马克思写作《关于费尔巴哈的提纲》和他与恩格斯开始共同创作《形态》的时间，由此 1845 年成为马克思和恩格斯与他们之前的哲学思想分道扬镳的年份，更成为他们创立历史唯物主义及其新世界观的年份。恩格斯将《提纲》称作“包含着新世界观的天才萌芽的第一个文献”。那么在《提纲》之后，《形态》则顺理成章地担负起系统阐发新世界观的任务。通常来说，人们会把《形态》看作是历史唯物主义的著作，这一理论定位是正确的，不过还不全面。实质上，马克思和恩格斯通过历史唯物主义论述阐发了更具有普遍性意义的崭新的世界观，即人类重新看待包括人类历史在内的世界万事万物的新视角和新观点。

在《形态》第 1 卷第 1 章，马克思和恩格斯开宗明义地指出："德国哲学从天国降到人间；和它完全相反，这里我们是从人间升到天国。"①"人间"是指人们的观念、意识、思维的生活根源和社会土壤，"天国"是指人们头脑中的观念、意识和思维。究竟是从观念出发来把握现实，把现实和社会理解为观念体系或精神框架中的内容，还是从现实生活出发来把握观念的起源与发展，这是《形态》所表达的新世界观与德意志意识形态所采取的世界观的本质区别。德意志意识形态之所以陷入虚假，重要原因在于它把观念和意识上升为现实生活的主导者，把思维看作统治着人们的枷锁。例如，鲍威尔把"自我意识""类"当作统治着人们的东西，费尔巴哈则推崇"感性的人"，而施蒂纳则通过"唯一者"的概念将人的个体推举为现实生活的基石。不难看出，德意志意识形态家之间的辩驳不过是"一些原则为另一些原则所代替，一些思想勇士为另一些思想勇士所歼灭"②的过程，这些都属于"用词句来反对这些词句"的观念斗争，丝毫不触及现实生活的真实改变。对此，马克思和恩格斯使用了一个非常形象的比喻来讽刺德意志意识形态家们："有一个好汉忽然想到，人们之所以溺死，是因为他们被重力思想迷住了。如果他们从头脑中抛掉这个观念，比方说，宣称它是迷信观念，是宗教观念，他们就会避免任何溺死的危险。他一生都在同重力的幻想作斗争，各种

① 《马克思恩格斯文集》第 1 卷，人民出版社 2009 年版，第 525 页。

② 《马克思恩格斯文集》第 1 卷，人民出版社 2009 年版，第 513 页。

统计给他提供大量有关这种幻想的有害后果的新证据。这位好汉就是现代德国革命哲学家们的标本。”① 正是在“天国”统治“人间”这一点上，马克思和恩格斯旗帜鲜明地指认了德意志意识形态的谬误，同时也正面表达出他们自己的世界观：“我们不是从人们所说的、所设想的、所想象的东西出发，也不是从口头说的、思考出来的、设想出来的、想象出来的人出发，去理解有血有肉的人。我们的出发点是从事实际活动的人，而且从他们的现实生活过程中还可以描绘出这一生活过程在意识形态上的反射和反响的发展。”②“它不是在每个时代中寻找某种范畴，而是始终站在现实历史的基础上，不是从观念出发来解释实践，而是从物质实践出发来解释各种观念形态”③，马克思和恩格斯就是在德意志意识形态家止步不前的地方继续向前考察，终于发现了现实生活的真正出发点和起源地——物质实践，并由此开始重新解释人类历史和世界众多事物的理论历程。

按照“从人间升到天国”的世界观思路，被德意志意识形态崇拜得无以复加的观念和精神，其实根源于粗糙的物质世界。“‘精神’从一开始就很倒霉，受到物质的‘纠缠’，物质在这里表现为振动着的空气层、声音，简言之，即语言。”④ 所有的精神概念无非是语言世界的直接产物，而语言不是人们头脑中先天就有的，不是“天国”中先验存在的，语言只不过

---

① 《马克思恩格斯文集》第 1 卷，人民出版社 2009 年版，第 510 页。

② 《马克思恩格斯文集》第 1 卷，人民出版社 2009 年版，第 525 页。

③ 《马克思恩格斯文集》第 1 卷，人民出版社 2009 年版，第 544 页。

④ 《马克思恩格斯文集》第 1 卷，人民出版社 2009 年版，第 533 页。

是"人间"的现实生活的表现。"语言是一种实践的、既为别人存在因而也为我自身而存在的、现实的意识。语言也和意识一样，只是由于需要，由于和他人交往的迫切需要才产生的。"① 正是在交往需要的现实驱动之下，人类社会才产生了语言现象和意识现象。没有无缘无故的爱，也没有无缘无故的恨，所谓"爱""恨"意识不过是现实的物质世界及其实践活动的产物。由此可知，不是观念世界产生物质世界，而是物质世界派生出观念世界，这就需要从《形态》新世界观所揭示的物质世界和实践活动出发，去探究人类历史的丰富多彩而又复杂斑驳的观念世界。

（三）唯物史观：人类历史进程的科学阐明

唯物史观是《形态》最重要的思想成果，马克思和恩格斯通过对唯心史观的批判，创立了唯物史观，从根本上扭转了人类思考自身历史进程的出发点和方向，科学回答了物质生产在人类社会中的基础性作用，以及生产力与生产关系、经济基础与上层建筑的关系，从而实现了对人类历史进程的科学阐明。

在《形态》中，马克思和恩格斯对唯心史观的批判主要体现在对施蒂纳的历史编纂学的批判上。施蒂纳对于历史的阐释，要么采取古代人、近代人、自由者的三段论，要么采取童年、少年和成年的三段论，正如马克思指出的："在圣麦克斯这里，我们找到这种历史观的光辉范例。思辨的观念、抽象的观点变成了历

① 《马克思恩格斯文集》第1卷，人民出版社2009年版，第533页。

史的动力，因此历史也就变成了单纯的哲学史。”① 面对这种从观念出发来审视人类历史进程的方式，马克思和恩格斯针锋相对地提出了从物质生产出发来观照人类历史进程的唯物史观：“这种历史观就在于：从直接生活的物质生产出发阐述现实的生产过程，把同这种生产方式相联系的、它所产生的交往形式即各个不同阶段上的市民社会理解为整个历史的基础，从市民社会作为国家的活动描述市民社会，同时从市民社会出发阐明意识的所有各种不同的理论产物和形式，如宗教、哲学、道德等等，而且追溯它们产生的过程。这样做当然就能够完整地描述事物了（因而也能够描述事物的这些不同方面之间的相互作用）。”② 这段关于唯物史观的经典论述，成为我们科学把握唯物史观的重要文本依据。

唯物史观要解决的第一个重要问题便是物质生产在人类社会中的作用问题。唯心史观总是把物质生产看成是人类历史不重要的东西，或者是把物质生产消融在观念意识的体系中，这种历史把握方式不仅歪曲了人类历史的本来面貌，而且也导致了在历史解释路线、历史目的论等方面的一系列谬误。马克思和恩格斯指出，物质生产在人类进程中发挥着决定性的基础作用：“我们首先应当确定一切人类生存的第一个前提，也就是一切历史的第一个前提，这个前提是：人们为了能够‘创造历史’，必须能够生活。但是为了生活，首先就需要吃喝住穿以及其他一些东西。

① 《马克思恩格斯全集》第 3 卷，人民出版社 1960 年版，第 131 页。

② 《马克思恩格斯文集》第 1 卷，人民出版社 2009 年版，第 544 页。

因此第一个历史活动就是生产满足这些需要的资料，即生产物质生活本身，而且，这是人们从几千年前直到今天单是为了维持生活就必须每日每时从事的历史活动，是一切历史的基本条件。”①物质生产在人类历史中的基础作用，使得唯物史观必然高度重视物质生产的重要作用。

作为历史的科学把握方式，唯物史观不仅要阐释物质生产的基础作用，而且要阐发物质生产的内部矛盾，从而揭示人类历史发展的内在动力，这就是生产力与生产关系、经济基础与上层建筑之间的关系。当然，马克思和恩格斯在《形态》中尚未形成“生产关系”“经济基础”等概念，而只是提出了与“生产关系”比较接近的“交往形式”、与“经济基础”比较接近的“市民社会”，但是毫无疑问的是，《形态》已经形成生产力决定生产关系、生产关系对生产力具有反作用，经济基础决定上层建筑、上层建筑反作用于经济基础的基本原理。马克思和恩格斯指出：“一切历史冲突都根源于生产力和交往形式之间的矛盾”②。那么，这种矛盾又是如何具体表现的呢？“这些不同的条件，起初是自主活动的条件，后来却变成了自主活动的桎梏，这些条件在整个历史发展过程中构成各种交往形式的相互联系的序列，各种交往形式的联系就在于：已成为桎梏的旧交往形式被适应于比较发达的生产力，因而也适应于进步的个人自主活动方式的新交往形式所代替；新的交往形式又会成为桎梏，然后又为另一种交往形式所代

① 《马克思恩格斯文集》第1卷，人民出版社2009年版，第531页。

② 《马克思恩格斯文集》第1卷，人民出版社2009年版，第567—568页。

替。由于这些条件在历史发展的每一阶段都是与同一时期的生产力的发展相适应的，所以它们的历史同时也是发展着的、由每一个新的一代承受下来的生产力的历史，从而也是个人本身力量发展的历史。”① 人们根据《形态》的这段论述，提炼出“生产力决定生产关系，生产关系对生产力具有反作用”的基本原理，并将此作为唯物史观的重要组成部分。

针对经济基础和上层建筑之间的关系，《形态》首先指出了经济基础对于上层建筑的基础作用：“真正的市民社会只是随同资产阶级发展起来的；但是市民社会这一名称始终标志着直接从生产和交往中发展起来的社会组织，这种社会组织在一切时代都构成国家的基础以及任何其他的观念的上层建筑的基础。”② 简言之，经济基础决定上层建筑。那么，上层建筑是怎样反作用于经济基础呢？马克思和恩格斯通过“国家和法同所有制的关系”的分析作出了深刻的回答。现代国家在受到资产阶级的左右的同时，更是要保证资本主义私有制及其所产生的财产利益，这是现代国家的重要使命。“由于私有制摆脱了共同体，国家获得了和市民社会并列并且在市民社会之外的独立存在；实际上国家不外是资产者为了在国内外相互保障各自的财产和利益所必然要采取的一种组织形式。”③ 相比于唯心史观往往把国家的作用推崇得至高无上，马克思和恩格斯的唯物史观揭示出国家的阶级基础和自

① 《马克思恩格斯文集》第1卷，人民出版社2009年版，第575—576页。

② 《马克思恩格斯文集》第1卷，人民出版社2009年版，第582—583页。

③ 《马克思恩格斯文集》第1卷，人民出版社2009年版，第584页。

身使命，这使得人类能够第一次以科学的方式来看待“国家”这一存在物。

（四）共产主义：不是应然的理想，而是“现实的运动”

关于马克思和恩格斯提出的共产主义，总有人认为共产主义是个遥远的乌托邦，根本不具有实现的可能性。对此，《形态》阐述了唯物史观的共产主义观与空想社会主义的共产主义观的本质区别，并旗帜鲜明地强调：“共产主义是用实践手段来追求实践目标的最具有实践性的运动。”① 在马克思和恩格斯看来，共产主义不是头脑中主观构想的一种乌托邦，而是具有充分的实践性。

共产主义的实践性体现在它必须建立在高度发展的生产力基础之上，因此它具有必不可少的经济性质。“共产主义和所有过去的运动不同的地方在于：它推翻一切旧的生产关系和交往关系的基础，并且第一次自觉地把一切自发形成的前提看作是前人的创造，消除这些前提的自发性，使这些前提受联合起来的个人的支配。因此，建立共产主义实质上具有经济的性质，这就是为这种联合创造各种物质条件，把现存的条件变成联合的条件。”②那么，实现共产主义为什么具有经济的性质呢？这是因为共产主义作为人类社会的美好状态，必定建立在生产力发达的基础之上，建立在人们不必再操心于自己现实生活的物质前提方面：

① 《德意志意识形态》节选本，人民出版社 2018 年版，第 115 页。

② 《马克思恩格斯文集》第 1 卷，人民出版社 2009 年版，第 574 页。

“生产力的这种发展（随着这种发展，人们的世界历史性的而不是地域性的存在同时已经是经验的存在了）之所以是绝对必需的实际前提，还因为如果没有这种发展，那就只会有贫穷、极端贫困的普遍化；而在极端贫困的情况下，必须重新开始争取必需品的斗争，全部陈腐污浊的东西又要死灰复燃。”① 就此而言，马克思和恩格斯反复强调实现共产主义所必须的漫长的经济运动，没有这种作为基础的经济运动，共产主义才会成为一种乌托邦，而这一观点恰恰是空想社会主义者所坚持的。

对于人们经常把共产主义理解成乌托邦，只要按照共产主义的目标和要求来建设，共产主义就会自动实现的误解，马克思和恩格斯批判了这种对共产主义理解的按图索骥方式，指出：“共产主义对我们来说不是应当确立的状况，不是现实应当与之相适应的理想。我们所称为共产主义的是那种消灭现存状况的现实的运动。这个运动的条件是由现有的前提产生的。”② 在这里，马克思和恩格斯重点驳斥了从应然理想的层面来理解共产主义的方式。所谓应然理想，是指将一个事物在现实中遇到的问题和矛盾全部撇除，从而得出一种永恒不变的理想化的事物。用马克思的话来说，“在理论上把现实中随时都要遇到的矛盾撇开不管并不困难。那样一来，这种理论就会变成理想化的现实”③。按照这种方式，本真的共产主义表述必须要抛开各个时代的社会、经

① 《马克思恩格斯文集》第 1 卷，人民出版社 2009 年版，第 538 页。

② 《马克思恩格斯文集》第 1 卷，人民出版社 2009 年版，第 539 页。

③ 《马克思恩格斯文集》第 1 卷，人民出版社 2009 年版，第 616 页。

济、政治、文化等因素的干扰才能呈现出来，否则共产主义的应然表述一定是受到“污染”的。然而，不受任何经验和实证因素“污染”的共产主义应然表述，正是因其漠视了现实的社会关系和历史条件，所以才享有了形式上的所谓普遍适用性，反过来说，在内容上注定具有一种普遍的不适用性。在一切条件下都适用的共产主义应然表述，在任何具体的条件下，都将变得软弱无力，尤其是对于以“改变世界”为旨向的唯物史观来说，抽象的共产主义应然表述不仅毫无用处，而且对于无产阶级的解放事业更是百害而无一利。

按照马克思和恩格斯的理解，共产主义无非是“现实的运动”：“实际上，而且对实践的唯物主义者即共产主义者来说，全部问题都在于使现存世界革命化，实际地反对并改变现存的事物。”① 实现共产主义，需要人类社会长期的革命化历程和实践化运动，这其中包括生产力的基础，还包括政治状况、社会关系状况、思想解放状况等一系列前提条件。“只有在现实的世界中并使用现实的手段才能实现真正的解放；没有蒸汽机和珍妮走锭精纺机就不能消灭奴隶制；没有改良的农业就不能消灭农奴制；当人们还不能使自己的吃喝住穿在质和量方面得到充分保证的时候，人们就根本不能获得解放。‘解放’是一种历史活动，不是思想活动，‘解放’是由历史的关系，是由工业状况、商业状况、农业状况、交往状况促成的”②。从一定的意义上可以说，共产主义相比于以往的所

① 《马克思恩格斯文集》第1卷，人民出版社2009年版，第527页。

② 《马克思恩格斯文集》第1卷，人民出版社2009年版，第527页。

有社会形态，具有一种严格的完备特征，其中如果产生任何一块“短板”，都会导致共产主义的无法实现。共产主义需要人们长时期地改变现存事物的“现实的运动”，就此而言，共产主义不仅不具有空想性质，而且是“最具有实践性的运动”①。

四、实践的党纲:《共产党宣言》

1847 年 12 月至 1848 年 1 月底，年仅 30 岁的马克思与恩格斯一同起草了共产主义者同盟纲领——《共产党宣言》(以下简称《宣言》)。《宣言》是国际共产主义运动的第一个纲领性文献，标志着科学社会主义的诞生，开启了国际共产主义运动的新纪元。这本小册子一经问世就震动了世界，如同一道闪电，划过暗夜的长空，以彻底的理论逻辑、富有激情的文字以及实现共产主义的伟大理想，“向全世界公开说明自己的观点、自己的目的、自己的意图”，矗立起一座马克思主义精神丰碑，对世界社会主义运动产生了巨大影响。恩格斯说，《宣言》是“全部社会主义文献中传播最广和最具有国际性的著作，是从西伯利亚到加利福尼亚的千百万工人公认的共同纲领”②。在《宣言》中，马克思和恩格斯立足实践，全面系统阐述了唯物史观和科学社会主义理论，指出资本主义的灭亡和共产主义的胜利是不可抗拒的历史潮流。马克思主义是实

---

① 《德意志意识形态》节选本，人民出版社 2018 年版，第 115 页。

② 《马克思恩格斯文集》第 2 卷，人民出版社 2009 年版，第 13 页。

践的理论，实践性是马克思主义区别于其他理论派别的显著特征。由是观之，《宣言》也同样是在实践中产生，并在指导实践过程中得到发展的。

（一）孕育于伟大实践的《共产党宣言》

1. 人类社会实践发展的产物

《宣言》包含了 7 篇序言、引言以及资产者和无产者、无产者和共产党人、社会主义的和共产主义的文献、共产党人对各种反对党派的态度 4 个章节。在《宣言》中，马克思和恩格斯高屋建瓴描述了人类社会发展的基本规律，阐明了唯物史观和科学社会主义，并以此为理论工具来观察和分析资本主义社会。《宣言》逻辑严谨，句句经典，是一部划时代的、科学洞见人类社会发展规律的经典著作，同时也是一部文采飞扬、语言优美的文学名著，读之令人震撼、动容。《宣言》不是马克思凭空创造的，而是人类社会发展特别是近代资本主义社会发展的产物。自 18 世纪起，资本主义制度在部分欧洲国家确立，工业革命迅猛发展，以细胞学说、能量守恒和转化规律、进化论为代表的成果不断出现，使得人类社会的生产力水平和认识水平达到了前所未有的高度。19 世纪初，资本主义社会的基本矛盾日益暴露，经济危机频发，资产阶级与无产阶级的矛盾异常尖锐。在此社会背景下，马克思通过研究，发现了人类社会发展的基本规律，即生产力和生产关系的矛盾运动规律。马克思和恩格斯运用这一理论来分析资本主义社会，最终发现了资本主义的基本矛盾和发展规律，并认为资本主义生产关系将不可避免地带来经济社会危机。于是，才有了《宣言》中这样的结论：现代资产阶级社会“现在像一个魔法师一样不能再支配自己用法术呼唤出来的魔鬼了”①，资本主义经济危机不可避免，资本主义的灭亡和共产主义的到来同样是不可避免的。《宣言》对资本主义的批判和预言不是道德批判，不是对资本主义的诅咒，而是将资本主义放在人类社会发展趋势和规律的大框架内来展开论述的，是建立在人类实践基础上的、严谨的科学结论。

2. 近代工人运动发展的产物

近代资本主义的发展产生了两大直接对立的阶级：无产阶级和资产阶级。在资本家的残酷压迫和剥削下，无产阶级生活陷入普遍贫困。19 世纪初，为维护自身利益，无产阶级自发组织起来开展斗争，先后爆发了里昂工人起义、英国宪章运动、德意志西里西亚纺织工人起义等工人运动。这标志着无产阶级开始作为独立的政治力量登上历史舞台。尽管最终都以失败告终，但是这些自发性的工人运动为今后的革命运动积累了丰富的经验。同时这些运动的失败也促使人们认识到，工人阶级迫切需要科学理论的指导和无产阶级政党的领导。在此历史条件下，《宣言》应运而生。《宣言》论述了阶级斗争学说，揭示了无产阶级及其政党的性质、特征和历史使命，明确了共产党人革命斗争的策略。最后，马克思和恩格斯预言“让统治阶级在共产主义革命面前发抖吧。无产者在这个革命中失去的只是锁链。他们获得的将是整个世界”②。所

① 《马克思恩格斯文集》第 2 卷，人民出版社 2009 年版，第 37 页。

② 《马克思恩格斯文集》第 2 卷，人民出版社 2009 年版，第 66 页。

以，《宣言》的诞生是近代工人运动实践发展到一定阶段的必然产物，是近代无产阶级运动的理论总结和指路明灯。自此，无产阶级也从自在阶级转化为自为阶级。

3. 马克思革命实践的产物

资产阶级通过推翻封建地主阶级建立了自己的统治，在特定历史阶段代表着革命和进步。但是资本主义建立在对无产阶级残酷剥削的基础之上，因自身局限性而弊端丛生，社会危机四伏。为消除资本主义社会弊端，各政治派别纷纷提出自己的解决方案。为维护无产阶级的根本利益，马克思积极投身工人运动和理论研究，与众多政治派别展开长期论战。在《宣言》“共产党人对各种反对党派的态度”中，马克思和恩格斯对当时流行的各种假社会主义进行逐一批判，分析了这些流派产生的社会历史条件以及他们的阶级实质、理论局限性和最终被淘汰的历史必然性，从而划清科学社会主义和其他社会主义的界线。例如，在当时德国存在各种伪社会主义的派别以及所谓“革命家”对工人阶级的欺骗活动，《宣言》对此讽刺道，“德国的社会主义者给自己的那几条干瘪的‘永恒真理’披上一件用思辨的蛛丝织成的、绣满华丽辞藻的花朵和浸透甜情蜜意的甘露的外衣”[①]。这样辛辣的讽刺看似轻松幽默，实则是马克思和恩格斯在长期革命实践中形成的理论思考和总结。

《宣言》是对科学社会主义基本观点的简明论述，内容横跨经济、政治、哲学等多个领域，揭示了人类社会特别是资本主义

① 《马克思恩格斯文集》第 2 卷，人民出版社 2009 年版，第 60 页。

社会发展的基本规律，对资本主义进行了彻底的批判。《宣言》的诞生是马克思和恩格斯革命实践的产物，也是人类实践的智慧结晶，为我们认识世界、改造世界提供了科学的世界观和方法论。

（二）在伟大实践中不断发展的《共产党宣言》

实践的观点是马克思主义哲学首要和基本的观点。马克思在《关于费尔巴哈的提纲》中写道，“哲学家们只是用不同的方式解释世界，而问题在于改变世界”①。马克思主义从来不是书斋里的学问，而是指导人们认识和改造世界，指引全世界劳动人民追求解放和实现共产主义理想的强大理论武器和行动指南。1917年，俄国十月革命建立了世界上第一个社会主义国家。二战结束后，亚欧大陆出现了一个以苏联为首的社会主义阵营。新中国的诞生和社会主义制度的确立更是将科学社会主义发展推向了新的高潮。社会主义波澜壮阔的发展历程充分证明，《宣言》所坚持的共产主义代表着人民大众的根本利益，是人类社会发展的必然趋势。

世界在发展，真理也在发展。人类社会的发展不会停滞，新的经济社会现象和科技成果不断产生，必然促进马克思主义在实践中不断发展。马克思主义从来不是封闭的理论体系，而是一个在实践中汲取营养从而不断发展的理论体系。马克思和恩格斯历来反对用教条主义的态度对待自己提出的个别具体结论。1872

① 《马克思恩格斯文集》第1卷，人民出版社2009年版，第506页。

年，在《宣言》首次发表25年后，马克思和恩格斯在为即将出版的德文版《宣言》写的序言中，一方面指出随着时代的发展，《宣言》经受住了历史和时间的检验，“这个《宣言》中所阐述的一般原理整个说来直到现在还是完全正确的”；另一方面，他们还多次直言不讳地指出“这个纲领现在有些地方已经过时了”，有些论断“就其实际运用来说今天毕竟已经过时”。[①] 马克思主义理论需要与时俱进，这才是真正的马克思主义态度！

二战以后，西方资本主义发展进入黄金期，经济繁荣，阶级矛盾相对缓和。但是其基本矛盾和运行的内在逻辑并没有变化，频繁的经济危机和各种社会弊端仍然纠缠着以美国为代表的西方资本主义社会。这充分证明，《宣言》对资本主义的批判和预测依然有效。20世纪80年代末90年代初，国际形势接连发生重大变化，苏联解体、东欧剧变，世界社会主义运动陷入低潮。与此同时，中国共产党带领中国人民在《宣言》基本理论的指导下，立足中国实际，在探索中国特色社会主义道路上取得巨大成功。中国共产党的探索丰富和发展了《宣言》中的科学社会主义理论。这也充分说明《宣言》所揭示的真理依然有效，马克思主义依然在实践中不断发展。诚如习近平总书记所说：“尽管我们所处的时代同马克思所处的时代相比发生了巨大而深刻的变化，但从世界社会主义500年的大视野来看，我们依然处在马克思主义所指明的历史时代。”[②]

---

① 《马克思恩格斯文集》第2卷，人民出版社2009年版，第5、6页。

② 《习近平谈治国理政》第2卷，外文出版社2017年版，第66页。

（三）《共产党宣言》在中国的成功实践

1921 年，中国共产党成立。100 多年来，中国共产党在马克思主义指导下，领导中国人民先后取得了新民主主义革命、社会主义革命和建设、改革开放和社会主义现代化建设、新时代中国特色社会主义的伟大胜利和巨大成就。习近平总书记在党的二十大报告中指出："实践告诉我们，中国共产党为什么能，中国特色社会主义为什么好，归根到底是马克思主义行，是中国化时代化的马克思主义行。"① 纵观 100 多年的发展历程，中国共产党始终是《宣言》的坚定信仰者、实践者和发展者。

1. 中国共产党的诞生是《宣言》和中国革命实践相结合的产物

近代以来，随着帝国主义的入侵，中华民族面临严峻的生存危机。为救亡图存，各派政治力量纷纷提出自己的解决方案。无论是农民阶级的太平天国起义和义和团运动，还是地主阶级的洋务运动，抑或是资产阶级的戊戌变法和辛亥革命，都以失败告终。这意味着，中国人民迫切需要新的科学理论来指明方向。20 世纪初的中国，资本主义初步发展，工人阶级开始登上政治舞台，同样需要能代表自己利益的理论和政党。恰在此时，十月革命一声炮响，给我们送来了马克思列宁主义，随后，《宣言》也

---

① 习近平：《高举中国特色社会主义伟大旗帜　为全面建设社会主义现代化国家而团结奋斗——在中国共产党第二十次全国代表大会上的报告》，人民出版社 2022 年版，第 16 页。

开始在中国传播。一部分先进的中国人在接触到这个理论之后迅速转变成马克思主义者。1918 年 8 月，青年毛泽东第一次到北京，在李大钊的帮助下初步接触了马克思主义。1919 年 12 月，毛泽东第二次来到北京，李大钊向青年毛泽东推荐了 3 本书：马克思和恩格斯的经典著作《共产党宣言》、考茨基的《阶级斗争》、柯卡普的《社会主义史》。多年以后，毛泽东回顾这段经历时说：有 3 本书特别深地铭刻在我的心中，建立起我对马克思主义的信仰。我一旦接受了马克思主义是对历史的正确解释以后，我对马克思主义的信仰就没有动摇过……到了 1920 年夏天，在理论上，而且在某种程度的行动上，我已成为一个马克思主义者了，而且从此我也认为自己是一个马克思主义者了。《宣言》就这样改变了以年轻毛泽东为代表的一批先进中国人的信仰。随着马克思主义在中国的广泛传播和一批确立了马克思主义信仰的先进分子的出现，在中国成立共产党组织的思想和干部条件已经具备，1921 年 7 月，党的一大开幕，宣告中国共产党正式成立。所以，中国共产党的诞生是马克思主义和中国革命实践相结合的产物，是中国近代史发展的必然结果。在这个过程中，《宣言》毫无疑问地发挥了重要作用。

在《宣言》“无产者和共产党人”中，马克思和恩格斯清晰地说明无产阶级政党的性质、特点、目的和任务，以及共产党的理论和纲领。从诞生之日起，中国共产党就是马克思主义政党，坚持马克思主义，以实现共产主义为最终目标。同时，中国共产党是中国工人阶级先锋队，致力于民族复兴和人民幸福。因此，中国共产党在坚持马克思主义的同时又带有鲜明的中国特色，是中国化的马克思主义政党。100 多年来，将《宣言》所揭示的马克思主义基本原理和中国实践相结合，是我们党屡创辉煌、谱写未来新篇的重要原因。

2. 新中国的诞生是《宣言》与中国革命实践相结合的产物

唯物史观是马克思的一个伟大发现，是研究人类社会历史的指导原则和根本方法。在《宣言》中，马克思和恩格斯阐述了唯物史观的几个基本观点：第一，关于社会存在决定社会意识、生产力决定生产关系的基本原理；第二，运用唯物史观观察和分析阶级社会，揭示了阶级社会发展的直接动力；第三，明确了无产阶级的历史使命是推翻资本主义生产方式和最后消灭阶级，最终实现共产主义。

面对半殖民地半封建社会的中国国情，在一个农民占人口绝对多数的国家取得革命胜利是中国共产党人必须完成的历史使命。以毛泽东同志为主要代表的共产党人坚持用唯物史观来分析中国社会现状，发现了近代中国存在两大矛盾：帝国主义和中华民族的矛盾，封建主义和人民大众的矛盾。中国共产党带领中国人民从实际出发，探索出一条农村包围城市、武装夺取政权的革命道路。这在世界无产阶级革命史上是仅有的，是对《宣言》中暴力革命学说的丰富和发展。1949 年 10 月，中华人民共和国成立标志着新民主主义革命取得胜利。事实证明，只有中国共产党才能救中国，只有社会主义才能救中国。1956 年，社会主义改造基本完成，我国社会主义制度建立起来了。以毛泽东同志为主要代表的共产党人又探索出以和平方式完成社会主义改造的中国之路，这是对马克思主义关于建立社会主义政权路径的丰富和发展。所以，中国革命的成功，就是中国共产党坚持《宣言》中的普遍原理同中国革命实践相结合的结果，是中国共产党不断深化对马克思主义认识的过程，也是一个不断丰富和发展马克思主义的过程。这个过程实现马克思主义和中国实践的第一次结合，理论产物是毛泽东思想。

3. 中国特色社会主义是《宣言》在当代中国应用的光辉典范

1978 年，以邓小平同志为核心的党中央作出了改革开放的重大决策，在之后 40 多年的艰辛探索中，中国共产党坚持马克思主义同中国实践相结合，逐渐形成了中国特色社会主义。中国特色社会主义理论，从本质上来说就是要解决如何在“经济文化相对落后国家建设社会主义”的理论。在这个过程中，我们形成很多具有中国特色的成功经验，这也是中国特色社会主义的重要组成部分。

坚持改革开放。改革开放是决定当代中国命运的关键一招，没有改革开放就没有今天中国经济建设的大好局面。整体而言，改革是对内的，是对生产关系和上层建筑的调整；开放是对外的，是通过融入国际市场、参与国际分工来促进经济发展。《宣言》中提出的生产力和生产关系的辩证关系原理是改革的理论依据。中国的改革就是一个不断变革生产关系和上层建筑，使之适应生产力和经济基础的过程。《宣言》中的经济全球化理论是中国对外开放的理论依据。马克思和恩格斯是经济全球化理论的先驱，认为经济全球化是生产力发展的必然结果。关于经济全球化，马克思和恩格斯在《宣言》中做出这样的论断：“资产阶级，由于开拓了世界市场，使一切国家的生产和消费都成为世界性的了”，并进一步提出，“过去那种地方的和民族的自给自足和闭关自守状态，被各民族的各方面的互相往来和各方面的互相依赖所代替了”。① 由此可见，《宣言》为中国的改革开放提供了科学的理论依据，也指导了中国的改革开放进程。

开创社会主义市场经济体制。在《宣言》中，马克思和恩格斯深刻分析了市场经济的内在逻辑，并提出要加强国家对经济的控制。仔细阅读《宣言》，马克思和恩格斯分析市场缺陷的同时并没有否认市场的重要作用。而且，第一个提出加强国家对经济的控制，这是《宣言》的一个巨大贡献。至于如何在经济建设中实现市场和国家的统一，这是当时的马克思和恩格斯不需要也不可能回答的问题。受苏联模式的影响，中国也曾建立计划经济体制，但是最终发现其严重制约了经济发展。在邓小平同志的带领下，中国共产党提出要建设社会主义市场经济体制，并取得巨大成功。这是社会主义发展史上的一个重大理论突破。在发展社会主义市场经济体制的实践中，我们不断加深对计划和市场关系的认识，坚持有效市场和有为政府的统一，这也是对《宣言》中关于政府、市场作用认识的一个重大创新。

构建中国特色的所有制制度。在《宣言》中，马克思和恩格斯认为所有制是生产关系的基础，决定着社会性质，并进而提出消灭资本主义私有制。完整阅读《宣言》会发现，文中的“消灭私有制”指的是消灭“资产阶级所有制”，而且这是一个纲领性

---

① 《马克思恩格斯文集》第 2 卷，人民出版社 2009 年版，第 35 页。

目标，需要经过漫长的过程才能实现。同时《宣言》还提出，生产关系一定要适应生产力的状况的原理。改革开放以来，面对中国落后的生产力现状，中国共产党领导中国人民最终形成了公有制为主体、多种所有制经济共同发展的基本经济制度。公有制为主体是对“所有制决定社会性质”理论的坚持，多种所有制经济共同发展是对“生产关系一定要适应生产力状况”的坚持。中国共产党在经济建设中形成的所有制制度将公有制和非公有制结合起来，是在坚持《宣言》基本理论原则基础上的重大创新。实践证明，在坚持公有制主体的前提下鼓励非公有制经济的发展，这样的所有制结构符合中国现阶段的生产力水平，可以调动各方面的力量推动中国经济发展。

提出“人民江山论”。《宣言》从不掩饰自己的阶级性，肯定人民群众在历史发展中的主体地位，强调无产阶级政党要为人民大众谋利益、为全人类谋解放。针对无产阶级政党，《宣言》中提出了很多论断：“过去的一切运动都是少数人的或者为少数人谋利益的运动。无产阶级的运动是绝大多数人的、为绝大多数人谋利益的独立的运动”，共产党人“没有任何同整个无产阶级的利益不同的利益”，“在无产阶级和资产阶级的斗争所经历的各个发展阶段上，共产党人始终代表整个运动的利益”，等等。① 作为《宣言》精神的忠实传人，中国共产党秉持“为中国人民谋幸福、为中华民族谋复兴”的初心使命，依靠人民、带领人民建立了人民政权，取得革命和建设的一系列胜利。中国共产党提出，人民

① 《马克思恩格斯选集》第1卷，人民出版社1995年版，第283、285页。

立场是中国共产党区别于其他政党的显著标志，强调造福人民、依靠人民是中国共产党在百年奋斗历程中战胜一切风险挑战的胜利密码。2021 年 2 月 20 日，习近平总书记在党史学习教育动员大会上的讲话中提出“江山就是人民，人民就是江山”①。在描述共产主义社会的时候，《宣言》提出“代替那存在着阶级和阶级对立的资产阶级旧社会的，将是这样一个联合体，在那里，每个人的自由发展是一切人的自由发展的条件”②。所以，马克思主义所讲的共产主义是建立在每个人自由而全面的发展基础之上的，是一个充分尊重和实现人民切身利益的美好社会。“人民江山论”是对人民主体地位的最新论述，也是在新时代条件下对马克思主义关于人的全面发展理论的创造性发展。

马克思主义博大精深，是一个科学、宏大而完整的理论体系。《宣言》是中国共产党的理论源泉，是一部形式和内容完美统一、能完整体现马克思主义核心思想的纲领性文献。《宣言》诞生至今已 170 多年，虽然当今世界与当年相比已经发生很大变化，但是《宣言》依然凭借其科学精神和真理力量指引着人类前进，依然展现出勃勃生机。习近平总书记在纪念马克思诞辰 200 周年大会上指出：“在人类思想史上，没有一种思想理论像马克思主义那样对人类产生了如此广泛而深刻的影响。”③

---

① 习近平：《在党史学习教育动员大会上的讲话》，人民出版社 2021 年版，第 15 页。

② 《马克思恩格斯文集》第 2 卷，人民出版社 2009 年版，第 53 页。

③ 习近平：《在纪念马克思诞辰 200 周年大会上的讲话》，人民出版社 2018 年版，第 10 页。

马克思主义的生命力在于实践。面对中国相当长时间处于社会主义初级阶段的基本国情，只有坚持把马克思主义基本原理同中国具体实际相结合、同中华优秀传统文化相结合，才能不断深化对共产党执政规律、社会主义建设规律、人类社会发展规律的认识，不断开辟马克思主义中国化时代化新境界，谱写马克思主义中国化时代化新篇章，开启全面建设社会主义现代化国家新征程。

五、工人阶级的圣经:《资本论》

当代青年生活在一个快速变革的时代，挑战层出不穷、风险日益增多，一切似乎都与马克思所处的时代截然不同。但实质上，21 世纪的青年和 19 世纪的青年对社会和世界的诸多困惑在本质上并未改变。马克思在《资本论》中对资本和资本主义社会的分析放到今天依然熠熠生辉。

（一）青年为何要阅读《资本论》?

青年对世界产生的困惑很多来自社会面临的多种危机，而这些危机则是资本矛盾运动的结果，这就需要阅读《资本论》以掌握资本的本质特性。

1. 当今社会面临诸多危机

从 2008 年全球金融危机的爆发到 2023 年美国硅谷银行的关闭，从经济全球化的逐渐降温到逆全球化的民粹浪潮，从人工智能替代人类工作的讨论到 ChatGPT 的横空出世，从全球气候变化到粮食和能源危机，世界正面临诸多危机和挑战。对此，习近平总书记提出了“世界怎么了、我们怎么办”的世纪之问，这不仅是政府工作者和学者们思考的问题，更是广大青年反复追问的问题。

青年人思维是十分活跃的，他们经常会采用动态的、矛盾变化的、辩证的视角去考察周围世界。青年大学生经常会问一些有趣的问题：各国明明加强了金融监管，为什么金融危机还是会不断爆发呢？经济全球化确实促进了世界经济的发展，为什么又会出现反全球化的右翼民粹呢？人工智能似乎正在替代人类工作，为什么又出现了更多的工作业态呢？这些充满矛盾性和辩证性的问题反映了青年人对当今社会发展的多重困惑，也从侧面证实了当今社会是一个纷繁复杂的矛盾统一体，我们必须剥去笼罩在危机现象上的面纱，从本质上考察危机和经济社会的运行规律。

2. 危机源于资本的矛盾运动

当今社会中出现的经济金融危机、生态能源危机、政治文化危机等都是资本矛盾运动的结果。资本的矛盾运动就是资本在经济社会中不断产生、发展、消亡、再次产生的反复运动过程，其中充满着政治、经济、文化、社会以及生态等各要素之间的矛盾冲突、对抗和缓解。资本的矛盾运动不仅会出现在资本主义社会这一特定社会形态内部，还会出现在一切与资本流通和积累相联系的社会形态中，因而会出现在世界的各个角落。对此，马克思曾指出：“在世界市场危机中，资产阶级生产的矛盾和对立暴露得很明显。”①

正像危难中会产生机遇一样，矛盾一方面会导致危机，另一方面还有可能产生解决危机的方案，但在资本的矛盾运动中，危机与其说是被解决了不如说是被转移了，直至下一次新危机的爆发。工业革命爆发前的英国，薪柴能源是其日常生产生活的主要能量来源，但由于英国自身资源禀赋和地理位置的原因，本国薪柴能源逐渐消耗殆尽而进口贸易又难以完全满足。面对这一矛盾，英国开始尝试开采地下煤矿以满足能源需求。随着18世纪中叶英国煤矿业的发展，化石燃料得以普及，改良后的蒸汽机提升了对煤炭的使用效率，至此英国工业革命爆发，资本主义得以迅速发展。化石燃料的使用似乎解决了英国当年的矛盾，但事实上却是矛盾被转移了，那就是随着资本主义对化石燃料的依赖，二氧化碳过度排放，温室效应和气候变化危机开始显现。

既然资本的矛盾运动造成危机的同时也带来革新的可能，那么我们应该以何种方式考察资本的矛盾运动呢？为了弄清楚这个问题，我们需要了解一个最基本的矛盾关系：生产力与生产关系的矛盾。生产力是指劳动者使用劳动工具作用于劳动对象从而改造自然的能力，生产关系则是指生产力发挥作用的过程中劳动者之间结成的相互关系。在新的生产关系建立起来之后的一定时期内，生产关系的性质同生产力的发展要求是相适应的，这时，生产关系对生产力的发展具有积极的推动作用，而当生产力发展

① 《马克思恩格斯全集》第34卷，人民出版社2008年版，第567页。

到一定程度，生产关系无法适应新的生产力水平时，矛盾就日益激化起来，这时就需要变革旧的生产关系。在此之后，新的生产关系又与生产力相适应，从而又在新的基础上开始了生产力和生产关系之间的矛盾运动。资本的矛盾运动就是在生产力与生产关系矛盾运动基础上展开的，这就需要联系马克思主义政治经济学，特别是《资本论》关于资本的分析。

3.《资本论》阐释了资本的本质

什么是资本呢？西方经济学的一般性解释是把资本视为一切投入到生产过程的有形资本、无形资本、人力资本等等。然而，这种解释是存在问题的，它只是抓住了资本表现出来的具体现象，即是用于“生出货币的货币——money which begets money——资本的最初解释者重商主义者就是这样来描绘资本的”①。这种描述方式无法从本质上理解资本的矛盾运动，更难以解释资本逻辑下的社会经济运行规律。想要从本质上了解资本，还是需要回到马克思的《资本论》，在那里马克思从多种角度阐述了资本的本质。

在马克思主义政治经济学中，要理解资本就需要理解货币，而要理解货币就需要理解商品，而商品则体现着人类劳动的价值。因此，资本可以被理解为包含一定价值的商品或货币，通过购买劳动力和生产资料投入生产过程中创造出更多的商品和货币从而实现价值增殖的一种社会关系。换言之，资本是由剩余价值转化而来的价值。价值在这里已经成为一个过程的主体，在这个

① 《马克思恩格斯文集》第5卷，人民出版社2009年版，第181页。

过程中，它不断地变换货币形式和商品形式，改变着自己的量，作为剩余价值同作为原价值的自身分出来，自行增殖。实际上，马克思至少从 3 个层面阐释了资本。

第一，资本不仅是一种经济概念，更是一种社会关系。在资本主义经济体系中，资本的所有者即资本家掌握生产资料，控制商品生产和分配过程，而工人则只能通过出售自己的劳动力来获得生活所需。这一方面形成了资本和劳动对立的阶级关系，另一方面也使资本表现出了对劳动者的剥削关系，即无偿占有和剥削劳动者创造的剩余价值。

第二，资本是自行增殖的价值。商品和货币都是资本的特殊表现形式，是自行增殖的价值在其生活的循环中交替采取的各种特殊表现形式固定下来的资本。这些商品和货币还需要被资本家再次投入生产过程中，并以此创造出更多的商品和货币，这就使得资本被使用的目的不是创造有用性，不是创造使用价值，而是创造更多的交换价值和价值。

第三，资本是一种运动过程。在特定阶级关系和剥削关系下进行自行增殖的价值必然表现为一种运动过程。资本一旦停止运动，资本中的价值就会面临丧失的风险，资本就会失去增殖的特性而不再成为资本。因此，它只能理解为运动而不能理解为静止物。

（二）《资本论》的创作背景、主要内容与内在联系

充分了解《资本论》的创作背景、主要内容以及《资本论》三卷的关系将有助于我们更加有效地阅读《资本论》。

1.《资本论》的创作背景

《资本论》第一卷的第一版出版于1867年，彼时，资本主义正处于蓬勃发展期。欧洲工业化进程不断推进，工业资本家与劳工阶级之间的关系日趋紧张，经济危机频繁爆发，失业率不断上升，社会矛盾日益尖锐，这是马克思构思和写作《资本论》的重要社会根源。

无产阶级在反抗资产阶级剥削和压迫的斗争中逐渐壮大，为《资本论》的创作提供了坚实的阶级条件。其中，最为重要的是欧洲三大工人运动。一是1831—1834年的法国里昂工人起义；二是1836—1848年英国工人们为得到自己应有的权利而掀起的宪章运动；三是1844年德国的西里西亚纺织工人举行起义。欧洲三大工人运动标志着现代无产阶级作为独立的政治力量登上历史舞台，为马克思创作《资本论》奠定了阶级基础。

《资本论》的理论来源是17—19世纪中期的古典政治经济学、德国古典哲学以及英法空想社会主义。其中，最为直接的是英法古典政治经济学，英国从威廉·配第到亚当·斯密，再从马尔萨斯到大卫·李嘉图，法国从魁奈到西斯蒙第再到萨伊，古典政治经济学为马克思从事政治经济学批判提供了大量的资料。马克思在此基础上创作了《资本论》的多个手稿，如《政治经济学批判（1857—1858年手稿）》《1861—1863年经济学手稿》等。在写作《1861—1863年经济学手稿》过程中，马克思重新研究了自己经济学著作的理论结构，决定以《资本论》为总标题进行写作，于是便有了1867年在德国汉堡出版的《资本论》第一卷。

2.《资本论》的主要内容

《资本论》全书分为三卷，涵盖了从商品、货币、资本到剩余价值生产、资本积累、资本流通、剩余价值分配等多个方面的内容。其中，第二卷和第三卷是马克思去世后恩格斯根据马克思生前的相关手稿整理出版的。

《资本论》第一卷以商品为起点，分析了商品与货币、剩余价值生产、资本积累等问题，是资本主义的生产过程。主要内容包括：(1) 商品与货币：阐述商品二因素和劳动二重性，提出了科学的劳动价值论，分析了价值形式的发展与货币的产生；(2) 资本与剩余价值：阐述了货币转化为资本，资本总公式的矛盾与剩余价值的真正来源；(3) 剩余价值的两种生产方式；(4) 资本积累的过程和规律。

《资本论》第二卷主要是围绕资本的流通和循环过程展开的，分析了资本循环、资本周转、社会总资本的再生产和流通等，是资本主义的流通过程。主要内容包括：(1) 产业资本的三种形态及其循环；(2) 固定资本与流动资本的周转过程；(3) 社会总资本的简单再生产与扩大再生产。

《资本论》第三卷主要分析了剩余价值转化为利润以及不同类型的资本家对剩余价值和利润的分配过程，是资本主义生产的总过程。主要内容包括：(1) 剩余价值转化为利润；(2) 利润转化为平均利润；(3) 利润率趋向下降的规律；(4) 信用与生息资本；(5) 地租。

3.《资本论》三卷的关系

《资本论》第一卷关注剩余价值生产的过程和动力问题，有意略去了剩余价值实现过程中的各种问题。第二卷则是假定剩余价值的生产过程中没有任何困难，转而研究实现过程中遇到的各种问题，即流通中的矛盾。第一卷告诉我们，资本积累的一般规律就是两极分化，但前提是剩余价值的实现和分割过程没有问题。纵观成熟的资本主义国家几百年的历史可以看到，在大萧条之前，资本主义侧重供给侧，强调生产更多的剩余价值，却忽视了剩余价值在实现过程中的问题。20 世纪 30 年代凯恩斯革命之后，资本主义侧重需求侧，强调实现剩余价值，但生产过程的问题不断爆发，最终以 20 世纪 70 年代两次石油危机的外部冲击结束。20 世纪 80 年代新自由主义革命后，西方再次强调供给革命，强调去约束性的生产，甚至是通过非生产性的金融化方式稳住需求，至今仍在艰难前行。

《资本论》第二卷关于资本循环的分析有意略去了货币资本、生产资本以及商品资本当事人的关系性分析，其中，生产资本的当事人即产业资本家已经在第一卷中进行了阐述，但商品资本和货币资本的当事人则被放入第三卷进行分析。另外，第二卷虽然提到了货币信用在资本流通中的重要作用，但并没有展开分析。关于货币金融信用的分析是在第三卷中，货币金融信用有助于将被固定住的资本释放出来实现资本运动的活力，但同时又打开了潘多拉的魔盒，即带来了货币金融危机的问题和矛盾。

总而言之，《资本论》三卷之间的有机联系可以概括为：第一卷假定资本持续循环（第二卷要研究的内容），分析生产中出现的问题；第二卷假定技术和组织相对稳定（第一卷要研究的内容），分析流通中出现的问题；第三卷则是分析剩余价值生产和流通顺利实现后，现实的资本运动过程中不同类型资本家之间如何瓜分剩余价值并进行再生产的。正如大卫·哈维指出的，《资本论》第一卷为我们分析资本主义生产的本质打开了一扇窗户，看到了资本主义的阶级关系和剥削关系，二、三卷则是用另一扇窗户来看待资本的世界，它让我们看到了资本是如何通过运动来塑造时空、加速剩余价值的实现，并以此为基础不断再生产出资本主义的物质资料和生产关系。

（三）青年如何阅读《资本论》

在了解了《资本论》的主要内容和基本结构后，我们应该如何阅读《资本论》呢？结合对《资本论》内容的理解和自身的阅读经验，我认为青年在阅读《资本论》时应该坚持问题导向、注意文本的整体性、关注文本的辩证性并结合自身的学科背景拓宽认知维度。

1. 坚持以问题为导向

《资本论》毕竟是150多年前的文本，虽然资本矛盾运动的本质性规律并未跳出《资本论》的分析框架，但当代资本运动的具体表现形式已经与19世纪大不相同。以下从生产、流通、消费、分配四个角度浅谈问题导向的阅读方式。

首先在生产层面。大数据、区块链、人工智能等数字化技术蓬勃发展，这些新技术的诞生和运用会如何影响剩余价值的生产，特别是在相对剩余价值的生产中数字化技术对机器体系的发展起到了什么作用，它是否达到了马克思所说的最发达的机器体系，即“通过传动机由一个中央自动机推动的工作机的有组织的体系，是机器生产的最发达的形态”①。

其次是在流通层面。高速公路、高速铁路、跨海大桥等当代大型基础设施的建设在多大程度上延长了固定资本的形成过程，又在多大程度上加速了与之相关的货币资本的运动。以中国高铁建设为例，中国高铁路网已由原来的“四纵四横”向“八纵八横”发展，预计 2030 年整个高铁路网要达到 4.5 万公里。中国高铁十余年的迅猛发展节约了国内绝大多数地区的沟通成本，为国内大循环和国内大规模市场建设奠定了基础。那么，从固定资本的流通和循环视角来看，这一过程在多大程度上体现了马克思所谓资本“用时间去消灭空间”的理论。

再次是在消费层面。消费的前提是稳定的就业与收入。在就业方面，《资本论》在分析资本积累时提出了三种形式的过剩人口或失业问题：流动的形式、潜在的形式和停滞的形式。当前，全球生产网络调用了全世界最为廉价的劳动力，并将劳动者置于新一轮不稳定的境地，产生了“不稳定的劳工”，这会对三种形式的过剩人口产生何种冲击？在收入方面，《资本论》主要从劳动者工资的角度考察了收入与消费水平，如果工资低于劳动力价值，“劳动力就只能在萎缩的状态下维持和发挥”②。但是在经济金融化高速发展的今天，即使工资低于劳动力价值，劳动者也可以通过消费信贷的形式短暂维持自身的再生产，要弄清楚这一现象就需要结合第一卷的消费理论和第三卷的信用理论一起分析了。

---

① 《马克思恩格斯文集》第 5 卷，人民出版社 2009 年版，第 438 页。

② 《马克思恩格斯文集》第 5 卷，人民出版社 2009 年版，第 201 页。

最后是在分配层面。《资本论》第三卷详细分析了产业资本家、商人资本家、借贷资本家、土地所有者等各类资本当事人对剩余价值的分割过程。其中，土地所有者获得的地租在很大程度上来自对土地的垄断而形成的超额利润。这种超额利润“产生于资本对一种能够被人垄断并且已经被人垄断的自然力的利用”①。但是，在平台经济盛行的今天，平台经济的垄断力量超出了对自然力的垄断，而且是产生于人们日常生活的数据资料和行为方式，在此基础上形成的超额利润将会如何影响不同资本当事人的分配过程呢?

2. 注意文本的整体性

《资本论》的三卷之间不是割裂的，而是一个整体，我们在阅读《资本论》时应该考虑到整体性的问题。马克思的研究方法先是从具体到抽象，把我们周围产生的现象进行深入考察并形成分析概念和范畴，然后再从抽象到具体，用这些概念和范畴去揭示现象世界的欺骗性，探究其本质内容。就像是“剥洋葱”，从表皮开始，一层层剥开外部现象直达核心，获取概念和范畴的内核，然后再从核心向外展开，通过多种理论分析，一层层回归到现象的表面。只有当你从整体性把握整个文本时，你才会真正发现《资本论》严谨的逻辑性和缜密的推理过程，并对马克思的分析能力感到震撼。

文本的整体性不仅体现在《资本论》的三卷中，《资本论》的相关手稿也是展现文本整体性的重要资料。实际上，恩格斯根

① 《马克思恩格斯文集》第7卷，人民出版社2009年版，第727页。

据马克思的手稿整理出了《资本论》的二、三卷，尽管已经接近完美但也会存在问题。正如恩格斯在《资本论》第三卷序言中指出的："真正的困难是从第三十章开始。从这章起，不仅要整理引证的材料，而且要整理思路"，"因此，第三十章是经过挪动和删节编成的，而这些挪走和删去的东西在别处得到了利用"①。可见，如果说第一卷完全是马克思的本意，那么二、三卷则只能是尽可能符合马克思的本意，在这种情况下，要想弄懂弄透马克思的本意、马克思主义文本的整体性，读者们就不得不回到马克思的手稿中去阅读。

当然，《资本论》是逻辑与历史的统一体，如果读者能够结合资本主义发展史，结合资本主义发展过程中的哲学、经济学、社会学等领域去考察《资本论》，那么对于文本整体性的理解将会"更上一层楼"。

3. 关注文本的辩证性

众所周知，马克思的研究方法是唯物辩证法，《资本论》中的辩证性也是需要读者们着重关注的方面。概括地说，辩证法是充分理解并展示出事物发展的动态、变化和转变的过程，它对于"每一种既成的形式都是从不断的运动中，因而也是从它的暂时性方面去理解；辩证法不崇拜任何东西，按其本质来说，它是批判的和革命的"②。因此，要想按照马克思的本意去阅读《资本论》，还需要把握文本中的辩证性。下面我们就以《资本论》中

① 《马克思恩格斯文集》第7卷，人民出版社2009年版，第9页。

② 《马克思恩格斯文集》第5卷，人民出版社2009年版，第22页。

价值、使用价值、交换价值的概念和关系为例，浅析其中的辩证性。

《资本论》以“商品”开篇，正文第一句话就是：资本主义生产方式占统治地位的社会的财富，表现为“庞大的商品堆积”，单个的商品表现为这种财富的元素形式。这里的“表现为”表明商品只是资本的现象层面，本质层面则需要进一步分析。实际上，马克思是从人人都能理解的商品的使用价值入手来考察商品的。一个物品成为商品必须具备有用性，这就是商品的使用价值。但一个物品要想成为商品还必须同他人交换，否则就只能是生产者自己的产品，因此，商品还要具有交换价值。但是作为商品固有属性的交换价值，其自身却是极不稳定的，经常会随着时间空间的变化而变化，这表明交换价值也只是表现形式。是什么的表现形式呢？肯定不是使用价值的表现形式，因为商品能否交换和它的具体的自然属性或者有用性没有关系。那么商品在去除使用价值后就只能被视为人类劳动的产品，是人类劳动的结晶，因而也就是价值。因此，商品交换价值就是价值的表现形式，价值就是凝结在商品中的无差别的一般人类劳动。马克思随后指出了价值量是由社会必要劳动时间决定的，其中的“社会必要”就是表明商品价值要体现商品在社会中的有用性，这就需要同使用价值联系起来。这就构成了从使用价值到交换价值，再到价值，最后又回到使用价值的逻辑闭环。

因此，商品的使用价值、交换价值和价值并不是相互决定的关系，不是机械的因果决定关系，而是一种唯物辩证关系，三者中的任何一个都不能完全脱离其他两个而独立存在，否则商品就缺失了一个维度。这种辩证性体现了马克思主义的科学性，而这也恰恰是它难以被理解的地方，因为人们的思维方式经常是单向的，具有形而上学的特征，倾向于陷入因果决定论而忽视辩证关系。

4. 结合自身学科背景

作为工人阶级的圣经，《资本论》是一本内容极为丰富的惊世之作，不仅涵盖了政治经济学、哲学、社会学、人类学、政治学以及大量的新闻资料，还包括大量的文学诗歌和神话内容。书中充满着莎士比亚的戏剧、古希腊的神话、巴尔扎克的小说、雪莱和歌德的诗歌以及《浮士德》《伊索寓言》等等文学作品。无论读者具有什么样的学科背景都可以从自己学科的角度切入文本展开阅读。一种既有的知识结构和学科立场不仅会对理解《资本论》产生影响，而且会提供对理解《资本论》有帮助的观点和方法，其中不乏指导性的见解。如果说从不同的学科视角阅读《资本论》有助于展开马克思思想的多重维度，不如说马克思正是基于这样一种不可思议的多样性和丰富的批判传统撰写出了《资本论》。

当代著名马克思主义学者大卫·哈维曾说，阅读《资本论》会让你对世界的困惑减少一半。我想说，要想减少对世界的另一半困惑就需要你把《资本论》中学到的理论工具拿去丈量世界，不仅是解释世界，更是改变世界。

第 二 章

历史深处的马克思

一、马克思如何看待人类历史？

（一）过往有关人类历史演变的观点是唯心的

人们生活在当下，为了更好地找准当下的位置，安排好当下的生活，总是会习惯性地追问“来路”或者说过去的情况。过去了的东西都可以被称为“历史”，那历史是怎样演变的，背后是否有可以把握的内在逻辑？这种关于历史发展的系统性追问可以被称作是“历史之谜”。在人类漫长的共同生活过程中，在求解“历史之谜”的过程中，形成了诸如“循环论”“精英论”“目的论”“宿命论”等具有代表性的社会历史观念。这些历史观念潜移默化地支配着人们的头脑，进而直接影响到人们的价值判断和行为选择。

按照“循环论”的历史观，人类历史演进像自然节律变化一样具有周期性演化规律。例如，在中国的战国时代，阴阳五行家邹衍提出了“五德始终说”，认为历史是按照土、木、金、火、水这“五德”的顺序从始到终、终而复始地运行的。虞德土，夏德木，商德金，周德火，各个朝代按照既定的周期交替轮换，王朝更迭是符合五行运动规律的必然现象，只有那些当运者才是合法的统治者。这种历史观后来被一些思想家进一步演绎发挥，对后来的社会政治和历史书写产生了深远的影响。乃至于后世的皇帝们要颁发诏书，总是会在诏书上添加一句“奉天承运，皇帝诏曰”，这里的“承运”便指的是继承某一种“德”运。

按照“英雄论”的历史观，人类历史主要是由少数英雄人物推动的。普遍地，人观察社会现实，很容易看到，少数的精英人物占有了大量的社会资源和社会话语权，在社会舞台上非常活跃，他们的思想、动机、意志等因素在一些重大的历史关头，能够直接影响一些具体的决策和事项。因此，人们倾向于认为，是这些英雄人物们的个人决策和行动导致了历史的发展或者倒退，他们是需要对历史负责的当事人。在这个过程中，甚至不自觉地将一些历史人物神秘化或者神圣化。由于伟大英雄的出现总是随机的，故而历史的发展并没有明显的规律性。如果我们足够幸运，生活的年代能够诞生出伟大的英雄，那就可能会处于一个辉煌的历史时期。如果我们不够幸运，生活的年代尽是庸人遍地，那只能是自认倒霉，或者翘首以盼，等待英雄的降临。

按照“目的论”的历史观，人类历史的演进存在着一个终极目的。最后的演化目标已经是确定的且唯一的，这本身是“大自然的隐蔽计划”。例如在西方基督教关于人类历史的阐释中，历史其实是一个从“失乐园”到“复乐园”的过程。在人类社会的最早期，人们生活在美好的乐园里，后来由于一些原因，导致原来的良好秩序被破坏，人性也变得堕落，现在需要努力获得救赎，以回到美好的乐园中。在这种理解中，历史不再是一大堆偶然事件的堆积，而是具有确定的目标和内在的规律。历史的进程无非是人类社会达到“终极目标”的过程，各种各样历史事件的发生，根本原因在于人类社会为了达到这一终极目标。历史上发生的各种事情都是必然的，都具有了一种目的论层面的合理性，都是为了导向那个终极目的。

按照“宿命论”的历史观，人类社会历史发展是由不可抗拒的神秘力量决定的。天命、道、神等神秘的外部力量制定了一套自然历史法则，然后万事万物都按照这套法则运转。各种历史事件同样也是被各种法则所支配的。历史不存在什么偶然性，偶然性会让历史变得无意义。那些伟大的社会精英人物尽管看起来也有纵横捭阖的时候，但其实都不过是“神秘力量”操纵的木偶，借来帮助实现已经被预先安排好的历史任务。除此之外，不知名的普遍小人物更是历史上毫不起眼的存在，并没有什么主观能动性可言，只能是接受宿命的安排。总的来说，在这种历史观阐释之下，历史就像是已经被提前编排好的舞台剧，人类只是按照给定的剧本来参演，没有什么真正的自由意志可言。

在马克思看来，过往的这些历史观念都带有明显的唯心主义色彩。就“循环论”来说，其实是用一种相对静止的观念看待历史，认为有一种相对静态的理想系统，然后将这种系统套用在历史领域，这就用一种任意的、主观上认定的局部性周期变化否认了社会关系的持续性变革，也就看不到人类历史演化的趋向性，从而陷入一种相对停滞的认知体系之中。就“精英论”来说，尽管在一些关键的历史时刻，那些精英人物确实能够扮演重要的角色，但仔细考察后会发现，他们要发挥自身的才能，少不了广大的普通民众的拱卫。少数伟大的历史人物再有才能，也不可能完全凭借自身的个体力量来影响历史。就“目的论”来说，有点类似于蒙昧时代的宗教叙事方式，事实上，人类社会不曾有过一个绝对完全的“伊甸园”时期，也谈不上从堕落走向拯救。如果说人类社会发展真有什么目的的话，那这目的也并非某个虚无缥缈的存在所设定、所赋予的，而是所有人类一同决定的。就“宿命论”来说，并不存在一种完全超越人的神秘力量，也不存在一种由神秘意志规定好了的历史路线图。所谓的宿命，其实是人类本身的一种思维预设，是人类将一种思维的结果设置成为了预先存在的东西，是将人类的意志赋予了一种莫须有存在的“法则”，结果是，作为人造物的神秘意志反过来支配了人，使人类显得渺小而卑微。

（二）人类历史发展是有规律可循的

马克思认为，过往的很多人在思考“历史之谜”时，常常有意无意忽视了一个根本问题，那就是，历史得以产生的首要前提是人的生命的存在。也就是说，是先有了人的存在，才有了人类历史。人类历史无非就是各种人类活动的集合。我们不能无视人的感性生命存在来空谈什么历史逻辑。因此，要客观地考察人类历史，那就要抛弃各种先入为主的“观念”，回到人所生活的世界。人类历史无非是各种人类活动的集合，历史的研究对象就是人类活动本身，那么人类活动的规律就是历史的规律。

首先需要确认的是，人类的第一个社会活动就是生产满足自己衣、食、住、行所需要的物质生活资料，如果没有物质生活资料的生产，人类社会的任何其他活动都无法进行。人类要满足自身的生活需要，维持自身的族群存在，那就必须不断地进行物质再生产活动，保证自己有饭吃、有衣穿、有房住，并且能够养育后代，让后代也有饭吃、有衣穿、有房住。在此基础之上，才有可能从事宗教、哲学、科研和艺术创作等其他社会活动。换句话说，人类为了满足自身生存和生活的需要，必须长时间地进行生产劳动，这是人类社会生存和发展的基石，也是人类历史形成的基石。

进一步考察人类的物质资料生产活动，可以看到，这种活动一开始就表现为双重关系：一方面是自然关系，另一方面是社会关系。人类要生存，那就要满足自身的生存需要，就必须与外部的自然界打交道，从自然界获取维持自身生产所需的物资。人们在改造自然的过程中逐渐形成和积累起改造自然的力量，这种改造自然以适应人的需求的能力可以被称为“生产力”。人们所达到的生产力的总和决定着某一历史阶段的主要生产方式，决定着群体之间如何进行相互协作和共同行动。围绕物质生产活动展开的人与人之间的关系可以被称为“生产关系”，这始终与一定的共同活动方式或社会发展阶段紧密联系着。也即是说，广大的劳动群众在共同的生产劳动过程中，既改造着自然界，同时也改造着人类社会本身。在这个意义上来说，自然史同时也从属于人类社会史。

仔细考察人类社会的演变，人类社会的任何变化，甚至是微不足道的变化都跟生产力水平决定的社会分工体系有着密切关系。人们要展开生产活动，总是需要在一定的条件之下，借助生产劳动工具，进行必要的分工合作，集体作用于外部对象。就这样，就生产而言，形成了相对稳定的生产方式，这种生产方式主要就表现在人与人之间形成了不同的劳动分工关系和利益分配关系。这里可以搭建起理解人类历史的一个基本框架，即在一定的生产力水平之下，形成了一定的社会分工格局以及利益分配格局，然后承担着具体的分工和分配关系的个人分化为不同的阶级，这些阶级之间会经常性地发生冲突和斗争，进而演变为不同时期的复杂的历史事件。换种方式来说，人类社会活动一开始就表明了人们之间是有物质联系的。这种联系是由需要和生产方式决定的，它和人本身有同样长久的历史。由于人们的需要和生产方式的不断变化，推动产生了不同的社会历史阶段。因此，在考察人类社会历史发展和社会结构时，必须始终把“人类的历史”同生产工具以及交换的历史联系起来，才能看清事物发展变化的本质。

一个民族的社会发展状况，在很大程度上取决于这个民族内部的分工发展程度。人们对世界的认识能力、科学技术的发展及其在生产中的应用等一系列社会生产活动，只要它不是迄今已知的生产力单纯的量的扩大，都会引起分工的进一步发展。历史上曾经发生过三次大分工，即农业与畜牧业相分离、农业与商业相分离，还有农业与手工业相分离，这些行业之间的分工以及相关的生产关系总和，可以被看作是整个社会大厦的经济基础部分。而真正具有决定意义的分工，体力劳动和脑力劳动的分工，即在生产劳动活动中，有一部分人逐渐被分离出来，不再直接从事物质生产劳动，而是转移到非物质生产的领域。正是在体力劳动和脑力劳动分工的基础之上，也才有了专门从事“国家管理”

活动的人员，产生了庞大的国家机器以及政治制度。才使得一些人能够摆脱生产劳动的束缚，专注于“意识”的领域，去构造“纯粹的”理论、神学、哲学以及思想文化体系，这些都可以被看作是整个社会大厦的上层建筑部分。一个民族社会的经济基础和上层建筑情况一起构成了特定的社会形态，而他们之间的相互影响和矛盾之处，则是历史演进的重要动力。

人类历史的演进是由广大人民群众的集体活动构成的合力推动的。人类社会是由承担着不同物质利益的、具有不同思想的个体组成的矛盾集合体。而广大人民群众的活动总是在一定自然条件、社会条件以及精神条件基础上展开的，表现出明显的结构性。也即是说，人们的总体活动趋向在很大程度上是可以预见的，既然人类活动本身具有一定规律性，那人类历史也是有规律可循的。历史规律存在于人的丰富实践活动中，其具体存在和实际表现形式，始终与这种实践活动及其社会历史条件的具体性联系在一起。广大人民群众的活动构成了无数交错在一起的力，最终形成了一个合力，推动一些重要历史事件的发生，甚至造成意义非凡的历史方向转折。

历史规律形成于人的活动过程之中，也实现于人的活动过程之中。人类经济生活对整个社会生活具有内在制约性和决定性的作用，因此，历史发展具有必然性的维度。但这种必然性并不意味着就是超历史的，而是在人的活动中形成并通过具体的实践来实现的。因此，历史具有一定的选择性，历史结果的具体实现取决于人的选择，这种选择是在一定的可能性空间中进行的。虽然人们的活动是有预期的，但行动结果却未必总是符合预期。选择结果取决于主体对历史发展客观规律认识的正确程度以及自身能动性的发挥程度。群众中的个体因为所处的社会历史条件和地位、个人主观条件不同，因而其作用范围、影响程度和性质也不尽相同。那些在历史上产生过重大影响，给历史事件打上比较深刻个人印记的历史人物，本身是一定时代和社会历史条件的产物，他们在一定范围内，能够发挥自身的聪明才智，或加速，或延缓，或局部地改变历史进程。

（三）人类历史逐步进入“世界历史时代”

在很长的一段历史时期内，不同地区的人类族群都是在相对独立和封闭的地理空间内活动的，彼此之间的交往和互动比较少。到 15 世纪之后，经过“地理大发现”这一重大的历史事件，人们得以重新认识赖以生存的地球的全貌，开始意识到地球上不同地区的存在，形成不同的“世界图景”。在地理空间意识持续扩大化的同时，不同地区、不同民族之间的商品贸易关系也扩大化了，使得不同地区和不同民族的人们逐步建立起多样的联系。到了18和19世纪，世界上各地区、各民族之间的交往愈发频繁，联系更加紧密。很多著名的思想家，如伏尔泰、赫尔德、康德、黑格尔等都关注到了这种历史现象，体验到了这种历史进程。特别是德国古典哲学家黑格尔，第一次将整个世界的各个地区、各个民族、各个国家联系在一起进行考察，认为整个人类历史不是零散的、杂乱无章的偶然事件的堆砌，而是具有内在的发展逻辑。并以理性思辨的方式反思了人类历史发展的过程、规律、本质和动力等问题。

马克思吸收了黑格尔历史哲学中的合理思想，认识到由于各民族国家之间的普遍交往以及相互依存度在不断加强，历史正在由民族的、国家的历史向“世界历史”转变。所谓世界历史，即指随着生产力的发展、分工的扩大和交往的普遍化，各民族、国家和地区打破原始封闭状态、跨越空间障碍而形成世界范围的各民族相互依存并走向统一的过程。“世界历史”并不是一直都存在的，其本身就是历史发展的结果。如果将全部人类历史看作是一个不断展开的过程的话，那“世界历史”则是这个过程的最后一个阶段。历史向世界历史的转变，是带有历史必然性的、不可逆转的过程，没有任何民族国家能够独立于世界历史的进程之外。

历史向世界历史的转变，是在生产、分工和交往等物质性活动基础上展开的，是可以直接体认到的。正如马克思曾指出的，“历史向世界历史的转变，不是‘自我意识’、世界精神或者某个形而上学幽灵的某种纯粹的抽象行动，而是完全物质的、可以通过经验证明的行动，每一个过着实际生活的、需要吃、喝、穿的个人都可以证明这种行动”①。随着社会生产力的进步，生产社会化的程度不断加深，还有交通方式、通信手段的飞速发展，各个民族国家较为落后的生产方式逐渐被先进的生产方式所取代，其原始封闭状态逐渐被新的国际分工和交往关系打破。对旧的民族生存状态消灭得越彻底，历史则越成为“世界历史”。在世界历史时代，一个国家或民族会受到另一国家发生的事情的直

① 《马克思恩格斯选集》第1卷，人民出版社2012年版，第169页。

接和间接影响，各国各民族之间的交互性活动越来越多。因此，当我们考察每个民族、每个国家的发展时，需要学会更多以一种“世界”的眼光来进行考察，善于思考和总结那些“世界历史性的事物”，进而形成对世界历史的总体性把握。

资本主义生产方式的确立，逐渐形成了资本主义世界市场，加速了世界历史时代的到来。这主要表现在5个方面：一、市场的空间范围日益扩大。资本主导的市场范围经历了从国内市场到国际市场、区域贸易到世界贸易的发展过程。二、商品运输和信息传递的方式更加快捷。交通运输方式经历了马、帆船运载到汽船、火车、汽车、飞机运载的过程，信息传递经历了人员传递到通过电报、电话传递的过程。三、市场的商品种类迅速增加。经历了由农牧业产品和手工业产品的交换，到工业产品与原料的交换，再到资金、劳动力与商业服务的交换的过程。四、市场组织、维护机制不断完善。通过建立银行、交易所，成立政府特许公司、垄断公司等工业公司和商业公司，保障商品生产和流通的顺畅。五、贸易中心的不断变化。古代以区域贸易为主，没有世界性的贸易中心，到15—18世纪，西班牙、葡萄牙、荷兰一度成为大西洋贸易的中心。工业革命之后，英国则逐渐成为世界贸易体系的中心。可以看到，正是资本主义世界市场的持续性发展壮大，使得物资以及文化观念得以越出原有的疆界，在世界范围内流动，真正促进了不同民族国家的一体化进程。

“全球共产主义”是世界历史发展的必然趋向。资本主义生产方式确实促进了社会生产力的空前发展，创造出来了巨大的物质财富。但在资本主义生产方式之下，生产活动是所有人通过社会化大分工创造出来，但生产资料却总是被少数私人占有，具有了资本属性。由此，造成一方面人类生产的发展日益全球化、信息化，人们的社会关系日益普遍化、网络化；另一方面，在资本主义私有制度下，贪婪和不劳而获永远是资本世界的核心价值观，它使人片面发展，社会处于分裂状态。就这样，劳动与资本之间的对立关系会日趋尖锐化，社会矛盾不断加剧。而世界历史的充分展开，必将能够超越资本主义生产方式主导的人类社会发展阶段，进展到社会主义乃至共产主义生产方式主导的阶段。在这个意义上说，共产主义只有作为世界历史性的存在才有可能实现。

（四）以历史自觉来参与创造新的历史

在领悟人类社会发展规律的基础上形成历史自觉意识。在人类社会发展的初期，人类的力量还比较弱小，主要面临着自然条件下的生存竞争问题。此时，人们能够在一定时空范围自由地决定什么时间捕猎，什么时候来料理谷物，或者什么时间来桑蚕……但总的社会自由度还是比较低的。而随着社会生产力的不断进步，人类改造自然的能力大大增强了，这时候，人们能够逐渐从自然中挣脱出来，需要处理的主要关系由人与自然的关系转向了人与人之间的关系，而人与人之间关系的主题，其实就是劳动支配和物资分配。在这种情况下，人的生活形态表现在意识层面上，是二分的，一方面是被支配者的更为纯粹的生存斗争意识，另一方面则是由支配者的生存斗争意识演变来的积累意识。能够明确的是，看起来人类获得了更大的自由度，但依然是受制于这种社会物质利益关系的。如果作为整体的人类，不能把握住社会历史发展的一般规律，那么人类的活动，以其社会性层面来说，终将回到历史规律的贯彻上来。个人的活动也根本无法超出由生产力和生产关系交织决定的历史过程。

在追求普遍解放的基础上充分发扬历史主动精神。人的主观能动性的发挥，是以对于关系的省察为前提的。人类要真正实现自己的自由意志，就不能停留在历史规律揭示的社会矛盾和社会斗争的必然性里，而必须发挥作为整体的能动性，把握住社会矛盾和社会斗争的实质，使得过去由生存斗争驱动的那些斗争从属于人类的主观愿望。从人与人之间的关系角度来理解人类社会的发展历程，会看到，这其实是逐步摆脱人类身上残存的动物性，从人类的史前史走向真正属人的历史的上升过程。社会发展的基本线索就是，逐步消除人与人之间的隔阂、对立甚至是断杀现象，打造一个让所有人都自由和平等的社会秩序。换句话说，世界历史的发展是在不断为人类的解放创造条件，最终要求每个人都能实现自由而全面的发展。概括来说，主要包含两个方面：一方面，随着社会分工的不断分化和融合，人们不再屈从于被迫的分工和狭隘的职业，能够根据社会需要以及自己的特长爱好，自由地选择活动领域进行创造，从而在劳动活动中全面发展；另一方面，随着自由闲暇时间的持续增加，人们逐步摆脱不合理的社会关系对人的限制，最终联合起来的个人能够实现对社会关系的共同控制，从而在社会活动中全面发展。

在把握历史发展潮流的基础上形成历史使命感。每个个人的解放程度是与历史转变为世界历史的程度相一致的。资本主义私有制主导下的生产方式带来了普遍的社会危机，超越资本主义社会的发展逻辑，使社会生产力被所有人共同占有，从而社会的发展方向越来越从属于所有人，成为当代有识之士的现实使命。正如恩格斯所说："一旦社会占有了生产资料，商品生产就将被消除，而产品对生产者的统治也将随之消除。社会生产内部的无政府状态将为有计划的自觉的组织所代替。个体生存斗争停止了。于是，人在一定意义上才最终地脱离了动物界，从动物的生存条件进入真正人的生存条件。人们周围的、至今统治着人们的生活条件，现在受人们的支配和控制，人们第一次成为自然界的自觉的和真正的主人，因为他们已经成为自身的社会结合的主人了。人们自己的社会行动的规律，这些一直作为异己的、支配着人们的自然规律而同人们相对立的规律，那时就将被人们熟练地运用，因而将听从人们的支配。人们自身的社会结合一直是作为自然界和历史强加于他们的东西而同他们相对立的，现在则变成他们自己的自由行动了。至今一直统治着历史的客观的异己的力量，现在处于人们自己的控制之下了。只是从这时起，人们才完全自觉地自己创造自己的历史；只是从这时起，由人们使之起作用的社会原因才大部分并且越来越多地达到他们所预期的结果。这是人类从必然王国进入自由王国的飞跃。"①

在实际行动中参与创造新的人类历史。历史不是外在于我们的历史，我们每个人不是历史的旁观者和局外人，而正是历史的剧中人。当下的人类历史是由当下千千万万个体的行动所创造

① 《马克思恩格斯选集》第3卷，人民出版社2012年版，第815页。

生成的，每个人都是历史的一分子，每个人的行动都关乎历史本身，当下行动的改变，相应地也会引起历史的涟漪。现实的自由在于理解历史必然性之后展开的实际行动，真正的问题不在于解释世界，而在于改造世界。这就要求我们在深刻观察和把握具体的时代状况之后，要有明确的介入意识，去实实在在地参与到革命性的社会实践中去，为推动社会历史的进步与变革创造物质和精神等层面的条件。

二、从文艺青年到关注物质利益难题的编辑

（一）青年马克思的文艺情怀与思想激荡

尽管马克思本人出生于中产阶级家庭，但他将毕生精力都贡献于无产阶级与全人类解放的光辉事业。马克思的父亲亨利希·马克思是特里尔城受人尊敬的律师，母亲罕丽达·普雷斯堡也出身优越，是一位勤劳善良的家庭妇女。

马克思童年时光安逸而富足，并于 1830 年进入特里尔中学学习。该校时任校长约翰·胡果·维滕巴赫既是马克思的历史老师，也是马克思走近康德哲学的引路人，马克思正是在这里被启蒙运动的自由主义精神深深浸染，并将这种追寻自由与理性的大无畏情怀投射于中学毕业论文之中。这篇名为《青年在选择职业时的考虑》的作文，虽然同马克思日后的著作相比篇幅短小，但包含着宏大的理想抱负，在这篇作文中，马克思将人的发展与共同体发展紧密联系的观点，也使年轻的马克思早早就显露出超乎

年龄的远见卓识与世界眼光。

1835 年 10 月，17 岁的马克思进入波恩大学攻读法学，在该校就读期间是青年马克思成长过程中少有的思想迷茫期，特别体现在这一时期马克思高昂的酒馆账单、时有发生的打斗与对浪漫诗歌的执念上。在父亲看来，马克思上述令人失望的表现同波恩大学弥漫的浪漫主义氛围脱不开干系，于是仅在马克思入学一年后便决定安排其转入柏林大学。来到柏林大学的马克思继续沉浸于抒情诗的写作，这些被他后来评价为“纯理想主义的”作品成为马克思与燕妮热恋的见证。与此同时，柏林大学的学术氛围也促使马克思继续投入到哲学思辨之中，并且在那里广泛阅读了法学著作，加之爱德华·甘斯与卡尔·冯·萨维尼对马克思的影响，马克思开始通过法律视角思考哲学问题，并开启了法哲学理论的建构。在此期间，马克思第一次发现现实的和应有过的东西之间存在对立，成为他从康德与费希特哲学的理想主义逃离并转向黑格尔的转折点。“马克思，这位康德和费希特的追随者，曾认为最高的存在是超脱尘世的浪漫主义的主观主义者，先前曾反对黑格尔概念性的理性主义。但是现在，观念似乎内在于现实之中了。”①黑格尔立足辩证法构建的形而上学思辨大厦，对致力于解释观念与现实之内在联系的马克思而言极具诱惑力，促使马克思在对既有知识体系予以反思后毅然转向了黑格尔哲学，经历了从康德、费希特、谢林到黑格尔的思想发展历程。

---

① ［英］戴维·麦克莱伦：《马克思传》第 4 版，王珍译，中国人民大学出版社 2016 年版，第 23 页。

博士毕业后，马克思加入了《莱茵报》的编辑工作中。由于工作需要，他不免要接触社会现实问题，了解社会底层民众的生活状态。也正是在这个过程中，马克思遇到了难题，在《〈政治经济学批判〉序言》中，马克思曾回忆道："1842—1843 年间，我作为《莱茵报》的编辑，第一次遇到要对所谓物质利益发表意见的难事。"①

（二）《莱茵报》时期围绕"物质利益难题"的艰难求索

《莱茵报》时期的马克思逐渐将目光转向了现实的社会生活，开始用黑格尔的理性国家观分析并解释社会问题。在这一过程中，马克思产生了"苦恼的疑问"。据他本人总结，这些疑问主要涉及 3 件事，莱茵省议会关于林木盗窃和地产析分的讨论、莱茵省总督冯·沙培尔围绕摩泽尔贫困问题与报纸记者展开的论战、关于自由贸易和保护关税的辩论。首先是《关于林木盗窃法的辩论》，19 世纪 40 年代的普鲁士，私有制的发展导致公共林地面积不断萎缩，小农、短工及城市居民由于贫困和破产而不断去采集和砍伐林木。普鲁士政府要制定针对这一行为的《林木盗窃法》，妄图将民众捡拾枯枝的生活习惯规定为"盗窃"行为，并于莱茵省议会上就法律草案的内容展开辩论。在辩论中，贵族和当权者一致倾向从重处罚，保护林木所有者的利益。马克思认为这种做法是对贫苦百姓的不公，他先是以法理为切入点，提出"捡拾枯树和盗窃林木是本质上不同的两回事"，省议会将二者混

① 《马克思恩格斯文集》第 2 卷，人民出版社 2009 年版，第 588 页。

为一谈，是用“贵族的习惯法”来约束“穷人的习惯法”，故意将穷人置于不利地位。接下来，马克思抨击省议会在同一问题上奉行双重标准，站在了林木所有者一边，马克思直言这样的法律已经不再能保障“人的自由”，而是沦为维护私人利益的工具，国家也要因此被贬低到私人利益的思想水平。从中可以看出，此时的马克思仍然认为国家是普遍利益的代表，将法律视为“人民自由的圣经”，反映出此时的马克思仍然认为国家和法律与实际利益和阶级矛盾是相互分离的，国家与法律仍然是人类自由的体现，黑格尔法哲学仍然是马克思现实批判的理论依据。正因如此，马克思在辩论中能做的仅仅是依照这些理论确证现实的国家及法律在私人利益的影响下发生“变异”的事实，却无法找到其根本原因，因而只能给予当权者道德谴责，并未提出终止这种特权的现实方案，物质利益难题之“难”在此时表现为马克思解决“私人利益”问题的实践之难。

其次是《摩泽尔记者的辩护》，1842 年末《莱茵报》刊登了反映摩泽尔河谷地区葡萄种植者贫苦现状的文章，莱茵省总督冯·沙培尔认为这篇文章是对政府的污蔑，以此对报纸“提出无理指责并要求报刊做出解释”。作为对总督的回应，马克思于 1843 年 1 月中旬在《莱茵报》的头版头条连载了《摩泽尔记者的辩护》，借助翔实的资料说明正是由于管理机构在政策制定时没有充分考虑地区的经济发展情况和居民的真实诉求，才导致摩泽尔地区的贫困问题愈演愈烈。马克思先是指出地方贫困与管理结构密切相关，“我们至少必须始终分清两个方面，即私人状况和国家状况，因为不能认为摩泽尔河沿岸地区的贫困状况和国家管理机构无关，正如不能认为摩泽尔河沿岸地区位于国境之外一样”①。接下来，马克思列举政府在解决摩泽尔地区贫困问题时的种种“不作为”，来证明《莱茵报》的文章内容所言非虚。他先是将矛头指向摩泽尔地区的行政官员，认为他们在心理上是同贫民相对立的，在态度上是傲慢的，对贫困问题抱以自欺欺人的态度，他们宁可相信得到官方即国家确认的现实，也不愿意认可昭然若揭的现实。为了对总督的指责进行有力的回击，马克思还将矛头伸向地方的管理机构，认为管理机构对贫民的态度是虚与委蛇的，“一面指点摩泽尔河沿岸地区的居民如何自己拯救自己，一面建议他们限制和放弃一种历来就有的权利”②。这种官方的处理意见自相矛盾，实际上反映出机构并没有真正打算解决贫困问题，因此只能“劝告摩泽尔河沿岸地区的居民把自己的生活安排得适合于目前的管理制度”③，却不见任何有效的实际措施。正因如此，马克思认为摩泽尔河沿岸地区的贫困体现了当地管理工作的贫困，摩泽尔地区贫困问题得不到解决的症结在于管理机构的懒政。可见，在调查摩泽尔地区贫困问题的同时，马克思不仅找到贫困的根源，还透过贫困问题发现了其背后隐藏的“不是转眼之间就会消逝的冲突”，那就是在现实和管理原则之间一直存在的无法化解的冲突，看到一种客观存在的本质的关系，即“既存在于管理机体自身内部、又存在于管理机体同被管理机体的联系

---

① 《马克思恩格斯全集》第1卷，人民出版社1995年版，第364页。

② 《马克思恩格斯全集》第1卷，人民出版社1995年版，第375页。

③ 《马克思恩格斯全集》第1卷，人民出版社1995年版，第375页。

中的官僚关系"①。马克思认为，这种"官僚关系"给予行政官员用行政理智去对抗市民的理性的特权，才引起国家意志代表的普遍利益与葡萄种植者的私人利益在现实世界中的对立。值得注意的是，当我们将这篇文章同马克思在《莱茵报》时期的其他文章进行比较时，会发觉马克思对私人利益的态度，似乎同林木盗窃法辩论"唱了反调"。与抨击林木所有者的私人利益不同，这次他试图为葡萄种植者的私人利益做辩护，物质利益难题之"难"，在这里表现为马克思阐释"私人利益"问题的逻辑之难。

从《莱茵报》的文章中可以看出：马克思考察现实问题的逻辑已经非常清晰，即尝试立足于对物质利益问题的反思，抨击现实生活中普鲁士政府的专制统治及其残酷性。马克思的理论立场始终坚定，那就是为贫苦民众的悲惨遭遇发声，尽最大可能维护他们的利益。

（三）"两个转向"的开启：迈向历史科学的关键一步

列宁曾指出，马克思发表在《莱茵报》上的文章，其中包括"对第六届莱茵省议会关于出版自由的辩论，关于林木盗窃法的辩论的评论，以及维护政教分离的文章……从这些文章可以看出马克思开始从唯心主义转向唯物主义，从革命民主主义转向共产主义"②。经过《莱茵报》时期的观察与思考，马克思哲学革命的时机到来了。在苦苦尝试仍旧得不到满意的结果之后，马克思不

① 《马克思恩格斯全集》第1卷，人民出版社1995年版，第377页。

② 《列宁全集》第26卷，人民出版社1990年版，第83页。

得不选择转变思路，寻找一种新的社会历史发展解释范式。

弗兰茨·梅林指出：对于仍然遵循着和黑格尔法哲学和国家学说的马克思来说，之所以感到为难，是由于他必须谈到黑格尔思想体系中所没有考虑过的物质利益问题。① 问题在于，黑格尔当真没有考虑过物质利益问题吗？实际上，黑格尔对市民社会的阐释过程中曾涉及私人利益问题，并且指出市民社会内部的个体结合的目的就在于“本身利益”，普遍物则是实现目的的手段。② 可见，问题的关键其实不在于黑格尔是否论及物质利益，而在于，黑格尔始终未能从社会本体论的角度认识与把握物质利益问题。因此，一旦思辨体系中的“本身利益”遭遇现实生活中的私人利益，马上会因“水土不服”而丧失解释力，这也是马克思遭遇物质利益难题的思想根源，正如有学者所言：“物质利益问题向他（马克思——笔者注）单纯理性的世界观提出了严峻的挑战（可以说是给予了重重的一击），而这种理性世界观却很少能够直接对‘物质利益’问题做出有内容的判断。”③

马克思自己显然意识到了这一点，因而打算同以往坚持的理性国家观以及整个黑格尔法哲学做一次彻底的“告别”。与马克思从康德、费希特转投黑格尔“怀抱”时矛盾心态相比，这次

① ［德］弗·梅林：《马克思传》，樊集译，生活·读书·新知三联书店 1965 年版，第 57 页。

② ［德］黑格尔：《法哲学原理》，范扬、张企泰译，商务印书馆 1961 年版，第 229 页。

③ 吴晓明：《形而上学的没落——马克思与费尔巴哈关系的当代解读》，人民出版社 2006 年版，第 429 页。

“告别”是果断而决绝的。在《莱茵报》被普鲁士当局查封后，马克思选择了回归书斋，不仅梳理并反思自己的理念，而且开始为批判黑格尔做资料上的准备。在《克罗伊茨纳赫笔记》的撰写过程中，马克思阅读了大量的史料书籍，并站在人类历史发展的宏观视角发现了市民社会对国家的决定作用，进行转向以物质生产关系为基础构建自己的理论体系。在《黑格尔法哲学批判》中，马克思批判了黑格尔哲学的神秘主义特质，纠正了黑格尔法哲学市民社会与国家的“主谓颠倒”，明确指出“政治国家没有家庭的自然基础和市民社会的人为基础就不可能存在。它们对国家来说是必要条件”①。马克思从“市民社会决定国家”出发，将社会历史的主体从观念的个人转变为现实的个人，将人的发展与社会的发展联系起来，开始形成对主体的科学认知，批评黑格尔“忘记了‘特殊的人格’的本质不是它的胡子、它的血液、它的抽象的肉体，而是它的社会特质，而国家的职能等等只不过是人的社会特质的存在方式和活动方式”②。在批判黑格尔理性国家观形而上学特质的同时，“物质利益难题”也得到了最终解答：实际上，资产阶级国家从来就不是普遍利益的代表，其作为“虚幻的共同体”，总是维护资产阶级的利益，只不过这种本质被掩藏于“普遍利益”“人的自由”的意识形态外壳之下。对于无产阶级与劳苦大众而言，国家并非“神自身在地上的行进”，而是“天国”在地上的倒影，马克思总结道：“政治制度到目前为止一直是宗

① 《马克思恩格斯全集》第 3 卷，人民出版社 2002 年版，第 12 页。

② 《马克思恩格斯全集》第 3 卷，人民出版社 2002 年版，第 29 页。

教领域，是人民生活的宗教，是同人民生活现实性的尘世存在相对立的人民生活普遍性的天国。”①

总而言之，这一时期的研究让马克思找到了通往科学真理的入口，在《〈政治经济学批判〉序言》中，马克思回忆这一时期的研究使他最终得出“法的关系正像国家的形式一样，既不能从它们本身来理解，也不能从所谓人类精神的一般发展来理解，相反，它们根源于物质的生活关系，这种物质的生活关系的总和，黑格尔按照18世纪的英国人和法国人的先例，概括为‘市民社会’，而对市民社会的解剖应该到政治经济学中去寻求”②的重要结论。通过《黑格尔法哲学批判》，马克思彻底与黑格尔划清了界限，并且在此过程中划清了同唯心主义世界观的界限，这对于马克思的思想发展而言无疑是划时代的历史性事件。阿尔都塞认为，马克思的成功就在于他偶然地但是成功地从德意志意识形态的沉重“襁褓”中挣脱了出来，但这种挣脱并不是生而注定的，挣脱的能力也非生而具备，而是马克思凭借惊人的毅力及持续不断的斗争才得以完成的。因此，我们对马克思及其思想发展脉络的把握需要遵循历史逻辑，始终将马克思的思想转变置于彼时德国的意识形态传统之中去理解。在破解物质利益难题的艰难求索中，马克思实现了思想的蜕变，并在不久的将来收获了“此岸世界的真理”——历史唯物主义。与此同时，马克思也找到了实现人类解放的现实力量，正如其在《〈黑格尔法哲学批判〉导

---

① 《马克思恩格斯全集》第3卷，人民出版社2002年版，第42页。

② 《马克思恩格斯选集》第2卷，人民出版社2012年版，第2页。

言》中所指出的那样："德国人的解放就是人的解放。这个解放的头脑是哲学，它的心脏是无产阶级。"①

三、流亡四十年的革命生涯

马克思的一生是辉煌的一生，但是这种辉煌，同那种光鲜夺目、受到众星捧月般的明星式生活迥异。他的一生大部分是在背井离乡甚至是颠沛流离中度过的。穷困的生活、失去至亲的痛苦，以及巨大的工作压力并没有压倒马克思的斗志。相反，这位无产阶级导师凭借惊人的意志和天才的智慧，创作了卷帙浩繁且充满真理光辉的著作，一直战斗到生命的最后一刻。

（一）巴黎时期流亡革命史：哲学话语与经济学话语的发展与交融

马克思出生于一个律师家庭，他的父亲始终期望他能够继续当一名律师。但是，优渥的家庭环境并没有让马克思甘于现状。在青年时期的学习中，马克思异常敏锐地看到德国古典传统哲学的缺陷，果断同青年黑格尔派和其他古典哲学家及团体决裂，开启了艰苦的自我探索历程。19 世纪 40 年代，工人运动在欧洲大陆蓬勃发展，资产阶级对工人阶级的镇压也愈加严酷。这让马克思既看到了工人运动的伟大力量，又看到了资本主义制度

① 《马克思恩格斯选集》第 1 卷，人民出版社 2012 年版，第 16 页。

和资产阶级的黑暗剥削。于是，他致力于为广大平民呐喊，毅然走上了革命的道路。1843 年，普鲁士当局决定查封《莱茵报》，当时任报纸编辑的马克思宣布辞职。马克思退出《莱茵报》编辑部后，普鲁士当局曾企图以官位收买马克思，但他不为所动。1843 年 10 月，马克思前往巴黎，与卢格共同筹办《德法年鉴》。在巴黎期间，马克思并没有因为在《莱茵报》工作时期遇到的苦难而停止创作和革命，相反，他依旧保持革命者的本色，他先后同巴黎的法国民主主义者和社会主义者等取得联系，经常参加各类社会主义性质的集会。在与无产阶级和社会主义者的接触过程中，马克思对工人运动实践投入的关注度越来越大，为之后成为工人阶级政党及国际性组织在思想理论和革命实践中的核心奠定了基础。

在理论上，1843 年对马克思思想转变来说是一个十分重要的年份。其间，他不断思考费尔巴哈和黑格尔哲学，在研究费尔巴哈哲学思想的同时，又不断对他的唯物主义提出疑问，先是提出费尔巴哈“过多地强调自然而过少地强调政治”，又指出传统的哲学“除了醉心于自然的人以外，还有醉心于国家的人”。①这可以认为是马克思在开辟辩证唯物主义时面临的德国的思想理论环境。他在《德法年鉴》上主要发表了《论犹太人问题》《〈黑格尔法哲学批判〉导言》等文章。在《论犹太人问题》中，马克思批判了鲍威尔的抽象宗教观点。鲍威尔在《犹太人问题》和《现代犹太人和基督徒获得自由的能力》两部作品中，从宗教的

① 《马克思恩格斯全集》第 27 卷，人民出版社 1972 年版，第 443 页。

角度，解释犹太民族自身的境遇是源于他们的狭隘性。① 鲍威尔犯下错误的直接原因，是并没有真正理解人的解放的思想内涵，或者说是把人的解放只是放在非常狭隘的视野中进行理解。因为鲍威尔将人的解放和政治解放混淆起来了。由于准确把到鲍威尔的脉，马克思就得以进行根本的、直接的批判。鲍威尔是不懂得现代国家的本质的，这使得他的哲学反而会被优先的政治理论所累。尽管无产阶级在过去一次次地遇到革命挫折，但是，革命依旧是这个阶级获得解放的根本途径。所以列宁也会说："镇压资产阶级及其反抗，仍然是必要的"，巴黎公社失败的原因就是"在这方面做得不够坚决"。② 在《〈黑格尔法哲学批判〉导言》中，马克思在国家理论、政治及法制批判的基础上，更加强调资本主义国家制度批判，也反映了马克思当时对宗教和政治的关注。针对人类解放和政治解放的关系问题，马克思沿用了政治国家和市民社会视角，基于两者的内在联系，进一步提出了政治异化的构想。他揭示了资本主义社会中政治国家和市民社会的脱节。实际上，这部著作虽然充斥着非常浓厚的政治学话语，但是也蕴含了一些马克思未来哲学理念的重要基石。他指出："对思辨的法哲学的批判既然是对德国迄今为止政治意识形式的坚决反抗，它就不会专注于自身，而会专注于课题，这种课题只有一个解决办法：实践"③，另外还进一步强化唯物主义观点，锻造出唯物主义

---

① 孙伯鍨：《探索者道路的探索：青年马克思恩格斯哲学思想研究》，南京大学出版社 2002 年版，第 131 页。

② 《列宁全集》第 31 卷，人民出版社 2017 年版，第 40 页。

③ 《马克思恩格斯文集》第 1 卷，人民出版社 2009 年版，第 11 页。

的革命理论。他说："革命需要被动因素，需要物质基础"①。马克思在当时已经完成了革命观的转变，对革命的现实有了更加直接深刻的理解。

1844 年 2 月，《德法年鉴》发表了恩格斯的《政治经济学批判大纲》和《英国状况。评托马斯·卡莱尔的〈过去和现在〉》，这两篇文章标志着恩格斯完成了从唯心主义向唯物主义、从革命民主主义向共产主义的转变。《德法年鉴》上发表的政治色彩鲜明的文章引起了法国、德国及其他国家进步人士的关注，也引起了德国反动报刊的诽谤和德国反动当局的迫害。杂志很快就被普鲁士下令查封，当局下发了对马克思的逮捕令。于是马克思成为了一个政治避难者。此后，马克思围绕政治经济学开展了系列研究，将哲学话语、经济学话语和共产主义话语融合在一起，从"异化"概念出发，阐述了政治异化、劳动异化、异化劳动及对象化劳动等概念，成为马克思哲学话语向政治经济学话语转变的重要尝试，也是将二者融合的一次重要尝试。他在其中对资本的流动和私有财产予以清晰的揭露，在哲学上也对黑格尔的辩证法及哲学体系进行了整体性批判。1844 年 8 月底，恩格斯在英国返回德国的途中来到巴黎，从 8 月底到 9 月初，两人朝夕相处，倾心交谈，在重大理论问题和实践问题上取得一致看法，结成了为共产主义事业共同奋斗的伟大友谊。马克思和恩格斯在巴黎会面期间着手合著《神圣家族》。此后，他们的合作愈加紧密。

---

① 《马克思恩格斯文集》第 1 卷，人民出版社 2009 年版，第 12 页。

（二）布鲁塞尔时期流亡革命史：革命时代的实践性理论再发展

1845年，法国政府迫于普鲁士政府的压力，将马克思驱逐出巴黎，当时马克思的妻子燕妮正在患病，女儿小燕妮刚满8个月。马克思离开巴黎后，来到布鲁塞尔。同年春天，马克思撰写了《关于费尔巴哈提纲》这一“包含着新世界观的天才萌芽的第一个文献”。马克思的革命实践观与唯物主义得到更加深度的融合，形成了对革命实践的本真性认知：“环境的改变和人的活动或自我改变的一致，只能被看做是并合理地理解为革命的实践。”[①]10月，马克思和恩格斯开始合作撰写《德意志意识形态》。《德意志意识形态》的完成标志着马克思和恩格斯正式从发展的角度分析社会形态变化，系统阐述了唯物史观，揭示了人类历史发展的一般规律，论证了共产主义取代资本主义的历史必然性。马克思和恩格斯从内在本质角度阐述了批判资本主义制度时应根据的最根本规则，彻底打碎了任何企图掩盖资本主义罪行的学说：“一切历史冲突都根源于生产力和交往形式之间的矛盾”，“生产力和交往形式之间的这种矛盾——正如我们所见到的，它在迄今为止的历史中曾多次发生过，然而并没有威胁交往形式的基础——，每一次都不免要爆发为革命，同时也采取各种附带形式，如冲突的总和，不同阶级之间的冲突，意识的矛盾，思想斗争，政治斗争，等等”[②]。

---

① 《马克思恩格斯文集》第1卷，人民出版社2009年版，第500页。

② 《马克思恩格斯选集》第1卷，人民出版社2012年版，第195—196页。

马克思和恩格斯在其中明确了实践的实质内涵，也明确了马克思主义哲学同其他一切哲学的本质性区别。

1847 年上半年，马克思撰写《哲学的贫困》。这是马克思专门针对蒲鲁东《贫困的哲学》而撰写的一部重要著作，马克思在其中深刻批判了蒲鲁东的经济观点和哲学观点，并且形成了较为系统的从理论到实践的无产阶级斗争理论。马克思指出，蒲鲁东并不能真正分析资本主义的主要矛盾，仍然脱离资本主义运转的实质性过程，只是构建出一种“政治经济学的形而上学”，这导致的结果，就是他的理论并不是真正基于工人的生活生产处境，更不能够为工人阶级认清资本主义的实质提供现实引领。正如马克思批判的：“使蒲鲁东先生恼怒的真正原因是不是唯恐引起生活必需品的匮乏呢？不是。他对博尔顿的工头们恼怒纯粹是因为他们用供求关系来确定价值，毫不关心构成价值，即达到构成状态的价值，毫不关心价值的构成，其中包括不断的交换可能性以及其他一切同天命并列的关系的比例性和比例性的关系。”① 蒲鲁东忽略资本主义商品价值实质的立场，对工人阶级运动产生了重要影响，而马克思的革命观在批判蒲鲁东的过程中也更加凸显了出来。

1847 年 1 月 20 日，正义者同盟委托约瑟夫·莫尔拜访马克思和恩格斯，邀请他们加入同盟。马克思和恩格斯同意加入并帮助改组同盟。1847 年 6 月，同盟召开代表大会，恩格斯出席了大会。大会决定正式把正义者同盟改名为共产主义者同盟，把同

---

① 《马克思恩格斯文集》第 1 卷，人民出版社 2009 年版，第 651 页。

盟的旧口号“人人皆兄弟”改为“全世界无产者，联合起来!”1847年11月29日至12月8日，同盟举行第二次代表大会。马克思和恩格斯出席了大会，并受委托为同盟起草一个准备公布的详细的理论和实践的纲领。1848年1月，马克思和恩格斯完成《共产党宣言》。

在《共产党宣言》中，马克思和恩格斯明确了德国革命运动是工人阶级的政治实践形式。他们说:“共产党人把自己的主要注意力集中在德国，因为德国正处在资产阶级革命的前夜，因为同17世纪的英国和18世纪的法国相比，德国将在整个欧洲文明更进步的条件下，拥有发展得多的无产阶级去实现这个变革，因而德国的资产阶级革命只能是无产阶级革命的直接序幕。”[①] 虽然德国无产阶级的力量在当时与容克相比悬殊，但是对于共产党来说，德国的无产阶级革命相较于资产阶级革命时期的英国和法国无产阶级革命来说，更具代表性。一是，德国当时的社会发展水平已经比英国和法国当时更高，社会的生产方式更加先进。虽然无产阶级同样没有发展到绝对优势，但是，作为欧洲资本主义发展代表之一的国家，其革命也表现出了较以往其他国家更加独特的地方。二是，虽然当时德国无产阶级的力量总体还不强，但是，德国正在发生的革命，显现出了比其他西欧国家更加尖锐的工人阶级与资产阶级的矛盾。相较于之前的英国和法国的革命形势，德国的无产阶级拥有的革命条件更为成熟，共产党能够在革命过程中起到更加直接的领导者角色。当然，马克思和恩格斯并

① 《马克思恩格斯文集》第2卷，人民出版社2009年版，第66页。

没有因为客观的形势而忽略无产阶级内部的发展问题。他们说："共产党一分钟也不忽略教育工人尽可能明确地意识到资产阶级和无产阶级的敌对的对立，以便德国工人能够立刻利用资产阶级统治所必然带来的社会的和政治的条件作为反对资产阶级的武器，以便在推翻德国的反动阶级之后立即开始反对资产阶级本身的斗争。"① 当时德国国内的阶级矛盾，要比当时英法资产阶级革命时期资产阶级和无产阶级的矛盾要更加尖锐，德国无产阶级在革命运动的过程中形成了系统的组织体系，以至于恩格斯在晚年基于理论的角度，对德国的社会主义运动给予了高度评价："德国的工人运动是德国古典哲学的继承者。"② 对于马克思来说，德国国内发生的社会主义运动成为当时身处布鲁塞尔的马克思开展理论创作的重要现实认知来源，也推动马克思直接参与到了革命实践当中，令其思想在无产阶级组织和运动中得到了广泛的传播和践行。马克思在工人阶级中的理论和运动核心地位进一步巩固。为其之后进一步分析资本主义生产方式隐性逻辑和剥削的隐性形式，进而进一步磨砺工人阶级思想武器做了重要准备。

1848 年欧洲革命的失败，非但没有阻碍马克思的创作，相反，更加激发了他对革命的持续讨论。在《革命运动》一文中，他就以更加宽广的眼光，分析了未来工人阶级的革命目标。他说："欧洲的解放——不管是各被压迫民族争得独立，还是封建专制政体被推翻，都取决于法国工人阶级的胜利的起义。但是法

① 《马克思恩格斯文集》第 2 卷，人民出版社 2009 年版，第 66 页。

② 《马克思恩格斯文集》第 4 卷，人民出版社 2009 年版，第 313 页。

国的任何一种社会变革都必然要遭到英国资产阶级的破坏，遭到大不列颠在工业和贸易上的世界霸权的破坏。”① 马克思号召，法国工人阶级的革命起义，应当是像《共产党宣言》中号召的：“全世界无产者，联合起来”，共同推动一场无产阶级的世界大战。同时，马克思还十分重视理论阵地建设。在 1848 年 4 月，马克思和恩格斯来到科隆筹办《新莱茵报》，作为德国无产阶级运动的理论阵地。后来由于各国反动势力的反扑，《新莱茵报》的处境日益艰难，但马克思毫不动摇地坚持办报，同反动当局的迫害进行了坚决斗争，同时千方百计筹措经费，甚至拿出了父亲留给他的全部遗产。1849 年 2 月，普鲁士当局以侮辱检察官和诽谤宪兵的罪名传讯《新莱茵报》主编马克思。在法庭上马克思以有力的证据驳斥了污蔑，被宣告无罪。但在 1849 年 5 月，马克思收到普鲁士政府的驱逐令。《新莱茵报》也被迫于 5 月 19 日停刊。

（三）伦敦流亡革命史：深化构建基于人类发展一般规律的系统真理

1849 年 8 月，马克思再次来到伦敦，开始了在伦敦的定居生活。虽然远离了欧洲大陆，但是，马克思在伦敦依旧引领着革命。9 月初，马克思就加入了伦敦德意志工人教育协会，不断讲授政治经济学和《共产党宣言》的基本观点。

1850 年，马克思和恩格斯在伦敦创办了《新莱茵报。政治经济评论》，并在这个刊物上发表了一系列重要著作。在《1848

① 《马克思恩格斯全集》第 6 卷，人民出版社 1961 年版，第 175 页。

年至1850年的法兰西阶级斗争》中，马克思全面分析了法国1848年革命的原因、经过、性质和影响，基于法国国内的阶级状况，针对无产阶级建立专政进行了科学系统的阐释。特别是对当时法国社会和工人阶级运动内部存在的复杂阶级情况进行了详细梳理。马克思指出，法国革命失败的一个重要原因，是真正的工人阶级并没有成为革命的主力军。“在法国，小资产者做着通常应该由工业资产者去做的事情；工人完成着通常应该由小资产者完成的任务；那么工人的任务又由谁去解决呢？没有人。”① 马克思是要通过探讨革命主体问题，为无产阶级的革命道路提出基本原则，那就是应当以真正的无产阶级作为权力的掌握者为目标。他说：“立宪共和国是农民的剥削者联合实行的专政；社会民主主义的红色共和国是农民的同盟者的专政”②，革命是属于无产阶级的事业，革命这一历史的火车头应当由无产阶级来驾控。当时法国的资产阶级和无产阶级政党，在实际的革命实践中都无法承担革命任务，这是法国革命给人们留下的最大的反思。

法国大革命对马克思的影响是异常深远的，除了《1848年至1850年的法兰西阶级斗争》，马克思还撰写了《路易·波拿巴的雾月十八日》，同样对法国革命进行了详细的剖析，进一步运用唯物史观阐述了革命期间法国社会的政治形态，将焦点集中在资本主义国家机器的本质探讨上，是对无产阶级政治观、国家观的再一次丰富。同时，这一著作也是对《1848年至1850年的法

① 《马克思恩格斯文集》第2卷，人民出版社2009年版，第155页。

② 《马克思恩格斯文集》第2卷，人民出版社2009年版，第161页。

兰西阶级斗争》的重要补充，因为它重点论述了以波拿巴为代表的“法国社会中人数最多的一个阶级——小农”[①]所掌控的国家权力。由此，马克思完成了对复杂的法国社会革命的政治分析。总体来说，马克思对法国革命的讨论，有3个最基本的立场：一是只有革命才是无产阶级掌握权力的唯一方式；二是只有真正的无产阶级进行革命，那么这种革命才是真正能够消灭资本主义制度的；三是革命是历史发展的必然。应当看到，马克思在考察法国革命时，虽然绝大多数篇幅都是采用的政治话语和阶级话语，但是，他并没有脱离人类社会发展的一般规律，在提及工人阶级革命与生产力发展的关系时，他就指出，在资本主义世界中，只要社会还普遍繁荣，“即在资产阶级社会的生产力正以在整个资产阶级关系范围内所能达到的速度蓬勃发展的时候，也就谈不到什么真正的革命。只有在现代生产力和资产阶级生产方式这两个要素互相矛盾的时候，这种革命才有可能”[②]。正确、客观分析革命的形势，是马克思在历经多年的革命实践中，留给无产阶级的宝贵箴言。

身处英国的马克思始终坚信，政治经济学批判也是工人阶级革命的重要组成部分。正如他在《〈政治经济学批判〉序言》中提出的，对于人类社会发展本质的考虑，应当从物质的生活关系角度进行理解，即黑格尔那里的“市民社会”。同时，对于市民社会的解剖应该到政治经济学中去寻求。随后，马克思再次引

---

① 《马克思恩格斯文集》第2卷，人民出版社2009年版，第566页。

② 《马克思恩格斯文集》第2卷，人民出版社2009年版，第176页。

入了人类社会发展一般规律的论述，并且论证了它是社会革命的根本来源。① 要通过揭示“现代社会的经济运动规律”，让工人们在理论层面深刻认识资本主义和资产阶级的剥削本质，“缩短和减轻分娩的痛苦”，成为马克思撰写《资本论》的重要前设，也是撰写这一巨著的重要动机。② 马克思逝世后，恩格斯在为《资本论》撰写的英文版序言中就说：“《资本论》在大陆上常常被称为‘工人阶级的圣经’。任何一个熟悉工人运动的人都不会否认：本书所作的结论日益成为伟大的工人阶级运动的基本原则，不仅在德国和瑞士是这样，而且在法国，在荷兰和比利时，在美国，甚至在意大利和西班牙也是这样；各地的工人阶级都越来越把这些结论看成是对自己的状况和自己的期望所作的最真切的表述。而在英国，马克思的理论正是在目前对社会主义运动产生着巨大的影响”③。《资本论》的出版，为工人阶级革命奠定了坚实的经济学理论基础，真正将政治经济学塑造为一种革命性话语，令科学社会主义成为最科学、最系统的革命理论。19 世纪七八十年代，欧洲涌现出了以巴黎公社运动为代表的一系列无产阶级运动，对科学社会主义事业产生了巨大的推动作用。在《法兰西内战》中，马克思对巴黎公社运动给予了高度的赞扬。与 20 多年前的欧洲革命时期相对应，晚年的马克思同样十分强调无产阶级政权的性质问题。马克思突出强调了公社作为人民群众

---

① 《马克思恩格斯文集》第 2 卷，人民出版社 2009 年版，第 591、597 页。

② 《马克思恩格斯文集》第 5 卷，人民出版社 2009 年版，第 10 页。

③ 《马克思恩格斯文集》第 5 卷，人民出版社 2009 年版，第 34 页。

“把国家政权重新收回”，“组成自己的力量去代替压迫他们的有组织的力量”，“获得社会解放的政治形式”的重要作用。① 巴黎公社运动是社会主义的重要而伟大的实践，同时，马克思阐释了作为无产阶级政权可以涵盖的广泛的“一切不靠他人劳动生活”的社会阶层：不仅包括工人阶级、农民，甚至可以包含小资产阶级和中等资产阶级（债务阶级）②，诠释了无产阶级共和国的真正含义和应有架构，并且颂扬了无产阶级历来就拥有的自我牺牲精神。

在伦敦期间，马克思参加了大量的社会主义运动及无产阶级组织，与其中一些错误的流派和观点进行坚决的斗争。特别是全面批判了可能给社会主义运动带来巨大危害的拉萨尔主义、机会主义、折中主义、巴枯宁主义等。《哥达纲领批判》就是马克思在晚年，针对无产阶级阵营内部出现的一系列错误风潮，特别是对德国社会民主工党和全德工人联合会在哥达召开的合并会议中出现的一些错误导向，进行及时纠正而撰写的。在这一作品中，马克思基于生产资料所有制，阐述了劳动观、分配方式及工资，革命主体和同盟军，无产阶级政权及国家的本质与独立性等重大问题。在恩格斯看来，马克思撰写这一作品的重大意义就在于，对拉萨尔及拉萨尔主义从事的鼓动工作，以及利用其经济学原则可能对革命运动和策略产生深层次的理论影响进行详细的、根本的批判。③ 马克思的完

---

① 《马克思恩格斯文集》第 3 卷，人民出版社 2009 年版，第 195 页。

② 《马克思恩格斯文集》第 3 卷，人民出版社 2009 年版，第 203—204 页。

③ 《马克思恩格斯文集》第 3 卷，人民出版社 2009 年版，第 423 页。

整的无产阶级革命理论再一次得到了清晰的表达。此后，马克思通过国际工人协会总委员会一直关注和支持法国、德国、意大利、西班牙、丹麦、葡萄牙、瑞士、俄国、美国等世界各地的工人运动，并开展研究，直至逝世。

四、修补唯物主义整个大厦的上层

1914 年，列宁为《格拉纳特百科词典》撰写了“卡尔·马克思”的一个传记词条，在这个词条中他说：“1841 年至 1843 年底，马克思的思想存在着一个从唯心主义转向唯物主义，从革命民主主义转向共产主义的过程。”可以说，19 世纪 40 年代，年仅二十几岁的青年马克思正处在他思想发展的“狂飚突进时期”①，他先后写作了《黑格尔法哲学批判》《论犹太人问题》《〈黑格尔法哲学批判〉导言》《1844 年经济学哲学手稿》《神圣家族》《关于费尔巴哈的提纲》《德意志意识形态》等著作，这些著作体现的思想演进表明青年马克思已逐步完成了“离开黑格尔走向费尔巴哈，又超过费尔巴哈走向历史（和辩证）唯物主义”② 的过程。被恩格斯称为马克思的“两个发现”之一的唯物史观就是在这一过程中诞生的。唯物史观的发现“用人们的存在说明他们的意识，而不是像以往那样用人们的意识说明他们的存在”，至此，“唯心

① 《马克思恩格斯选集》第 4 卷，人民出版社 2012 年版，第 218 页。

② 《列宁全集》第 55 卷，人民出版社 2017 年版，第 293 页。

主义从它的最后的避难所即历史观中被驱逐出去”。①

（一）历史唯物主义的起源：《关于费尔巴哈的提纲》

关于历史唯物主义的起源问题，恩格斯在1893年2月7日致弗拉基米尔·雅柯夫列维奇·施穆伊洛夫的信中讲得很清楚，他说：“在我看来，您在我的《费尔巴哈》（《路德维希·费尔巴哈和德国古典哲学的终结》）中就可以找到足够的东西——马克思的附录其实就是它的起源！”② 这里“马克思的附录”就是指马克思写作于1845年春的《关于费尔巴哈的提纲》（以下简称《提纲》），这份《提纲》最初记载于马克思的一个笔记本中，原标题为《1.关于费尔巴哈》。马克思逝世后，恩格斯在整理马克思的遗稿时发现了这篇笔记，并于1888年出版《路德维希·费尔巴哈和德国古典哲学的终结》一书时，把这篇笔记稍作修改，并以标题《马克思论费尔巴哈》作为附录首次发表。这份被恩格斯称为“包含着新世界观的天才萌芽的第一个文献”③ 的《提纲》就是马克思创立历史唯物主义的起源！

《提纲》11条内容聚焦费尔巴哈，《提纲》中的观点是通过批判费尔巴哈从而超越费尔巴哈继而生成和表达出来的，是从旧唯物主义向新唯物主义的跨越。《提纲》以“实践”概念概括了“感性—对象性活动”这一本体论原则，实现了实践定向与对象性活动原理的统一，成为马克思主义与旧唯物主义在认识论和历史观

① 《马克思恩格斯文集》第3卷，人民出版社2009年版，第544—545页。

② 《马克思恩格斯选集》第4卷，人民出版社2012年版，第637页。

③ 《马克思恩格斯选集》第4卷，人民出版社2012年版，第219页。

上的原则区别。

《提纲》在批判一切旧唯物主义和唯心主义主要缺点的基础上提出能动的、革命的、科学的世界观，即实践的唯物主义，从而奠定了历史唯物主义的理论基础。《提纲》第一条开头写道："从前的一切唯物主义（包括费尔巴哈的唯物主义）的主要缺点是：对对象、现实、感性，只是从客体的或者直观的形式去理解，而不是把它们当做感性的人的活动，当做实践去理解，不是从主体方面去理解。因此，和唯物主义相反，唯心主义却把能动的方面抽象地发展了，当然，唯心主义是不知道现实的、感性的活动本身的。"① 在这里，马克思首先批判了费尔巴哈的直观唯物主义。费尔巴哈因将"对象、现实、感性"即客观事物或客观世界仅仅看做是人的感觉、直观反映的对象，而不是将它们当做人的"实践"这种"感性活动"的对象，因此，他不能"从主体方面"去理解"对象、现实、感性"，这是对人的主体性、能动性、创造性的忽视。他只看到了对象世界的感性现实性，只从客体方面去理解，而没有看到对象世界的感性现实性与主体的感性现实性在本质上是同一的，对象世界不仅是人的直观的对象，更是人的"感性活动"即"实践"的对象；而看不到"实践"的意义，就不能够真正理解人类历史，因为，"他周围的感性世界决不是某种开天辟地以来就直接存在的、始终如一的东西，而是工业和社会状况的产物，是历史的产物"②。紧接着，马克思又批判了唯心

① 《马克思恩格斯选集》第1卷，人民出版社2012年版，第133页。

② 《马克思恩格斯选集》第1卷，人民出版社2012年版，第155页。

主义只是“抽象地发展”了人的“能动的方面”，却否定了能动活动即人的意识能动性的唯物主义基础——“现实的、感性的活动本身”。在此，旧唯物主义与唯心主义的主要缺点达到惊人的一致，即都不理解现实的实践活动及其意义。在对包括费尔巴哈在内的旧唯物主义和唯心主义批判的基础上，马克思天才的世界观得以阐发。他的实践唯物主义的理论本质并不是传统哲学解释框架所诠释的对外部对象的直观反映，而是建立在人类主体通过客观物质实践对外部对象和自身的历史改造之上的科学认知。[①]由此，马克思崭新的、科学的实践观奠定了其第一个伟大发现历史唯物主义的理论基础，“全部社会生活在本质上是实践的”，历史是由现实中的人通过具体的社会实践建构的，而不仅仅只是对外在于人类主体的社会客观规律的旁观式的直观反映，这是历史辩证法主体向度的有力体现。

《提纲》的另一个重要思想是关于“人的本质”的科学规定，这一规定奠定了“现实的个人”作为历史唯物主义的逻辑起点。马克思对“人的本质”的科学规定是从批判费尔巴哈的宗教观进而批判他对人的本质的理解从而阐发出来的。费尔巴哈以宗教的本质来规定人的本质，由此造成了对人的本质的两个错误认知：一是“撇开历史的进程”，把人假定为“抽象的——孤立的——人的个体”；二是把人的本质理解为“类”的普遍自然属性（《提纲》第六条）。费尔巴哈之所以对人的本质有如此认知，其思想

① 张一兵：《马克思历史辩证法的主体向度——似自然性、物役性批判理论研究》，北京师范大学出版社 2017 年版，“序言”第 4 页。

弊病在于脱离了人的社会实践和社会关系去看“人”，只是“停留于抽象的‘人’”，“还从来没有看到现实存在着的、活动的人”，“并且仅仅限于在感情范围内承认‘现实的、单个的、肉体的人’，也就是说，除了爱与友情，而且是理想化了的爱与友情以外，他不知道‘人与人之间’还有什么其他的‘人的关系’”。① 在费尔巴哈这里，人的本质是一种理想化的“单个人所固有的抽象物”，是人人都具备的感情关系，并且这种关系在世俗世界的变迁中异化为某种“宗教感情”。费尔巴哈是从宗教问题上看到了人的本质的异化，从而致力于把宗教世界归结于它的世俗基础，把人的本质归还给“人”——一个“纯粹的、真正的人”②。然而他没有看到，“宗教感情”本身就是社会的产物，他所分析的“抽象的个人”也是属于一定的社会形式的（《提纲》第七条）。费尔巴哈不理解，人的本质在其现实性上“是一切社会关系的总和”③。这里的“社会关系”是现实中的个人在从事物质生产活动的过程中形成的，正如马克思和恩格斯在《德意志意识形态》中揭示的那样，“以一定的方式进行生产活动的一定的个人，发生一定的社会关系和政治关系”。由此，由“人的本质”的哲学追问，进而进到“现实中的个人”，马克思历史唯物主义的逻辑起点得以显现。“现实中的个人”，是从事活动的，进行物质生产的人们，他们不是费尔巴哈所想象的抽象的孤立的人的个体，他们要受自己

① 《马克思恩格斯选集》第 1 卷，人民出版社 2012 年版，第 157 页。

② 《马克思恩格斯全集》第 3 卷，人民出版社 1960 年版，第 576 页。

③ 《马克思恩格斯选集》第 1 卷，人民出版社 2012 年版，第 135 页。

的生产力和与之相适应的交往关系的制约，因此，人的本质体现在人们实践活动所创造的社会关系中，并随着实践的发展而发展。

（二）唯物史观的伟大发现：《德意志意识形态》

马克思的第一个伟大发现——唯物史观首次得到全面系统的阐述就是在《德意志意识形态》（以下简称《形态》）这部科学巨著中。马克思在世时，《形态》由于马克思、恩格斯与出版商之间存在的政治和意识形态分野而未能出版；马克思逝世后，直到20世纪30年代初才由苏共中央马克思恩格斯研究院出版了比较完整的版本。《形态》的问世意义非凡，正如列宁所说："马克思和恩格斯的学说是从费尔巴哈那里产生出来的，是在与庸才们的斗争中发展起来的，自然他们所特别注意的是修盖好唯物主义哲学的上层，也就是说，他们所特别注意的不是唯物主义认识论，而是唯物主义历史观。"①"修盖好唯物主义哲学的上层"说明了《形态》巨大的理论贡献。

早在《莱茵报》时期，马克思就开始了对于历史唯物主义的探索。1841年，马克思大学毕业后从柏林迁居波恩，要为计划中的波恩大学的教职做准备。但自1840年起，德国形势发生了不利于左派即青年黑格尔派活动的变化，随着新国王弗里德里希·威廉四世的上台，他对青年黑格尔派采取越来越严厉的镇压措施，把持有激进观点的黑格尔主义者开除出大学。1842年3月，

① 《列宁选集》第2卷，人民出版社2012年版，第225页。

青年黑格尔派教授布鲁诺·鲍威尔由于他的无神论观点和自由主义的反对派言论，被普鲁士政府从波恩大学剥夺了教席资格，这样就迫使马克思放弃了当学者的前程。这时，一份自由资产阶级的报纸《莱茵报》邀请马克思为其撰稿，1842 年 10 月，马克思担任该报编辑。马克思在此期间接触到的社会现实和物质利益问题促使他深入研究经济关系和社会关系在社会生活中的作用，由此导致《莱茵报》越来越鲜明的革命民主主义色彩引发普鲁士当局的惊恐不安，并于 1843 年 4 月 1 日查封《莱茵报》。

马克思不得不带着自己在《莱茵报》时期积累下的巨大思想困惑开启新的历程。1843 年 5 月，马克思来到了莱茵省的小镇克罗伊茨纳赫，在这里，他“从社会退回书房”专心研究法国、英国、德国等欧洲国家封建社会的历史，以及早期资产阶级理论家和法国启蒙思想家的政治理论著作。与此同时，对费尔巴哈思想的“再发现”让马克思欣喜若狂，此时正面临着巨大的现实与思想困惑的马克思本就对黑格尔哲学产生了强烈的怀疑和批判态度，当他看到费尔巴哈出版于 1843 年 1 月的格言体短文《关于哲学改造的临时纲要》时，马克思产生了强烈的思想共鸣。他兴奋地给卢格写信说：“费尔巴哈的警句只有一点不能使我满意，这就是：他过多地强调自然而过少地强调政治。”① 对欧洲历史的潜心钻研与对费尔巴哈哲学的深入阅读使马克思在思想上取得重要进展，主要成果就是《克罗伊茨纳赫笔记》和一部未完成的手稿《黑格尔法哲学批判》。在《黑格尔法哲学批判》中，马克思

---

① 《马克思恩格斯全集》第 27 卷，人民出版社 1972 年版，第 442—443 页。

第一次批判黑格尔的思辨唯心主义，他在批判黑格尔在国家与市民社会关系问题上的唯心主义观点后，得出了“不是国家决定市民社会，而是市民社会决定国家”的唯物主义观点。

之后，即1843年10月，马克思离开德国前往巴黎。在巴黎，马克思一方面深入了解工人的生活和斗争，一方面继续进行理论研究，并与卢格一起创办《德法年鉴》，从而加速了马克思向唯物主义和共产主义的转变。马克思思想的转变过程，我们可以通过马克思发表于《德法年鉴》的两篇文献《论犹太人问题》和《〈黑格尔法哲学批判〉导言》看出。在《论犹太人问题》中，马克思批判了鲍威尔在民族问题上的唯心主义观点和在宗教问题上的神学观点，指出政治解放与宗教的关系问题实质上是政治解放与人类解放的关系问题，论证了政治解放与人类解放的根本区别，并将人类解放与扬弃私有财产的普遍统治联系起来。而在《〈黑格尔法哲学批判〉导言》中，马克思则从哲学上概述了“人类解放”的历史任务，并找到了现实的物质力量——无产阶级，同时阐明了“哲学”与“无产阶级”的关系，论述了“批判的武器”和“武器的批判”的关系。这些观点与立场都昭示着马克思完成了“两个转变”。而这“两个转变”的直接逻辑结果，就是马克思从最初的宗教批判—政治批判—哲学批判，转向政治经济学批判，在这种转变的过程中，黑格尔、鲍威尔、蒲鲁东、赫斯、费尔巴哈以及青年恩格斯都对他产生了巨大的影响。等到马克思写作《1844年经济学哲学手稿》时，他的理论研究已经发生了一个重大转折：从针对“副本”的批判，进到针对“原本”的批判，即从对宗教、国家和法的批判进到对“市民社会”（即社会物质生活关系）的批判，从哲学进到政治经济学。[①]《1844年经济学哲学手稿》提出了用以解答历史之谜的异化劳动理论，在《手稿》中，马克思把哲学的研究同政治经济学的研究结合起来，进而运用哲学人本主义批判国民经济学，论证共产主义实现的必要性。从某种意义上说，《手稿》已经是唯物史观呼之欲出的“前夜”。再经过《神圣家族》由异化劳动理论向唯物史观的过渡，在此之后的《德意志意识形态》对费尔巴哈、鲍威尔、施蒂纳等为代表的各式各样的唯心史观思想进行了深刻的分析和批判，并在此基础上对历史唯物主义的基本原理进行了全面阐发，从而标志着唯物史观的形成。

《形态》首先确定了“现实的个人”作为唯物史观的逻辑前提。所谓“现实的个人”，是指“这些个人是从事活动的，进行物质生产的，因而是在一定的物质的、不受他们任意支配的界限、前提和条件下活动着的”[②]。“现实的个人”既非德国古典哲学“思辨的个人”，也非费尔巴哈哲学“孤立的个人”，现实的个人与物质生产活动和物质生活条件紧密扣连。马克思和恩格斯通过考察现实个人的活动与物质生活条件，指出了历史发展的4个要素：首先是物质生活本身的生产，这是第一个历史活动，也是一切历史的第一个前提；其次是满足新的需要的生产，这是推动人们进行再生产的过程；第三是人口的生产，即生命的生产；第四是社会关系的生产。这种由需要和生产方式决定的人们之间的物质

① 黄楠森主编：《马克思主义哲学史》，高等教育出版社1998年版，第28页。

② 《马克思恩格斯选集》第1卷，人民出版社2012年版，第151页。

的联系与人本身的历史一样长久，“这种联系不断采取新的形式，因而就表现为‘历史’”①。

接着，《形态》对唯物主义历史观的实质作了概括，明确地表述了社会存在决定社会意识的基本原理。当马克思和恩格斯考察完原初的历史关系的 4 个因素后，发现人还具有“意识”，而意识一开始就是社会的产物，只是随着物质劳动和精神劳动的分工，才发展为具有相对独立性的社会意识，“从这时候起，意识才能摆脱世界而去构造‘纯粹的’理论、神学、哲学、道德等等”②。马克思和恩格斯进而将上述 5 种历史关系归结为 3 个因素即生产力、社会状况和意识。唯心主义者将意识的相对独立性绝对化，把意识看成是能够脱离物质生活关系的自身运动，甚至把历史的发展也归结为精神的运动。而马克思恩格斯的历史唯物主义一针见血地指出：“意识［das Bewuβtsein］在任何时候都只能是被意识到了的存在［das bewuβte Sein］，而人们的存在就是他们的现实生活过程。”③ 这个“现实生活过程”就是被后来的哲学家胡塞尔称为“生活世界”的领域。这说明：唯物史观不是要在时代中寻找范畴，而是始终站在现实历史的基础上；不是从观念出发来解释实践，而是从物质实践出发来解释各种观念形态。

然后，《形态》“从直接生活的物质生产出发阐述现实的生产过程”时揭示了唯物史观的核心原理，即生产力和交往形式（生

① 《马克思恩格斯选集》第 1 卷，人民出版社 2012 年版，第 160 页。

② 《马克思恩格斯选集》第 1 卷，人民出版社 2012 年版，第 162 页。

③ 《马克思恩格斯选集》第 1 卷，人民出版社 2012 年版，第 152 页。

产关系）的矛盾是一切历史冲突的根源。在《形态》中，生产关系和“交往关系”“交往形式”等术语是交替使用的，这表明唯物史观初创时在术语上还未达到精确化的程度。马克思和恩格斯从现实的个人出发，即从人们创造历史的活动出发，就得出现实的个人所处双重关系的情形：一方面是自然关系，另一方面是社会关系，社会关系的含义是许多人的共同活动，而这种共同活动方式本身就是“生产力”，它与一定的生产方式联系着。人们的交往形式要与生产力发展的一定水平相适应，当生产力水平发展时，“已成为桎梏的旧交往形式被适应于比较发达的生产力，因而也适应于进步的个人自主活动方式的新交往形式所代替；新的交往形式又会成为桎梏，然后又为另一种交往形式所代替”①。这里所揭示的，正是生产力和生产关系矛盾运动的规律，这一规律贯穿于整个人类社会的历史，成为人类历史最基本、最一般的规律。

最后，《形态》在从历史的动态过程中阐发社会结构的思想时，通过对“市民社会”的分析，揭示了市民社会（经济基础）决定上层建筑的原理。马克思在《黑格尔法哲学批判》中已经提出了市民社会决定国家的思想，在《神圣家族》中，马克思和恩格斯将市民社会视为“现代国家的自然基础”。在《形态》中，马克思和恩格斯指出：“市民社会这一名称始终标志着直接从生产和交往中发展起来的社会组织，这种社会组织在一切时代都构成国家的基础以及任何其他的观念的上层建筑的基础。”② 在这

---

① 《马克思恩格斯选集》第 1 卷，人民出版社 2012 年版，第 204 页。

② 《马克思恩格斯选集》第 1 卷，人民出版社 2012 年版，第 211 页。

里，“市民社会”这个术语实际上就是后来使用的经济基础的同义语。对市民社会的研究，使马克思能够深刻阐明社会结构，整个社会结构被剖析为 4 个相互联系的层次，即生产力—生产关系（经济基础）—政治上层建筑—社会意识形态，“这样做当然就能够完整地描述事物了（因而也能够描述事物的这些不同方面之间的相互作用）”①。由于社会结构内部的矛盾运动，社会历史就表现为五种社会形态的依次更替，即《形态》中所提到的部落所有制、古代所有制、封建所有制、资本主义所有制和共产主义所有制，这样，社会形态发展呈现出一种自然历史过程。

马克思和恩格斯曾指出：“当费尔巴哈是一个唯物主义者的时候，历史在他的视野之外；当他去探讨历史的时候，他不是一个唯物主义者。在他那里，唯物主义和历史是彼此完全脱离的。”② 费尔巴哈理论的困境在于，他没有把“现实的人”当作“在历史中活动的人”，从而导致主体历史原则的丧失，所以费尔巴哈的唯物主义只是半截子的唯物主义。而马克思的唯物史观奠基于他科学的实践观，实践活动是一种“感性的、对象性的活动”，这是一种包含受动—能动、感性—超感性的矛盾的存在过程。对于现实的人来讲，“感性的、对象性的活动”首先就是从事物质资料生产的活动，这种活动体现为一个“现实的‘主体—客体’矛盾不断地瓦解、生成和实现的存在过程”③。通过这种主体—客

① 《马克思恩格斯选集》第 1 卷，人民出版社 2012 年版，第 171—172 页。

② 《马克思恩格斯选集》第 1 卷，人民出版社 2012 年版，第 158 页。

③ 吴晓明、陈立新：《马克思主义本体论研究》，北京师范大学出版社 2012 年版，第 218—219 页。

体矛盾互动，马克思一方面通过客观物质生产揭示人类社会历史发展的一般基础，说明历史遵循客观规律性，另一方面又依循现实的人的主体性原则，探寻人及人类社会不断超越现存历史状况的可能性，让人成为自由自觉创造历史的主人！

五、马克思对资本主义社会的“人体解剖”

马克思在《1857—1858年经济学手稿》中说：“人体解剖对于猴体解剖是一把钥匙。”① 通过对资本主义社会这个特定社会形态特别是其内在矛盾运动的认识，可以窥见人类社会是如何发展而来的，以及人类社会的未来将何去何从。在马克思生活的时代，资本主义社会是迄今发展最复杂、最完备的私有制社会，它既包含着过去社会形态发展的“残片和要素”，又孕育着更高级社会发展的“征兆”。要认识人类社会发展的规律，可以从资本主义社会说开来。

（一）劳动：批判资本主义社会的逻辑起点

马克思总是擅长从一个普遍的概念分析出它在资本主义社会中的特殊含义，进而找到资本主义的症结所在。他说：“劳动似乎是一个十分简单的范畴”②，因为劳动是一种普遍的社会活

① 《马克思恩格斯文集》第8卷，人民出版社2009年版，第29页。

② 《马克思恩格斯文集》第8卷，人民出版社2009年版，第27页。

动，它贯穿于人类历史始终，而在资本主义社会，劳动的特有规定性并不简单。

其一，是工人的异化劳动。早在《1844年经济学哲学手稿》中，马克思就开始对资本主义异化劳动进行了人本主义批判，指出工人的劳动不是发挥自身才能和智慧的自由自觉活动，而是一种被迫的、不情愿的谋生劳动，“是一种自我牺牲、自我折磨的劳动”①。马克思剖析了异化劳动的4个表现，即人同自己的劳动产品、劳动过程、类本质以及人同人相异化，以致于工人生产的越多，越是陷入赤贫和愚笨，“工人越是通过自己的劳动占有外部世界、感性自然界，他就越是在两个方面失去生活资料”②。在这个颠倒的世界中，劳动者与生产资料相分离，劳动者创造了大量财富却陷入贫困，非劳动者占有生产资料可以不劳而获，无产阶级和资产阶级的矛盾成为资本主义社会的主要矛盾。

其二，是生产剩余价值的雇佣劳动。在资本主义生产中，劳动者自由得一无所有，只有靠出卖劳动力从事雇佣劳动，为资本家生产剩余价值以谋生。资本家凭借其对生产资料的所有权，在“公平交易”的幌子下对工人进行赤裸裸的剥削，“资本强制压榨出来的剩余价值，在生产过程本身内部表现为剩余劳动”③。因此，这种雇佣劳动是工人在不等价交换情形下生产剩余价值——“一般劳动超过必要劳动的余额”④——的劳动。可见，

---

① 《马克思恩格斯文集》第1卷，人民出版社2009年版，第160页。

② 《马克思恩格斯文集》第1卷，人民出版社2009年版，第158页。

③ 《马克思恩格斯文集》第8卷，人民出版社2009年版，第98页。

④ 《马克思恩格斯文集》第8卷，人民出版社2009年版，第99页。

雇佣劳动制度本来就存在着形式的平等和实质的不平等之间的矛盾，这种劳动生产过程是价值形成过程和价值增殖过程的统一，突出体现了商品生产的资本主义形式。

其三，是机器化大生产下的社会劳动。诚然，劳动不是孤立个人的活动，而是在一定的物质条件、社会关系、所有制形式下的社会化劳动。只有到了资本主义社会，分工、协作和机器的普遍应用等不断提高资本主义生产的社会化程度和生产力水平，劳动才达到完全的社会化程度，它创造了比过去一切世代总和还要大、还要多的生产力，“这种劳动的社会生产力或社会劳动的生产力，在历史上只有随着特殊资本主义生产方式才发展起来”①。马克思指出，不能空泛地谈论劳动和社会，因为在资本主义社会，“随着劳动的社会性的发展，以及由此而来的劳动之成为财富和文化的源泉，劳动者方面的贫穷和愚昧、非劳动者方面的财富和文化也发展起来”②。也就是生产的社会化并没有带来社会财富和精神发展的社会化，因为资产阶级才是物质财富和精神财富的占有者，生产的无限扩大反而加深了资产阶级和无产阶级的分化，生产的社会化与资本主义生产资料私人占有之间的矛盾只会越积越深。

（二）商品：资本主义矛盾的萌芽

商品是用于交换的、能满足人的某种需要的劳动产品，是

① 《马克思恩格斯文集》第 8 卷，人民出版社 2009 年版，第 535 页。

② 《马克思恩格斯文集》第 3 卷，人民出版社 2009 年版，第 430 页。

商品经济最基本的要素。随着社会分工的发展和私有制的演进，特别是社会生产从个体劳动发展到雇佣劳动，也就是到了资本主义社会，生产的商品增多了，商品交换频繁了，商品经济才成为普遍的经济形式，而商品作为最简单的经济细胞是如此普遍，以致于劳动的主体即劳动力本身也成为了商品，正是劳动力商品的劳动过程创造了剩余价值，同时包含着资本主义一切矛盾的萌芽。

我们先从一般商品的属性来看，商品必须同时具备使用价值和价值两重基本属性，使用价值是商品满足人的某种需要的属性，是商品的自然属性，商品的使用价值构成社会财富的物质内容。价值是凝结在商品中的无差别的一般人类劳动，是商品的社会属性，是商品交换的基础。作为商品生产和交换的主体来说，商品生产者生产商品不是为了自己消费，而是为了交换出去给社会和他人提供消费，商品的价值和使用价值不可兼得，为了获得商品的价值他必须让渡出商品的使用价值，而购买者为了获得商品的使用价值，必须付出 money 进行购买，也就是让渡出商品的价值。商品的价值和使用价值之间是互相对立、互相排斥和互相矛盾的，商品的内在矛盾必须通过市场交换才能解决。

商品的价值从何而来？如何确定商品交换的比例？我们进一步考察生产商品的劳动。从一方面看，生产每一商品是用一定的原材料、工具、操作方式进行的具体形式的劳动，千差万别的具体劳动生产出各式各样的使用价值；另一方面，不管生产商品的具体劳动形式是什么，它们都有着共同的特点，即都是人的体力和脑力的耗费，是无差别的一般人类劳动，这种抽象劳动生产商品的价值。抽象劳动在质上是相同的，因而在此基础上可以进行量的比较，商品交换以价值量为标准，实际上是不同劳动的相互交换。商品交换要求把具体劳动还原为抽象劳动、个人劳动还原为社会劳动，如果生产的商品售卖不出去，商品的价值和使用价值无法让渡，个人的劳动得不到社会的承认，生产得不到价值补偿和实物替换，商品生产也就要被迫中断。这就为资本主义生产过剩带来的经济危机埋下了祸根。

在资本主义社会，劳动力这个特殊商品具有特别重要的意义，劳动力成为商品是资本主义经济制度形成的前提条件，也是资本家剥削工人的秘密武器。在资本的原始积累过程中，劳动者逐渐失去一切生产资料，沦为一个待价而沽的劳动力商品，他的价值就是以工资形式获得的维持自身和后代生存发展的生活必需品的价值总和，他的使用价值就是他的劳动，工人劳动所创造的价值要大于自身的价值，也就是劳动力在雇佣劳动中创造的价值要大于资本家给付的工资，这个差额就是剩余价值。正是劳动力的劳动创造了价值，成为价值的源泉，也成为剩余价值的源泉。资本家可以无偿占有剩余价值，而工人在自己的支付能力范围内无法购买自己生产的商品，这势必造成商品堆积，破坏资本主义经济的运行，也激化资产阶级和无产阶级之间的矛盾。

（三）货币：资本主义矛盾的转换器

商品交换从开始的物物交换发展到以货币为媒介的交换，货币是在长期交换过程中形成的固定充当一般等价物的商品。随着货币的产生，商品价值和使用价值的矛盾暂时得到了解决，只要把商品转换成货币，“取得一般的社会公认的等价形式”①，商品的价值就能得到实现。货币有助于解决商品交换的困难，促进了商品经济的发展。

货币的出现并没有真正解决商品经济的矛盾，而只是把商品的内在矛盾转换为商品与货币的外在对立了。商品转化为货币的道路是不平坦的，受社会分工、生产率水平、市场竞争和供需变化等情况影响，诚如马克思所说：“分工使劳动产品转化为商品，因而使它转化为货币成为必然的事情。同时，分工使这种转化能否成功成为偶然的事情。”② 若商品不能转换为足够的货币，商品所有者就会亏损，甚至所有努力付之东流，这是他不得不面临的风险。在以货币为媒介的商品交换中，人们形成了相互独立、漠不关心却对物全面依赖的关系，这正是私人劳动转换为社会劳动的制约因素。货币作为商品交换价值的物化，与作为使用价值的商品本身分离并对立起来。因此，马克思说，从商品到货币是一次惊险的跳跃。如果掉下去，那么摔碎的不仅是商品，而是商品的所有者。因为商品如果不能顺利转化为货币的话，就意味着商品所有者没有货币继续购买其他商品，生产将无以为继，以致于一方面是商品的堆积，另一方面是劳动者失业和无力购买自己生产的商品，经济危机就这样周期性爆发。

---

① 《马克思恩格斯文集》第5卷，人民出版社2009年版，第127页。

② 《马克思恩格斯文集》第5卷，人民出版社2009年版，第129页。

货币实质上是商品物化的价值，它使商品世界分成了两类，一类是代表商品使用价值的普通商品，一类是代表商品价值的货币，货币脱离普通商品成为一个相对独立的存在，成为财富的象征，因此马克思说货币是私有财产的“特定的、展开了的表现”。货币不仅成为商品交换的中介，也成为人与人之间社会关系的中介，“个人的产品或活动必须先转化为交换价值的形式，转化为货币，并且个人通过这种物的形式才取得和证明自己的社会权力”①，而货币能够购买其他一切商品的特性使得它成为人们孜孜以求、顶礼膜拜的对象，从商品交换的手段转变成生产的目的。货币用物的形式掩盖了劳动的社会性质，把人与人进行劳动量交换的社会关系转变成商品与货币相交换的物与物的关系，使人与人的关系“除了赤裸裸的利害关系，除了冷酷无情的‘现金交易’，就再也没有任何别的联系了”，金钱异化为支配世界的权力，这就是马克思说的“货币拜物教”，它使人匍匐在货币面前，这种颠倒的社会关系必将为此付出代价，“在以交换价值为基础的资产阶级社会内部，产生出一些交往关系和生产关系，它们同时又是炸毁这个社会的地雷”②。

（四）资本：资本主义矛盾的集合点

劳动创造了商品的价值，商品交换发展到一定程度产生了货币，货币作为商品交换的中介促进了商品价值的实现。货币的

① 《马克思恩格斯文集》第 8 卷，人民出版社 2009 年版，第 52 页。

② 《马克思恩格斯文集》第 8 卷，人民出版社 2009 年版，第 54 页。

运动表现为G—M—G'，也就是货币用于购买商品，再把商品售卖出去获得货币，起点和终点都是货币，如果最初的货币和最后的货币一样多，那么这个过程不过是“吃力不讨好”，如果最后的货币大于最初的货币，这种周而复始的运动就会给“金主”带来利益，这时货币就转化为资本，“作为适当的交换价值（货币）从流通中产生和独立化，但又重新进入流通、在流通中并通过流通而使自己保存并增大（增加）的价值（货币），就是资本”①。因此，作为资本的货币前进的方向和动力就是增殖。Wait！这似乎违背了等价交换原则，增殖的部分来源于哪里呢？这又回到了起点，虽然它发生在流通领域，也就是在流通过程中实现价值增殖，但价值创造来自劳动，而增殖部分即资本家无偿占有的超过劳动力价值的价值，也就是剩余价值。

资本的出现标志着生产过程的一个全新时代的到来，生产的目的不是为了使用价值，货币的流通不是为了商品交换，都是为了获得更多的剩余价值。资本的表现形式可以是商品、货币或地产等生产资料，它的实质是一种社会关系，马克思在《资本论》第三卷中指出：“资本不是物，而是一定的、社会的、属于一定历史社会形态的生产关系”②，即资产阶级和资本主义社会的生产关系。资本也就是资本家和雇佣工人之间关系的生产和再生产，“劳动把劳动的生产条件作为资本生产出来，资本把劳动作为使自己当做资本来实现的手段，作为雇佣劳动生

① 《马克思恩格斯全集》第32卷，人民出版社1998年版，第12页。

② 《马克思恩格斯文集》第7卷，人民出版社2009年版，第922页。

产出来”[1]。资本增殖就是在扩大规模上再生产这种关系，一方是资本的日益强壮，另一方是工人的羸弱和队伍的增加，因此也使资产阶级和无产阶级在不断增强各自力量过程中形成强强对抗。

资本像滚雪球那样越滚越大，成为资本主义生产整个过程的主导者，“资本是资产阶级社会的支配一切的经济权力”[2]。它像魔术师一样创造了前所未有的生产力，并且使之从属于资本，服从于价值增殖的需要，“因为劳动的一切社会生产力，都好像不为劳动本身所有，而为资本所有，都好像是从资本自身生长出来的力量”[3]。劳动对资本的从属从形式从属发展到实际从属。资本的逐利本性掩盖了劳动者生产的主体性和能动性。为了获得源源不断的利润，资本必须在不断运转中加速剩余价值的创造和实现，因此，“资本的运动是没有限度的”[4]。资本的扩张性使它不断消除一切障碍扩大市场，这与资本主义私人所有制的狭隘关系相矛盾，它为人的个性自由发展创造了条件，又与剥削工人制造阶级分化的事实相矛盾。这些矛盾使得资本成为生产力发展的限制，“一旦达到这一点，资本即雇佣劳动就同社会财富和生产力的发展发生像行会制度、农奴制、奴隶制同这种发展所发生的同样的关系，就必然会作为桎梏被摆脱掉”[5]。资本主义必将过渡到

---

① 《马克思恩格斯文集》第 8 卷，人民出版社 2009 年版，第 544 页。

② 《马克思恩格斯文集》第 8 卷，人民出版社 2009 年版，第 31—32 页。

③ 《马克思恩格斯文集》第 7 卷，人民出版社 2009 年版，第 937 页。

④ 《马克思恩格斯文集》第 5 卷，人民出版社 2009 年版，第 178 页。

⑤ 《马克思恩格斯全集》第 31 卷，人民出版社 1998 年版，第 149 页。

一个更高级的生产方式。

（五）生产方式：考察资本主义社会的分析框架

马克思从劳动、商品、货币和资本分析了资本主义生产的整个过程，对资本主义进行抽丝剥茧，找到了资本主义矛盾发展演化的脉络，也预测了它的历史暂时性。马克思把生产、交换、分配和消费看作一个有机整体，并抓住了“生产”在其中的决定性作用，“过程总是从生产重新开始……一定的生产决定一定的消费、分配、交换和这些不同要素相互间的一定关系”①。因此，要深入资本主义生产过程本身来“揪出”资本主义生产方式的矛盾根源，而不是像有些古典经济学家那样将商品的价值追溯到交换中去。同样地，对其他所有社会形态的分析，都可以从生产方式着手，从生产力和生产关系、经济基础和上层建筑的矛盾运动中去寻找历史之谜的钥匙。马克思从距离他最近的资本主义生产入手，从商品生产和流通中物与物的关系看到了背后人与人的社会关系，“各个人借以进行生产的社会关系，即社会生产关系，是随着物质生产资料、生产力的变化和发展而变化和改变的”②。生产关系的总和构成经济基础，是政治上层建筑和相应的意识形态的现实基础，每一个社会阶段都是人类历史上的特殊的阶段。当生产关系适应生产力的发展时，它将促进生产力发展，而当生产关系成为生产力发展的桎梏，正如资本主义的生产资料私人所

① 《马克思恩格斯文集》第 8 卷，人民出版社 2009 年版，第 23 页。

② 《马克思恩格斯文集》第 1 卷，人民出版社 2009 年版，第 724 页。

有制与生产日益社会化的趋势背道而行时，它将阻碍生产力的进一步发展。

马克思把社会经济形态的发展看作一个自然历史过程，亚细亚的、古代的、封建的和资产阶级的生产方式都是如此，每一个阶段都是人类历史上一个特殊的社会形式。资本主义生产关系作为人类社会生产过程最后一个对抗形式，是以一定的历史阶段和社会形式为前提的，同样有其产生、发展和灭亡的过程，“从资本主义生产方式产生的资本主义占有方式，从而资本主义的私有制，是对个人的、以自己劳动为基础的私有制的第一个否定。但资本主义生产由于自然过程的必然性，造成了对自身的否定。这是否定的否定”①。资本主义生产自身的内在矛盾宣告了它的历史暂时性，也锻造了消灭自身的武器和使用武器的人——无产阶级，这是资本主义生产方式自我扬弃的过程。

资本主义所有制的本质是资本和雇佣劳动之间剥削与被剥削的关系，工人的反抗敲响了资本主义私有制的丧钟，“生产资料的集中和劳动的社会化，达到了同它们的资本主义外壳不能相容的地步。这个外壳就要炸毁了”②。消灭这种私有制是消灭阶级压迫和阶级剥削的基础，因此“必须进行全面的社会变革，社会制度基础的变革”③，不是依靠货币和信用制度的蒲鲁东主义改良方案，也不是巴枯宁的无政府主义，而是在继承资本主义发展成

① 《马克思恩格斯文集》第 5 卷，人民出版社 2009 年版，第 874 页。

② 《马克思恩格斯文集》第 5 卷，人民出版社 2009 年版，第 874 页。

③ 《马克思恩格斯全集》第 16 卷，人民出版社 1964 年版，第 219 页。

就基础上，“在协作和对土地及靠劳动本身生产的生产资料的共同占有的基础上，重新建立个人所有制”①。用自由联合的劳动代替受奴役的异化劳动。这个过程将是极其漫长而复杂的，需要打碎旧的资产阶级政权，先建立无产阶级政权的过渡形式，最后实现共产主义社会，使每个人从物的依赖中解放出来，实现自由个性的全面发展。

马克思用以生产方式为核心的历史唯物主义分析框架对资本主义社会进行了“人体解剖”，对资本主义生产方式进行了全面批判，包括社会经济形式、政治结构和阶级对抗的历史过程。马克思晚年的人类学笔记和历史学笔记，从纵向和横向维度论述了资本主义在人类历史和世界范围中的地位，进一步对原始公社解体和私有制形成发展历程进行了分析，并论述了国家和法的产生及其阶级本质，也对资本主义生产方式的历史退场作出了预测，并密切关注亚洲等其他民族国家的发展现状和道路。可以说，马克思从生产方式入手的历史唯物主义分析框架为我们提供了打开认识人类社会发展历史大门的钥匙。

一言以蔽之，资本主义生产方式确立的过程，也是不断化解自身矛盾又产生新矛盾的过程，但始终无法根除生产社会化和资本主义私人占有之间的根本矛盾，面对周而复始的经济危机只有束手无策、黔驴技穷了。马克思坚持从社会历史本身的内在矛盾运动来揭示其演化过程，并从中找到解决矛盾的方法，总结出了社会历史发展的共同规律，也据此描绘了人类历史不同社会形

---

① 《马克思恩格斯文集》第 5 卷，人民出版社 2009 年版，第 874 页。

态更替的大致进程和未来走向。正如戈德利尔所说的："马克思之所以伟大，就在于他通过对商品、货币、资本等的分析，'真实地再现了'在资本主义生产方式中以颠倒的形式表现在人们日常生活中或观念上的各种事实，阐明了社会关系所带有的那种虚幻性。"① 马克思对社会历史的分析犹如一座灯塔，照亮人类文明前行之路。

① ［日］栗本慎一郎：《经济人类学》，王名等译，商务印书馆 1997 年版，第 23 页。

第三章

思想论战中的马克思

一、《1844年经济学哲学手稿》中马克思对费尔巴哈的隐性批判

在进入正文之前，首先要对“批判”做一个澄清。“批判”作为一个我们惯常使用的术语，在中文语境中主要是指“对错误的思想或言行批驳否定，也表示评论”，这也就意味着它在我们日常话语使用中更多地具有“否定性”意义。但作为一个哲学术语，它源于古希腊语Krino和Krisis，其含义并不局限于中文理解中的“否定性”，本意是指区别、分割、有选择性地区分和评价。德国古典哲学的创始人康德将“批判”这一术语推上了哲学宝座，我们知道康德的代表作——《纯粹理性批判》《实践理性批判》和《判断力批判》——都是以批判为书名的。因此“批判”这一术语的基本涵义用康德的话说就是澄清前提、划定界限。

马克思一生批判的思想家不计其数，如以鲍威尔为代表的青年黑格尔派，以斯密、李嘉图等为代表的国民经济学家，以傅立叶、圣西门、巴贝夫、魏特林等为代表的空想社会主义者，还有费尔巴哈等哲学家。批判的错误思潮也很多，如蒲鲁东主义、

拉萨尔主义、巴枯宁主义等。可以说马克思的一生是批判的一生，马克思在批判各种理论中创立了自己的学说，在批判各种错误思潮中捍卫了自己的观点，在批判资本主义旧世界中发现共产主义新世界。在这个意义上，马克思可以说是一个最具有批判意识的思想家、革命家。

上述观点，基本上是一个共识性的，很少有人提出异议。在马克思与费尔巴哈的关系上，我们熟知马克思明确批判和超越费尔巴哈的是被恩格斯称为“包含着新世界观的天才萌芽的第一个文献”的《关于费尔巴哈的提纲》（以下简称《提纲》）。但马克思何时是一个“费尔巴哈派”，马克思何时在继承费尔巴哈哲学中开始超越费尔巴哈，这是一个有争议的问题。厘清这个问题的关键点就是马克思写作于1844年4—8月的《1844年经济学哲学手稿》（以下简称《手稿》）。

（一）巨大争议中的一般共识

《手稿》作为马克思的写作笔记，在其生前并未公诸于世。1927年俄国马克思主义研究专家达·梁赞诺夫将《手稿》中的第3部分整理后以《〈神圣家族〉的准备工作》为题收录在俄文版《马克思恩格斯文库》第3卷中，这是《手稿》中部分内容第一次公开出版。这次出版的，仅仅是《手稿》的部分内容，而且被错误地认为是马克思写作《神圣家族》的准备材料，因此并未引起学术界、理论界的多大关注。1932年德国社会民主党人郎兹胡特、迈耶尔对《手稿》进行了整理，以《国民经济学和哲学》为名发表在德文版《卡尔·马克思历史唯物主义早期著作集》第1卷中，这是《手稿》第一次以德文原文发表。较 1927 年俄文版来说，这次内容相对完整，标题更准确。但是德文版中依然删掉了《手稿》的第 1 部分，而且在字迹辨认等方面还存在不少谬误。1932 年由苏联马克思恩格斯列宁研究院编辑出版的《马克思恩格斯全集》（德文版）中第一次用德文全文发表了《手稿》，标题是《经济学哲学手稿（1844 年）》，这是《手稿》传播最广泛的一个版本。至此，埋藏了 88 年之久的《手稿》得以公开面世。《手稿》一经面世，无论是在东方，还是西方，立刻引发了旷日持久的争论。

对 20 世纪 30 年代《手稿》公开面世以来引发争论，悉尼・胡克称之为"马克思的第二次降世"，可以说《手稿》是马克思一生著作中最具传奇色彩的一部。恰如法国著名哲学家、结构主义马克思主义奠基人阿尔都塞所言："长期以来，手稿一直是斗争的论据，诉讼的藉口，防御的堡垒"，足以窥见其在马克思主义发展史上的重要性。围绕《手稿》的思想内容和历史地位，在西方由"成熟论"和"不成熟论"两种观点的对立造成了"两个马克思"的争论。这种争论，在 20 世纪 80 年代的中国听到了回音，那就是风靡国内思想界、学术界的"关于人道主义和异化问题的大讨论"。

其中，在主张《手稿》不成熟的学者中，有很大一部分的理由是《手稿》中蕴含了非常浓厚的费尔巴哈人本主义色彩的人道主义。主要代表人物有德国的布尔、法兰克福学派的施密特、苏联的巴日特诺夫和法国结构主义马克思主义的奠基人阿尔都塞等。布尔在其论文《异化、哲学人本学和"马克思批判"》中指出"《手稿》本身绝不是一部完整的东西"，而是"不成系统的残篇断章"。在布尔看来，马克思在《手稿》中通过"异化"概念对资本主义的批判，也仅仅是“道德上的愤慨情绪”的表达。法兰克福学派代表人物施密特在其著作中认为，在《手稿》时期，“费尔巴哈的术语在（马克思）那里占了优势，对历史唯物主义的原始表述仍是费尔巴哈式的”，也就是说马克思此时还是一个费尔巴哈者，因此《手稿》是不成熟的。苏联学者更多倾向于“不成熟论”，巴日特诺夫是其中比较典型的持此观点的学者。他认为“对《1844 年经济学哲学手稿》内容的分析首先表明，这部手稿不是一部成熟的马克思主义著作”。在这种“不成熟论”观点中，影响比较大的是已故法国马克思主义哲学家路易·阿尔都塞的“认识论断裂说”。在阿尔都塞看来，纵观马克思哲学思想发展的历程，其中存在一个“认识论断裂”现象，他认为“这个断裂的位置就在他生前没有发表过的、用于批判他过去的哲学（意识形态信仰）的那部著作：《德意志意识形态》”。据此，阿尔都塞认为从“博士毕业论文”到《手稿》是断裂前“青年时期的著作”，是马克思哲学的“意识形态”阶段，这一时期的马克思是费尔巴哈式的抽象人道主义者、历史唯心主义者。而《关于费尔巴哈的提纲》和《德意志意识形态》写作的时间处于马克思思想断裂时期，因此属于“断裂时期的著作”。从 1847 年的《哲学的贫困》之后的著作是“断裂后的著作”，断裂后的马克思创立了新哲学——历史唯物主义。阿尔都塞认为《手稿》是马克思的“意识形态哲学时期的最后一本著作”，是“黎明前黑暗的著作”，是“离即将升起的太阳最远的著作”。

在主张《手稿》不成熟的学者中，还有一部分认为《手稿》中核心概念“异化”为成熟时期的马克思所抛弃。例如科尔纽认为:“通过对生产的分析，他获得了作为社会实践的劳动这一概念，这一概念作为一个中心概念，越来越排挤和代替了异化概念。”苏联学者奥伊则尔曼则认为，在创立历史唯物主义之后的马克思著作中，“‘异化’的概念已经不再起原先的作用了”。所谓的“异化抛弃说”在国内同样有大量的赞成者。

上述两种观点貌似是两种不同的观点，但因为“异化”这一概念马克思主要是从费尔巴哈哲学中承接过来的，因此这两种观点最终又回到了此时马克思与费尔巴哈的关系上了。虽然上述两种观点的持有者对《手稿》个别论断、个别观点存在不同的认识，但《手稿》时期的马克思处于“费尔巴哈总问题”之下而认为《手稿》是不成熟的，又貌似成为了某种意义上的共识。换言之，他们因此时马克思与费尔巴哈的关系又走上了同一条道路。我们通读《手稿》确实能够感受到在《手稿》中遍布着费尔巴哈的哲学术语，如感性、对象性、异化、类存在、类生活、人的本质等。这种共识不仅在西方，而且在国内学术界拥趸众多，甚至可以说始终占据了《手稿》评价的主流地位。

（二）高度赞扬中的低调不满

就《手稿》时期马克思与费尔巴哈的关系而言，我们通读《手稿》首先呈现在眼前的是马克思对费尔巴哈的高度赞扬。让我们一起看看马克思是怎么说的吧！

> 对国民经济学的批判，以及整个实证的批判，全靠费尔巴哈的发现给它打下真正的基础。从费尔巴哈起才开始

> 了实证的人道主义的和自然主义的批判。费尔巴哈的著作越是得不到宣扬，这些著作的影响就越是扎实、深刻、广泛和持久；费尔巴哈著作是继黑格尔的《现象学》和《逻辑学》之后包含着真正理论革命的唯一著作。①
>
> 费尔巴哈是唯一对黑格尔辩证法采取严肃的、批判的态度的人；只有他在这个领域内作出了真正的发现，总之，他真正克服了旧哲学。②

《手稿》中的这两段话，给予了费尔巴哈极高的评价。马克思在这两段话中都是使用了一个共同的形容词，那就是“唯一”。我们从《手稿》全文语境和恩格斯《路德维希·费尔巴哈和德国古典哲学的终结》（以下简称《费尔巴哈论》）互文性解读中，才能真正理解马克思此时对费尔巴哈评价之高。

首先，我们一起看看马克思对费尔巴哈的第1段评价。在《费尔巴哈论》中，恩格斯认为费尔巴哈直截了当地使唯物主义重新登上了王座，但是“我们一接触到费尔巴哈的宗教哲学和伦理学，他的真正的唯心主义就显露出来了”③。如果我们在恩格斯的语境中会发现，马克思高度评价费尔巴哈哲学给政治经济学批判提供了唯物主义的基础，甚至认为费尔巴哈的著作是唯一包含着真正革命理论的著作，有其合理性，但是又过高评价了费尔巴哈。

---

① 《马克思恩格斯文集》第1卷，人民出版社2009年版，第112页。

② 《马克思恩格斯文集》第1卷，人民出版社2009年版，第199页。

③ 《马克思恩格斯全集》第28卷，人民出版社2018年版，第341页。

其次，我们一起看看马克思对费尔巴哈的第 2 段评价。当马克思在《手稿》序言中认为以鲍威尔为代表的“批判的神学家”，并没有完成对黑格尔的辩证法和整个哲学的剖析，而提出自己要在《手稿》最后做这个工作的时候，马克思写下了第 2 段话。恩格斯在《费尔巴哈论》中曾经指出：“黑格尔学派虽然解体了，但是黑格尔哲学并没有被批判地克服。施特劳斯和鲍威尔各自抓住黑格尔哲学的一个方面，在论战中互相攻击。费尔巴哈打破了黑格尔的体系，简单地把它抛在一旁。但是简单地宣布一种哲学是错误的，还制服不了这种哲学。”① 也就是说，在恩格斯看来费尔巴哈并没有真正克服黑格尔哲学，但是《手稿》时期的马克思认为费尔巴哈是唯一真正克服了旧哲学的哲学家。可见评价之高。

上述这些高度的评价，通读《手稿》都能看到。貌似马克思这时候确实还沉浸在费尔巴哈哲学中，才会给予这么高甚至是过高的评价。这也成为前述众多学者认为马克思依然处于“费尔巴哈总问题”的文本依据。

但是在这些高度评价中的低调不满，却没有引起足够的重视。让我们一起来看看马克思是怎么说的吧。马克思在《手稿》的序言中曾经写过一段但又删除的话：

> 相反，费尔巴哈的关于哲学的本质的发现，究竟在什么程度上仍然——至少为了证明这些发现——使得对哲学辩

① 《马克思恩格斯全集》第 28 卷，人民出版社 2018 年版，第 330 页。

> 证法的批判分析成为必要，读者从我的论述本身就可以看清楚。①

这里我们可以看到，虽然马克思高度评价了费尔巴哈，但是马克思认为对黑格尔辩证法的批判还是必要的，也就是说马克思已经意识到费尔巴哈并没有彻底完成对黑格尔哲学的批判。

马克思在［对黑格尔的辩证法和整个哲学的批判］中，陈述完费尔巴哈的伟大功绩之后，写下了下面的这段话：

> 由此可见，费尔巴哈把否定的否定仅仅看做哲学同自身的矛盾，看做在否定神学（超验性等等）之后又肯定神学的哲学，即同自身相对立而肯定神学的哲学。②

马克思用一个“仅仅”词汇，非常形象而又非常恰当地表达出了自己对费尔巴哈的不满，也就是说费尔巴哈简单地把黑格尔哲学理解为神学与哲学的矛盾，并没有看到黑格尔哲学中“非批判的运动所具有的批判的形式”。

如此，我们再去理解马克思高度评价费尔巴哈的那句话“费尔巴哈著作是继黑格尔的《现象学》和《逻辑学》之后包含着真正理论革命的唯一著作”③，马克思对费尔巴哈的不满意也就不言

---

① 《马克思恩格斯全集》第 42 卷，人民出版社 1979 年版，第 48 页。

② 《马克思恩格斯文集》第 1 卷，人民出版社 2009 年版，第 200 页。

③ 《马克思恩格斯文集》第 1 卷，人民出版社 2009 年版，第 112 页。

而喻了。也就是说马克思不仅看到了费尔巴哈哲学的巨大功绩而给予了费尔巴哈高度的评价，同时他也看到了费尔巴哈没有看到黑格尔哲学中同样包含着“真正理论革命”的内容。

因此，《手稿》时期的马克思，虽然深受费尔巴哈的影响，但马克思已经开始了对费尔巴哈的批判。如同恩格斯在谈到黑格尔哲学时所讲的那样：当黑格尔体系的全部教条内容被宣布为绝对真理时，这同黑格尔哲学自身中“消除一切教条东西的辩证方法是矛盾的”，因此，黑格尔哲学中“革命的方面就被过分茂密的保守的方面所窒息”①。马克思对费尔巴哈的低调批判被对费尔巴哈的高度赞扬所掩盖，以至于我们很多人被这种字面意思所遮蔽，从而得出了此时马克思处于“费尔巴哈总问题”的观点，进而得出《手稿》不成熟的结论。

虽然我们从上述引述中可以看到马克思在高度赞扬费尔巴哈的同时已经低调地批判了费尔巴哈，但如果我们不深入《手稿》的实体性内容中去，如果我们仅仅从上述几个方面得出马克思处于或者跳脱出“费尔巴哈总问题”的结论，无论是处于这个总问题还是跳脱出这个总问题，我们都是皮相的，甚至可以说是肤浅的。

（三）显性继承中的隐性超越

从实体性内容维度来看，马克思在《手稿》中从哪方面在批判费尔巴哈中超越了费尔巴哈？限于篇幅，我们就从《手稿》的

① 《马克思恩格斯全集》第28卷，人民出版社2018年版，第325页。

核心范畴来说。关于《手稿》的核心范畴，大部分学者认为甚至可以说毫无疑义地认为是“异化劳动”，同时大部分学者又坚持了“异化抛弃说”，因此《手稿》是不成熟的。但是在这个问题上，也有不同的声音，有学者认为“感性对象性活动”才是《手稿》的核心范畴。虽然大部分人认为“异化劳动”才是《手稿》的核心范畴，但是如果我们深入马克思在《手稿》中提出的“感性对象性活动”范畴的内部，我们才能深刻领会《手稿》对费尔巴哈显性赞扬和继承中的隐性批判和超越。

马克思在《手稿》中通过批判、吸收黑格尔哲学和费尔巴哈哲学，实现了“双重超越”，从而内在贯通了黑格尔纯粹“对象性活动”和费尔巴哈的“感性—对象性”，本质性地生成了“感性对象性活动”这一“手稿的核心概念”——马克思主义哲学的“阿基米德点”。这一核心概念并不是对黑格尔纯粹的“对象性活动”和费尔巴哈的“感性—对象性”原则的机械相加，而是直接地对黑格尔哲学批判和对费尔巴哈对黑格尔哲学批判的再审视这样一种双重批判、扬弃后实现贯通的产物和结果。

一方面，马克思坚定地主张费尔巴哈的“感性”即现实性原则，尤其是“人是感性存在物”的思想。在马克思看来人是一种“现实的、肉体的、站在坚实的呈圆形的地球上呼出和吸入一切自然力”① 的感性存在，而不是黑格尔所讲的抽象的“自我意识”或“精神”。马克思坚持在“感性”中理解“对象性”。在《手稿》中马克思直接借用了费尔巴哈关于太阳和地球等行星之间的对象

① 《1844 年经济学哲学手稿》，人民出版社 2000 年版，第 105 页。

性关系的思想，用太阳和植物之间的关系形象地阐述了他对“对象性”关系的理解。

另一方面，马克思对黑格尔辩证法和活动原则的持存。当费尔巴哈把“否定的否定仅仅看作哲学同自身的矛盾”时，当费尔巴哈仅仅用直观去理解“感性”“感性对象性”的时候，马克思看到了“非批判的运动”的黑格尔哲学中“所具有的批判的形式”，看到了黑格尔哲学中“作为推动原则和创造原则的否定性”辩证法，看到了黑格尔已经抓住了“劳动”的本质，在此基础上马克思把人理解为“自己的劳动的结果”，把人的自我产生看做一个过程。当然，在马克思吸收黑格尔哲学的同时，马克思也批判了“黑格尔唯一知道并承认的劳动是抽象的精神的劳动”①。

《手稿》中马克思的“感性对象性活动”是批判、吸收费尔巴哈的“感性—对象性”和黑格尔的纯粹“对象性活动”之后内在贯通而创生的伟大理论创新。既在批判黑格尔哲学及整个哲学的过程中使源自德国古典哲学的辩证法和“活动”原则得以持存，又在热烈欢迎、高度赞扬费尔巴哈哲学的过程中吸收了“感性—对象性”的积极因素；既在批判黑格尔及整个哲学的过程中克服了黑格尔对辩证法，尤其是对劳动和“活动”的思辨理解，又在热烈欢迎、高度赞扬费尔巴哈哲学的过程中实现了对费尔巴哈直观“感性”“对象性”的克服。透过对马克思“感性活动”的分析，与其说马克思在《手稿》时处于“费尔巴哈总问题”（阿尔都塞语）的影响下（之所以这种观点有众多的持有者，就是因为马克

① 《马克思恩格斯文集》第1卷，人民出版社2009年版，第205页。

思在此时穿着赞扬费尔巴哈、批判黑格尔的外衣)，毋宁说马克思用黑格尔的“矛”刺穿了费尔巴哈的“盾”。与其说马克思在第Ⅲ手稿的最后又回到了“黑格尔的总问题”(阿尔都塞语)，毋宁说是马克思用费尔巴哈的“矛”刺穿了黑格尔的“盾”。正是在这“双重”的刺穿中诞生了开启马克思主义哲学新境域的“感性—对象性活动”，因此《手稿》绝对不是马克思对费尔巴哈和黑格尔思想的“天才综合”(阿尔都塞语)，而只能说是对二者的“天才改铸”。

由此可见，我们在阅读马克思的著作中，既要看到马克思对黑格尔、费尔巴哈、普鲁东、拉萨尔等的直接批判，更要领会到隐含在马克思思想转变中的一些隐性的超越，这对于我们正确地理解马克思主义具有重要的意义。

二、马克思与“真正的社会主义”的思想论战

众所周知，1883年3月14日，积劳成疾的马克思溘然长逝，其后被安葬于伦敦海格特公墓，恩格斯发表了著名的《在马克思墓前的讲话》强调，“马克思首先是一个革命家”，其毕生的使命就在于以各种各样的方式实际参与到无产阶级解放事业、革命实践中，与此同时，“第一次使现代无产阶级意识到自身的地位和需要，意识到自身解放的条件”①，创建了以历史唯物主义为核心

① 《马克思恩格斯文集》第3卷，人民出版社2009年版，第602页。

的科学的革命理论。

为了捍卫革命理论的科学性和传播、践行的有效性，进而使无产阶级革命实践走在康庄大道上，马克思和恩格斯不得不同各种错误思潮、观点、言论乃至行径进行斗争、展开批判，这构成经典马克思主义、科学社会主义形成和发展史上的重要“景观”。在某种意义上，马克思主义就是在这种论战、批判中不断成熟和完善的，马克思一些经典性的重要著作，大都冠名有“批判”字样。其中，对“真正的社会主义”的批判无疑是浓墨重彩的一笔。尽管“真正的社会主义”实属“昙花一现”，但也的确曾“风光一时”，且“余音袅袅”、后继有人。更重要的是，其错误具有典范性，马克思和恩格斯正是在批判它的过程中，强化了对科学社会主义基本原则的坚守和弘扬。缘于此，搞清楚马克思与“真正的社会主义”思想论战的前因后果、来龙去脉，无疑有助于我们更好地把握马克思主义的理论特质和精神实质，也有助于我们更深入地思考“中国特色社会主义为什么好”。

（一）马克思和恩格斯为何不吝笔墨和“真正的社会主义”论战?

之所以说对“真正的社会主义”的批判是经典马克思主义发展史上浓墨重彩的一笔，仅从文本上就可略见一斑。早在1842年底的《共产主义和奥格斯堡〈总汇报〉》以及《1844年经济学哲学手稿》中，马克思就开始关注到它。而在1843年11月《大陆上社会改革运动的进展》一文中，恩格斯就已认识到空想社会主义者的一些问题，以及德国“哲学社会主义”的严重缺陷，有了科学社会主义思想的萌芽。1845 年底，恩格斯专门撰写《“傅立叶论商业的片断”的前言和结束语》，在该书中他据此首次公开批评德国“真正的社会主义”是“劣等的德国理论”。由此，马克思和恩格斯拉开了与“真正的社会主义”论战的序幕，使对之的反对和批判成为持续不断的理论主题，很多文本先后接续发力。1845—1847 年撰写的标志着历史唯物主义初步形成的《德意志意识形态》，其第二卷的名称是“对各式各样先知所代表的德国社会主义的批判”，将“真正的社会主义”视为“德意志意识形态”主要表现集中进行批判。在 1846 年 5 月，马克思和恩格斯联合撰写《反克利盖的通告》，点名道姓地批评克利盖的“真正的社会主义”炮制了一种“幼稚而夸大”且充满“伤感主义的梦呓”。鉴于“真正的社会主义”有日渐蓬勃之势，《德意志意识形态》完成后，恩格斯 1847 年就计划修缮其第二卷，完成名为《“真正的社会主义者”》的论著，进一步批判（可惜这一计划没有完成，只留下部分手稿）。其后，恩格斯又撰写了《德国的制宪问题》《诗歌和散文中的德国社会主义》《共产主义原理》，马克思撰写《驳卡尔·格律恩》，1848 年两人合著《共产党宣言》，“集其大成”对“真正的社会主义”进行了总括性的批判。恩格斯晚年在总结阐明科学社会主义时，在其诸如《反杜林论》《社会主义从空想到科学的发展》《路德维希·费尔巴哈和德国古典哲学的终结》等名作中，继续进行批判。

马克思和恩格斯为何如此大费周章、不吝笔墨地和“真正的社会主义”论战？这第一是因为“真正的社会主义”的确“名角云集”，诸如莫泽斯·赫斯、卡尔·格律恩、海尔曼·泽米希、鲁道夫·马特伊、卡尔·倍克、海·克利盖等代表性人物都是当时德国思想界、舆论界颇有名气的“腕”；而且搞得“有声有色”，比如赫斯作为重要的鼓吹手，出版《社会主义和共产主义》《人类的神圣历史》等著作，专门主编《社会明鉴》杂志，一时间风起云涌、很有声势。① 当然，更重要的是，“真正的社会主义”也因之在德国影响颇众、流传甚广，“给一批青年德意志的美文学家、江湖医生和其他著作家打开了利用社会运动的大门”②；并且颇有蒸蒸日上之势。恩格斯曾经在《“真正的社会主义者”》手稿中以美文学的笔调形象地描绘说，“过去只是时而在这里时而在那里零星出现的‘真正的社会主义’，已经蓬勃地发展起来。它在祖国的每一个角落都有自己的代表，甚至一跃而成为文坛上有一定影响的流派”，“它的每一流派后来怎样以星云的状态有时出现在社会主义的天空，这星云后来又怎样变得愈来愈明亮，最后，宛若焰火，散成一群群闪耀夺目的星星和星座”③。《共产党宣言》则毫不客气地说，在当时，“真正的社会主义”已经“像瘟疫一样流行起来了”④。

第二是因为“真正的社会主义”具有很强的蛊惑性和诱惑性，这突出表现为它把英国、法国的社会主义思潮和运动“德

① 聂锦芳：《〈德意志意识形态〉对“真正的社会主义”思潮的批判》，《马克思主义研究》2007 年第 3 期。

② 《马克思恩格斯文集》第 1 卷，人民出版社 2009 年版，第 590 页。

③ 《马克思恩格斯全集》第 3 卷，人民出版社 1960 年版，第 641—642 页。

④ 《马克思恩格斯文集》第 2 卷，人民出版社 2009 年版，第 59 页。

国化”。而这又首先表现为它以当时盛行的德国哲学思维和语言——具体说是以黑格尔主义为底座的思辨哲学与费尔巴哈抽象人道主义（亦即赫斯和费尔巴哈）的“奇妙融合”（自我美其名曰这是伟大的“德国科学”），来对社会主义进行“重述重构”。强调德国的社会主义立足于对人的本质的把握而关注“一般人或普遍人”的利益，克服了社会主义的“法国人的片面性”（或者说它关注的“人”而不只是“法国人”），也因之代表“真理的要求”而不仅仅是英法哲学的要求，这是一种消除了任何民族、地域局限和“具体现实”羁绊的“绝对的社会主义”，是“真正的”“最合乎理性的”社会主义。这种“高大上”的社会主义，理应成为德国“民族的骄傲和所有邻国人民羡慕的对象”①，面对这种“一举超越”，德国人有何理由不自豪地迎纳它并自觉地投身其中？

其次还表现为它颇为切合德国的实际，具体说就是以工业文明为标志的现代经济发展偏于薄弱、举步维艰，而其哲学特别是思辨哲学无疑在近代以来欧洲文明的天空中占有举足轻重的地位，它用“思辨的蛛丝织成的、绣满华丽辞藻的花朵和浸透甜情蜜意的甘露的外衣”来装饰“几条干瘪的‘永恒真理’”②（如所谓以“人的本质”“行动哲学”来“扬弃抽象普遍物的统治”），就有了厚实的文化土壤；因为没有经过充分的工业文明洗礼，当时的德国也就缺乏像英法那样声势浩大、生机勃勃的工人阶级运

① 《马克思恩格斯文集》第1卷，人民出版社2009年版，第589页。

② 《马克思恩格斯文集》第2卷，人民出版社2009年版，第60页。

动，德国的思想家和知识分子倾向于“不是宣扬革命热情，而是宣扬对于人们的普遍的爱”，关心的不是无产者，而是能够批判封建专制因而表达德国“解放”诉求的“德国人数最多的两类人”即小资产者及其“意识形态家”即“哲学家和哲学学徒”。“真正的社会主义”只能是他们思想、观念，也就是“德国现在流行的‘平常的’和不平常的意识”[①]的传声筒。它也因之在德国颇受欢迎、流行开来。

第三是因为“真正的社会主义”的问题和错误既具有独特性又具有典范性。这种独特性，不仅表现为前述它以德国哲学及其小资产阶级意识形态来重述英法社会主义，将其重构为德国式的抽象人道主义，以及由此形成的“德国人的虚假的普遍主义和世界主义是以多么狭隘的民族世界观为基础”[②]的“奇特景观”；还表现为它构建了一套独特的论证体系。比如鲁道夫·马特伊在《莱茵年鉴》上发表《社会主义的建筑基石》，提出“真正的社会主义”有三大“理论基石”，即个体与总体关系、个体与个体之间关系和个体自由自觉的劳动，乍一看似乎“像模像样”“可圈可点”。马克思和恩格斯专门以之为重点对象进行剖析。所谓典范性，主要指它不但没有改变英法社会主义的空想性，反而在空想方面走得更远，进而与历史唯物主义、科学社会主义的基本原则形成根本性、彻底性的对立，马克思和恩格斯必须与之认真论战。

---

① 《马克思恩格斯文集》第1卷，人民出版社2009年版，第590页。

② 《马克思恩格斯全集》第3卷，人民出版社1960年版，第554页。

（二）英法空想社会主义在德国的“换面改头”与“错上加错”

如前述，“真正的社会主义”是德国一些哲学家、文学家和社会活动家，为了迎合小资产阶级的需要，用德国流行的“行话”和“套话”（如永恒理性、“人的本质”、精神等）对英法社会主义“重新组装”的结果。《德意志意识形态》一针见血地指出，“把法国人的思想翻译成德意志意识形态家的语言，任意捏造共产主义和德意志意识形态之间的联系，这样就形成了所谓‘真正的社会主义’”，“真正的社会主义”是英法社会主义“在德国精神天国以及我们将要看到的德国情感天国中的变容而已”①。所谓“精神天国”既指对远离现实世界的思辨唯心主义及其话语体系（所谓纯粹理性、绝对真理和精神主宰的世界）的偏好，也指德国知识分子因物质文明相对落后而对文化、精神、观念等的偏重，进而贬低、轻视现实物质世界（马克思也曾深受这种偏重的影响，在《关于林木盗窃法的辩论》中将那些重视现实物质利益的思想、观念和主张称为“下流的唯物主义”）；所谓“情感天国”，主要指德国小资产阶级“想消灭没有财产的状况”而迸发的“博爱的意图和善良的愿望”②，这实际上源于费尔巴哈鼓吹“人的本质”，以推行所谓“爱的宗教”为实践诉求的抽象人本主义。从根本层面而言，“真正的社会主义”就是把德国流行的思辨哲学和费尔巴哈的“最新发现”即抽象人本主义组

① 《马克思恩格斯文集》第1卷，人民出版社2009年版，第589、590页。

② 《马克思恩格斯全集》第3卷，人民出版社1960年版，第554页。

合起来，既“高深”又“时髦”、既“科学”又“人道”地来“全面”提升英法社会主义。

也正因此，确切地说，“真正的社会主义”对英法社会主义换了新颜、套了新装，依据德国“精神天国和情感天国”实现“变容”的背后，深层次上还有一些根本性的置换。换言之，这不仅仅是“换面”，实际上还有“改头”，是“洗心”和“革面”的统一。但这种“改头”造成的“换面”，“洗心”带来的“革面”，不但没有改变英法社会主义的空想性质，反而使得其唯心主义和抽象性的一面得到强化，推动空想社会主义在错误的路上走得更远，可谓是“错上加错”。

我们知道，19 世纪初以圣西门、傅立叶与欧文为代表的英法社会主义代表着空想社会主义的第三个阶段，亦是最高阶段，相较于以前的空想社会主义者，他们基于现代工业文明发展的历史进程，洞视到人类历史和文明的发展有其自身规律，资本主义绝不像其卫道士所说的那样是符合人类自然本性、永恒的社会，相反它是“历史谬误”“人世间的祸害”，它必然要被消灭剥削和压迫、更美好的社会主义取代；认识到高高在上的政治及其制度，是建立在一定的经济状况基础上的，阶级、阶级剥削不是恒久的，而是生产资料私有制的产物。他们对资本主义制度做出了很多深刻而又无情的批判，对未来美好社会提出了很多天才的设想和合理的谋划，并大大超越了早期空想社会主义诸如平均主义、禁欲主义等素朴而又粗陋的原始观念。

但即使这样，它们仍然无法摆脱空想性质。因为缺乏对政治经济学的深入研究和科学把握，英法空想社会主义者认识不到社会主义取代资本主义背后更深层更普遍的历史规律：这是生产力和生产关系、经济基础和上层建筑社会基本矛盾运动的必然结果，资本主义同时在创造和积累着毁灭自身的力量——发达的生产力和腐朽落后的资本主义私有制之间不可调和的矛盾。恰恰相反，上述三大空想社会主义者却认为“社会主义是绝对真理、理性和正义的表现，只要把它发现出来，它就能用自己的力量征服世界”①，而“真正的理性和正义至今还没有统治世界，这只是因为它们没有被人们正确地认识”②，资本主义的残酷统治也因之得以持续，社会主义先驱者的重要任务就是要宣扬、阐明这些“绝对真理、理性和正义”，并依据它们“发明一套新的更完善的社会制度，并且通过宣传，可能时通过典型示范，从外面强加于社会”③，社会主义就可以取代资本主义，广大贫苦百姓就可以实现解放。

也正因此，这些英法空想社会主义者虽然深深同情受苦受难最为深重的劳动人民，也认识到改造资本主义而走向社会主义，实际上维护的更多的是现代工业社会中工人阶级的利益，然而他们并不认为无产阶级在历史上会有什么主动精神、会起到“改天换地”的伟大作用，相反自视甚高，认为他们才是“历史的代言人”和“新福音的救世主”，他们认为通过唤起人们对“理性”“正义”“人性”的记忆和渴望，就能改变资本主义而逐渐步

① 《马克思恩格斯选集》第 3 卷，人民出版社 1995 年版，第 732 页。

② 《马克思恩格斯文集》第 9 卷，人民出版社 2009 年版，第 21 页。

③ 《马克思恩格斯文集》第 9 卷，人民出版社 2009 年版，第 22、274 页。

入社会主义，不仅仅能实现无产阶级的解放而且能实现所有人的解放。恩格斯为此指出："他们都不是作为当时已经历史地产生的无产阶级的利益的代表出现的。他们和启蒙学者一样，并不是想首先解放某一个阶级，而是想立即解放全人类。"① 这些英法空想社会主义者几乎都否定工人阶级的阶级斗争，甚至拒绝一切大规模的政治运动特别是革命行动，天真地期盼资本家、权势阶层能够"良心发现""人性恢复"，寄希望于和平手段甚至是诸如局部的小型的社会试验来改造资本主义社会、步入社会主义。针对这些空想社会主义者的所作所为，马克思恩格斯明确说："在阶级斗争被当做一种令人不快的'粗野的'的现象放到一边去的地方，留下来充当社会主义的基础的就只有'真正的博爱'和关于'正义'的空话了。"② 列宁更为直接地说："离开阶级斗争，社会主义就是空话或者幼稚的幻想"③。

也正是因为以上两个主要原因，恩格斯在《社会主义从空想到科学的发展》中将英法社会主义称为"空想社会主义"的新阶段。但不管怎么说，它们毕竟建立在现代工业文明、经济发展基础上来分析、把握资本主义及其向社会主义的转变，只是因为当时工业和经济发展状况尚不发达，"这种历史情况也决定了社会主义创始人的观点。不成熟的理论，是同不成熟的资本主义生产状况、不成熟的阶级状况相适应的。"因为"解决社会问题的办

① 《马克思恩格斯文集》第 3 卷，人民出版社 2009 年版，第 525—526 页。

② 《马克思恩格斯文集》第 3 卷，人民出版社 2009 年版，第 483 页。

③ 《列宁全集》第 12 卷，人民出版社 2017 年版，第 42 页。

法还隐藏在不发达的经济关系中”，而英法空想社会主义者没法摆脱这种约束，所以他们解决资本主义社会问题的方案和办法往往“只有从头脑中产生出来”，所以他们对未来社会制度“越是制定得详尽周密，就越是要陷入纯粹的幻想”①。

而德国“真正的社会主义”则走得更远。当英法阔步走向现代工业文明、生产力获得极大解放和发展进而造成经济事实越来越重要，资产阶级已经牢固战胜封建贵族进而成为新的统治阶级、引起新的阶级矛盾的时候，德国还被束缚在封建制度的泥潭中难以自拔，根本还没有触及工业文明的门槛。但德国的一些思想家“不以为耻反以为荣”，责怪和嘲讽英国人法国人太“唯物”、太世俗，难以超越现实、难以彰显“人性”和“人的高贵”(精神、思维、概念的“高贵”)，用他们引以为豪的思辨哲学、人本主义来使社会主义“德国化”，不仅诋毁工业文明的“物质事实”粗俗、粗暴，而且进一步把人抽象为更具普遍概括意义也更为脱离现实的“类”(通俗地讲，每个人都是“类”，但“类”又不是每个人)。这样的“社会主义”没有任何现实根据和事实根基，只能是《德意志意识形态》中提到的“想象的主体的想象的活动”。恩格斯为此指出，“德国的落后的——40年代初比现在还落后得多的——经济和政治的发展阶段，最多只能产生社会主义的讽刺画”②。而撰写《马克思恩格斯传》的科尔纽更直白地说：“不同于英法社会主义和共产主义的学说”，德国“真正的社会主义”者“他

① 《马克思恩格斯文集》第3卷，人民出版社2009年版，第528—529页。

② 《马克思恩格斯文集》第3卷，人民出版社2009年版，第495—496页。

们的学说由于缺乏一种坚实的社会基础，就表示出一种标志着思辨和空话连篇的倾向。”①

换言之，德国“真正的社会主义”对英法社会主义的“德国化”改造，不但没有改变英法社会主义的空想性，反而“变本加厉”，严重“开倒车”。一方面大大强化了社会主义的“空想性”，根本无视和否认现代工业文明发展及其背后社会基本矛盾运动对于推动历史发展和现代社会变迁的巨大伟力，更谈不上对无产阶级及其阶级斗争对于资本主义社会解放重要性的认可，表现出对历史和现实的“茫然无知”。马克思和恩格斯为此辛辣地讽刺说，“外国人思考和行动是为了自己所处的时代，而德国人思考和行动却是为了永恒”，他们只好高谈阔论一些诱人的“大词”（如“无条件的、无前提的自由”）和现实中“看不见摸不着”的抽象概念（如“绝对理性”“纯粹思维”），来“掩盖他们对现实生产的无知”②。另一方面自觉不自觉地站在德国小资产阶级立场思考和谋划，既反对代表“政治解放”的资产阶级及其对工业文明的合理诉求，沦落为“德意志各邦专制政府及其随从——僧侣、教员、容克和官僚求之不得的、吓唬来势汹汹的资产阶级”的“稻草人”，又忘了社会主义根本上是为受剥削受压迫的广大底层民众发声的，变质为德意志各邦专制政府“用来镇压德国工人起义的毒辣的皮鞭和枪弹的甜蜜的补充”③。这是一种政治立场的双重“反动”

---

① ［法］奥古斯特·科尔纽：《马克思恩格斯传》第3卷，管士滨译，生活·读书·新知三联书店1978年版，第306页。

② 《马克思恩格斯全集》第3卷，人民出版社1960年版，第544—545、549页。

③ 《马克思恩格斯文集》第2卷，人民出版社2009年版，第59页。

和“倒退”。综上，德国“真正的社会主义”可谓是“错上加错”。而且，“真正的社会主义者”对德国糟糕的现状不但没有丝毫的触动和改变，反而“自以为在扭转世界历史的杠杆”，虚妄到无以复加的地步，“而事实上他们只是把自己的幻想纺成一条无限长的线”①。

也正因此，尽管马克思和恩格斯深信，“一小撮德国空谈家是断送不了共产主义运动的”，但“真正的社会主义”流毒甚广，无疑严重“削弱着共产主义意识的尖锐性和坚定性”②，必须坚决反对和毫不留情地批判。

（三）“解放是一种历史活动”，共产主义是“消灭现存状况的现实的运动”

我们知道，早在1843年，马克思在给卢格的信中就明确提出“新思潮的优点又恰恰在于我们不想教条地预期未来，而只是想通过批判旧世界发现新世界”③。的确，在马克思和恩格斯那里，“批判”固然很重要，但它是手段而不是目的，批判在于发现和建构新世界，这其中包括对新世界何以形成的理论澄明。马克思和恩格斯批判德国“真正的社会主义”，既是为了使“社会主义”作为“新世界”早日成为现实，也是为了澄明自己的科学社会主义理论。当然，反过来说也成立，马克思和恩格斯正是

① 《马克思恩格斯全集》第3卷，人民出版社1960年版，第550页。

② 《马克思恩格斯全集》第3卷，人民出版社1960年版，第554页。

③ 《马克思恩格斯文集》第10卷，人民出版社2009年版，第7页。

依据历史唯物主义的科学立场、基本观点和方法，以及科学社会主义的一些基本原则，来深入而又深刻批判德国“真正的社会主义”。

马克思和恩格斯在与德国“真正的社会主义”进行论战时，既对它给予了有针对性的具体分析和批判，包括针对其理论体系建构所谓“三大基石”逐一的批判，对一些具体观点及其错误扼要批判，也对它进行了“釜底抽薪”式的批判。后者既表现为对德国“真正的社会主义”的直接根源即德国思辨唯心主义和费尔巴哈抽象人道主义的批判，也表现为对整个空想社会主义“空想性”的批判，而德国“真正的社会主义”不过是空想社会主义的“德国变种”，而且是更为空想更为虚幻亦颇为反动的变种。

在19世纪40年代前后，随着工业文明的深入推进，资本主义生产方式不但日益成熟，其内在的矛盾和冲突也得以更为充分地外显，欧洲工人运动的兴起既标志着资本主义生产力和生产关系矛盾的尖锐显现，也标志着工人阶级完全有能力解放自己，成为社会主义革命运动的历史主体。在这种背景下，马克思和恩格斯明确指出，“社会主义现在已经不再被看做某个天才头脑的偶然发现，而被看做两个历史地产生的阶级即无产阶级和资产阶级之间斗争的必然产物”，社会主义者的主要任务“不再是构想出一个尽可能完善的社会制度，而是研究必然产生这两个阶级及其相互斗争的那种历史的经济的过程；并在由此造成的经济状况中找出解决冲突的手段”。[①] 显然，这种“斗争”及其解决都是客

① 《马克思恩格斯文集》第3卷，人民出版社2009年版，第545页。

观的现实状况（特别是客观的经济状况）决定的。

也正因此，《德意志意识形态》明确地说，取代资本主义的社会主义、共产主义"对我们来说不是应当确立的状况，不是现实应当与之相适应的理想"，而"是那种消灭现存状况的现实的运动"，绝不是"绝对理性""纯粹精神""人的本性"等"理想"召唤出来的，更不是理论和概念"批判"出来的；更重要的是，这种"现实的运动"不是无缘无故、可以由特定人随意决定的，而是有条件的，"这个运动的条件是由现有的前提产生的"①，这也意味着一旦条件具备，它的发生具有历史必然性，不以人的意志为转移。英法空想社会主义者认识不到这一点，德国"真正的社会主义"对此更是无从置喙。这是它们的"通病"。

但这也同时意味着，作为"消灭现存状况的现实的运动"的社会主义、共产主义，亦即实现无产阶级解放并最终实现人的解放的社会主义运动，是有鲜明的"历史性"的。这首先指它的发生必须建立在一定的客观历史条件和基础上，没有这样的基础和条件，"解放"就难以发生，这是任何观念和语词"催生""召唤"不出来的。马克思和恩格斯明确说，"只有在现实的世界中并使用现实的手段才能实现真正的解放"，但这种现实性是建立在客观历史基础上的，所以"'解放'是一种历史活动，不是思想活动，'解放'是由历史的关系，是由工业状况、商业状况、农业状况、交往状况促成的"，这种现代工业文明的历史是德国比较匮乏的，马克思恩格斯毫不客气地说，"在像德国这样一个具有微不足道

① 《马克思恩格斯文集》第1卷，人民出版社2009年版，第539页。

的历史发展的国家里”，其所谓“真正的社会主义”只能拼命幻想和鼓吹“思想解放”“概念和语词解放”，针对的只能是自以为是而压根不存在的“词句的统治”①。马克思和恩格斯为此还明确说“建立共产主义实质上具有经济的性质”②。

其次指它的发生具有历史必然性。前述所谓工业状况、商业状况等，背后就是现代生产力，所以马克思和恩格斯也明确说“生产力的这种发展”是“绝对必需的实际前提”，因为“如果没有这种发展，那就只会有贫穷、极端贫困的普遍化；而在极端贫困的情况下，必须重新开始争取必需品的斗争，全部陈腐污浊的东西又要死灰复燃”③，社会主义、共产主义必须建立在发达的生产力基础上。我们知道，人类社会生产力的发展，是诸如生产力和生产关系等社会基本矛盾运动的结果，工业文明促进现代生产力的发展是“自然的历史过程”，在这个意义上，社会主义、共产主义是历史发展的必然结果，因为现代生产力发展必然要冲破资本主义生产关系和制度约束，社会主义、共产主义是生产力和资本主义生产关系矛盾运动的必然产物。马克思和恩格斯为此批评英法空想社会主义者不知道从资本主义经济社会发展本身寻找解放的动力和依据，而这对德国“真正的社会主义”更是“不可思议”的，它们离科学的门槛距离还远着呢。

再次指它的发生离不开特定历史主体。具体说就是大工业

① 《马克思恩格斯文集》第 1 卷，人民出版社 2009 年版，第 527 页。
② 《马克思恩格斯文集》第 1 卷，人民出版社 2009 年版，第 574 页。
③ 《马克思恩格斯文集》第 1 卷，人民出版社 2009 年版，第 538 页。

铸就的以工人阶级为主体的现代无产阶级。我们知道，现代生产力和资本主义生产关系矛盾的根本解决，这同时也是资本主义作为社会制度退出历史舞台，必须依赖于无产阶级的阶级斗争。无产阶级之所以能作为这一议程的“历史代理人”，不仅仅是因为无产阶级作为被剥削阶级遭受历史上最为深重和残酷的剥削，而且因为它代表着现代生产力的先进发展方向，是最大公无私而又革命的阶级。英法空想社会主义因为时代局限看不到这一点，德国“真正的社会主义”则站在“反动”的小资产阶级立场上“自作伤感”地“粉饰太平”，有意无意地“遮蔽”这一点。

恩格斯曾经对历史唯物主义有过精炼的概括，指出其核心在于强调“一切重要历史事件的终极原因和伟大动力是社会的经济发展，是生产方式和交换方式的改变，是由此产生的社会之划分为不同的阶级，是这些阶级彼此之间的斗争”①。可以看出，马克思和恩格斯正是依据历史唯物主义这些基本观点和核心信条来把握社会主义和批判英法空想社会主义、德国“真正的社会主义”，也使科学社会主义的基本原则不断地明晰化。

世纪之交，国外左翼思潮中“后马克思主义”大行其道，鼓吹以“话语本体论”来重构马克思主义，主张用自由、民主这些占据道德高地的“大词”和“理念”来重组反资本主义的社会运动（它们就是这些语词“召唤”出来的各式各样的新社会运动），人们一般称之为“新‘真正的社会主义’”，妄图使德

① 《马克思恩格斯文集》第3卷，人民出版社2009年版，第509页。

国“真正的社会主义”“借尸还魂”“重活世间”。今天，重温和再现马克思与德国“真正的社会主义”的论战以及其中马克思、恩格斯的批判，无疑有助于我们来清醒地洞烛这套“学术把戏”的实质。而且，习近平总书记多次强调，在不断推进马克思主义中国化“两个结合”过程中，科学社会主义基本原则不能丢，丢了就不是社会主义。重温和再现马克思与德国“真正的社会主义”的论战，无疑会使我们对这个深刻的判断有更为深入的认识。

三、再论马克思对波普尔“历史非决定论”的回应与批判

谈及“历史决定论”或“历史非决定论”，恐怕不少马克思主义理论的入门者会有一定的陌生感，而倘若将这个名词换成“唯物史观”，那么我们的青年朋友们一定会感到很亲切。自马克思逝世以后，在思想史上出现了一些对马克思主义学说进行歪曲和攻击的理论观点，其中一个代表就是卡尔·波普尔写作的一个小册子《历史决定论的贫困》，当然他还著有《开放社会及其敌人》。今天，我们讨论“思想论战中的马克思”这一大的话题，不难发现，尽管马克思没有对波普尔的观点进行正面回应，但是马克思的思想穿透力使得这样一种回应得以可能，即运用马克思主义基本原理对后马克思主义时代形形色色的错误思潮观点进行分析与批判，进而还原马克思主义的本真面貌。

（一）何为“历史决定论”？

作为“历史决定论”这一概念的最初提出者，波普尔在《历史决定论的贫困》一书开篇中对“历史决定论”作了这样的界定：“‘历史决定论’是探讨社会科学的一种方法，它假定历史预测是社会科学的主要目的，并且假定可以通过发现隐藏在历史演变下面的‘节律’或‘模式’、‘规律’或‘倾向’来达到这个目的。”① 波普尔从知识的不断发展这一特性出发，否认“普遍”规律的存在，认为历史决定论者把“规律”与“趋势”混淆、“终点”和“目标”混淆。需要强调的是，波普尔认为马克思主义是迄今为止最纯粹、影响最广泛，因而也是最危险的历史决定论形式。然而，究竟什么是历史决定论？马克思的历史决定论又是什么？对这些问题的回答，首先要求我们廓清历史决定论的边界。

“决定论”一词，源于古希腊，原意是“制约、限定、规定”，意指肯定事物之间具有因果制约关系，事物发展受必然性限定，引申为肯定物质世界存在着客观的因果性、规律性、必然性的学说。历史决定论是指人类社会历史进程受历史因果性、历史规律性和历史必然性决定的理论。换言之，历史非决定论就是指否认人类社会历史发展存在因果决定性、规律性、必然性的理论。因此，历史决定论的全部研究便在于揭示和阐明社会历史变化规

① ［英］卡尔·波普尔：《历史决定论的贫困》，杜汝楫、邱仁宗译，上海人民出版社 2009 年版，第 2 页。

律。在此基础上，依据不同的划分标准，历史决定论的具体形态可谓纷繁多样。大体而言，首先，基于历史演进中的决定性因素的差异，既有唯心主义历史决定论，又有唯物主义历史决定论，前者可具体表现为宿命论和唯意志论等不同形态，后者则以唯物史观为代表。其次，就是否承认意识能动性和偶然性而言，又区分出辩证决定论和机械决定论。再者，针对适用对象的不同层次，划分了适用于解释单个历史事件的因果决定论、适用于对多个历史现象作总体分析的统计决定论和适用于宏观社会有机体的系统决定论。在《历史决定论的贫困》一书中，波普尔依据历史决定论中对于自然主义的不同倾向，划分了反自然主义的历史决定论和亲自然主义的历史决定论。

（二）波普尔等人对马克思学说的攻讦与污蔑

根据上述关于历史决定论的界定，波普尔无疑是一位坚定的历史非决定论者。总体来看，波普尔立足于“渐进技术方法论、知识不可预测的历史观和自由主义的政治立场三者内在统一”的基础之上，其观点主要有以下几个方面。第一，否认历史发展存在规律。波普尔对“规律”的界定在于：一是规律必须表述为全称命题，二是重复性是规律的根本原则，三是规律具有无条件性。在他看来，历史事件不可逆且不可重复，社会历史事件是“独一无二的”，不存在一种科学的理论可以预测未来，因此，社会规律在客观上是不存在的。第二，有趋势而无规律。“在社会变化中，趋势的存在是毋庸置疑的”，但是“趋势不是规律”，他认为，“既没有连续规律，也没有进化规律”，同时强调“趋势对原始条件的依赖性”，因此，“尽量完善地解释趋势，是我们的艰巨任务，这就是尽可能精确地判明趋势持续所需要的条件”。①第三，波普尔认为马克思主义就是一种历史决定论，是“历史主义的最纯粹的、最发达的和最危险的形式”②。他把马克思主义简化为经济决定论和机械决定论，并将马克思主义看作整体主义的控制和乌托邦式的社会改造理论。

然而，波普尔对历史决定论的批判存在明显的局限性。首先，波普尔否认历史发展存在规律，存在对规律解释的狭隘化倾向。在否定规律的同时，他将单一要素的科学知识视为社会进程的决定性因素，过分拔高了科学知识在社会发展中的地位。其次，他批评历史决定论所采用的整体主义方法论，存在明显的个人主义偏好。他预设了一种情境以佐证他的观点，即“个人在当前它所描述为势不可挡的和恶魔般的经济力量面前，所处的孤立无援状态”③。然而，历史决定论不是一味强调必然决定偶然，而是基于社会生产力发展的客观趋势和人的自由全面发展的客观前景，从而更好地遵循社会历史发展的一般规律。反观之，出于对规律的恐惧，进而过分强调个人自由选择也是一种理性至上的泛滥。更深入地看，波普尔在社会历史进程中只见“个人”不见

---

① ［英］卡尔·波普尔：《历史决定论的贫困》，杜汝楫、邱仁宗译，上海人民出版社2009年版，第91、93、101、102页。

② ［英］卡尔·波普尔：《开放社会及其敌人》第2卷，陆衡等译，中国社会科学出版社1999年版，第144页。

③ ［英］卡尔·波普尔：《开放社会及其敌人》第2卷，陆衡等译，中国社会科学出版社1999年版，第229页。

“规律”，他所主张的“并不存在进步的规律，一切都依赖我们自身”①，这是一种典型的个人本体论。从个人本体出发，历史发展呈现出偶然性和碎片化倾向，进而产生历史没有客观规律的错误看法，换言之，即使存在规律，但由于偶然性的支配而导致规律不可认识。归根结底，波普尔的社会历史观是一种基于个人本体论的“个人史观”，而唯物史观和唯心史观的分界线恰恰在于坚持人民史观还是个人史观，因此从这个意义上来讲，波普尔的历史决定论批判的最大局限在于他坚持了唯心史观，并从唯心史观的立场出发推导出客观规律的不存在。相反，唯物史观不仅揭示客观规律，而且肯定人民作为历史主体的作用，只有从人民主体出发，才能真正实现遵循客观规律和坚持人民创造历史的有机统一。

此外，波普尔在书中把马克思主义简化为经济决定论、将马克思的历史决定论理解为机械决定论，以及认为历史决定论的必然规律将会淹没人的主体性，同样是缺乏事实依据的。一方面，发挥人的主观能动性以改变世界的可能性与承认历史决定论并不矛盾。有人认为，马克思主义指向人改变世界的能动的哲学，而历史决定论则是强调历史是被某些规律决定了的理论，因此这两者之间存在深刻矛盾，甚至有人据此认为历史唯物主义不是历史决定论，而是历史非决定论。必须看到，只承认历史决定论，不承认人通过实践改变世界的可能性，必然导致机械决定论

① ［英］卡尔·波普尔：《开放社会及其敌人》第 2 卷，陆衡等译，中国社会科学出版社 1999 年版，第 298 页。

和历史宿命论；同理，只承认人的能动性而不承认历史决定论，必然导致历史唯心论和唯意志论。恩格斯在晚年的书信中指出，纯粹的历史必然性只存在逻辑之中，历史同样是由偶然性与必然性构成的，人们创造历史的活动犹如无数个力的平行四边形形成一个总的合力。因此，关于马克思的历史决定论不妨作这样的理解：经济必然性归根到底代表着历史发展的总趋势，制约着人们的一切社会活动所导致的最终结果，但这丝毫不排除作为历史主体的人的自由意志的影响和作用。另一方面，马克思的历史决定论不仅强调历史的因果性、规律性和必然性，而且强调人的主观能动性。历史不是单纯自然的历史，不是外在于人、无主体的自在过程，而是人的历史。马克思在《关于费尔巴哈的提纲》中批判旧唯物主义的直观性，指出旧唯物主义的根本缺陷就在于只看到“物”，而没有看到“人”，把一切归于“物”，没有看到现实的人改造现实的实践活动。不难发现，马克思始终强调历史实践过程中人的主体性、基础性地位，以及历史与人的发展存在积极互动的关系。总体而言，社会历史发展规律是社会运动过程中内在的、本质的、必然的联系，历史发展的必然性体现在历史主体的实践活动之中，鉴于多维的社会结构和社会有机体的存在，规律不是单一的，多种规律的交互作用为人们的历史选择奠定了基础，更为人们的主观能动性的发挥提供了可能性。

更重要的是，在波普尔的思想体系中，他对于马克思的历史决定论的理解始终存在一个前提设定上的误区，这一点可以在他的另一部著作中得到印证。波普尔在《开放社会及其敌人》一书中阐述了自己对历史唯物主义理解的两个维度，一是历史主义，二是经济主义。[①] 波普尔肯定了这种“基本的”作用，认为这是“一种极其有价值的进步”，但是他也认为在某些特定的情境中，“对经济条件的重要性估计过高是很容易的”[②]，同时他认为马克思由于受到黑格尔式的哲学训练使其过于强调“经济主义”。波普尔的这一观点显然是存在问题的，对于这一指称，恩格斯在晚年的几封书信中对有人过分看重唯物史观中经济因素的倾向作出了正面的积极回应，我们将在下文中详细讨论。

（三）马克思唯物史观是历史决定论吗？

波普尔对于历史决定论的批评在世界范围内引起了巨大反响，也引发了关于唯物史观的反思。在我国学界，将马克思的唯物史观直接理解为历史决定论的现象相当普遍，但是马克思主义的创始人从未将自己的理论指称为历史决定论，因此有学者反对将唯物史观理论等同于历史决定论。然而，马克思的唯物史观是否真的是一种历史决定论呢？面对这一问题，我们需要澄清 3 点：

首先，马克思的唯物史观是一种科学的历史决定论，不同

① 参见［英］卡尔·波普尔：《开放社会及其敌人》第 2 卷，陆衡等译，中国社会科学出版社 1999 年版，第 180 页。波普尔将“历史唯物主义”区分为两个方面：第一方面是历史主义，主张社会科学领域应与历史的或进化论的方法相一致，这一点波普尔认为应当予以消除；第二方面是经济主义（或称“唯物主义”），即主张社会的经济组织对历史发展起到基本的作用，波普尔对第二方面是予以肯定的。

② ［英］卡尔·波普尔：《开放社会及其敌人》第 2 卷，陆衡等译，中国社会科学出版社 1999 年版，第 181 页。

于一般意义上的历史决定论。1845—1846 年，马克思和恩格斯在批判当时以青年黑格尔派为主要代表的德意志意识形态时，首次对唯物史观作了比较系统的阐述。他们论述了物质生产在人类社会发展中的决定作用，“这种历史观就在于：从直接生活的物质生产出发阐述现实的生产过程，把同这种生产方式相联系的、它所产生的交往形式即各个不同阶段上的市民社会理解为整个历史的基础”①。基于此，马克思和恩格斯区分了唯物史观与以往的历史观，“这种历史观和唯心主义历史观不同，它不是在每个时代中寻找某种范畴，而是始终站在现实历史的基础上，不是从观念出发来解释实践，而是从物质实践出发来解释各种观念形态”②。如果以历史决定论是指历史进程受历史因果性、历史规律性和历史必然性决定的理论这一标准来衡量，唯物史观显然是一种科学的历史决定论，它突出地强调了物质生产的基础性作用。关于唯物史观的全部表述，马克思在他的《〈政治经济学批判〉序言》中旗帜鲜明地指出：“我所得到的，并且一经得到就用于指导我的研究工作的总的结果，可以简要地表述如下：人们在自己生活的社会生产中发生一定的、必然的、不以他们的意志为转移的关系，即同他们的物质生产力的一定发展阶段相适合的生产关系。这些生产关系的总和构成社会的经济结构，即有法律的和政治的上层建筑竖立其上并有一定的社会意识形式与之相适应的现实基础。物质生活的生产方式制约着整个社会生活、政治生

---

① 《马克思恩格斯选集》第 1 卷，人民出版社 2012 年版，第 171 页。

② 《马克思恩格斯选集》第 1 卷，人民出版社 2012 年版，第 172 页。

活和精神生活的过程。不是人们的意识决定人们的存在，相反，是人们的社会存在决定人们的意识。"①从这一论述中可以区分出马克思的历史决定论的三个维度：一是从历史因果性来看，马克思认为生产力是因，生产关系是果；经济基础是因，上层建筑是果；社会存在是因，社会意识是果。二是从历史规律性来看，上层建筑受到经济基础的限制，社会意识受到社会存在的制约，这些关系都是不以人的意志为转移的。三是从历史必然性来看，生产力与生产关系的矛盾运动以及社会变革的时代终将到来。如果将这一理论运用到史学研究中，正如陈先达所提出的，"根据历史唯物主义观点，可以概括地说，历史事实具有一次性、历史现象具有相似性、历史规律具有重复性"。如果把这一理论运用到社会运动中，无疑是对当时标榜为"永恒制度"的资本主义制度的革命性颠覆。

其次，马克思的历史决定论强调历史的决定性、必然性，既有先定性，又有开创性。一个典型的例子就是，随着分工方式的历史变迁，工业文明以前的所有制形式也经历了"部落所有制—古典古代的公社所有制和国家所有制—封建的或等级的所有制"②的演变过程，而决定所有制形式的分工背后，是现实的人的创造，"社会结构和国家总是从一定的个人的生活过程中产生的"③。马克思的历史决定论强调了以物质生产为基础的社会分工

① 《马克思恩格斯选集》第2卷，人民出版社2012年版，第2页。

② 参见《马克思恩格斯选集》第1卷，人民出版社2012年版，第148—149页。

③ 《马克思恩格斯选集》第1卷，人民出版社2012年版，第151页。

促成了人类历史的发展，而人类历史的物质基础以及生产力与生产关系的矛盾统一规律佐证了马克思的历史决定论。与此同时，马克思和恩格斯关于人民创造历史的观点以唯物史观的理论形式表达出来，他们在写作《德意志意识形态》时，尝试摆脱德国古典哲学思辨的传统，反对由概念、范畴、自我意识等语词建构起来的抽象的“人”，强调那个以实践的感性的活动为基础的现实的“人”，强调人的实践活动与科学之间的辩证关系，“在思辨终止的地方，在现实生活面前，正是描述人们实践活动和实际发展过程的真正的实证科学开始的地方”①。而关于历史既有先定性又是不断被开创的这一观点，人类历史上生产力的发展就是如此，在 1846 年 12 月 28 日写给安年科夫的信中，马克思就明确指出：“人们不能自由选择自己的生产力——这是他们的全部历史的基础，因为任何生产力都是一种既得的力量，是以往的活动的产物。可见，生产力是人们应用能力的结果，但是这种能力本身决定于人们所处的条件，决定于先前已经获得的生产力，决定于在他们以前已经存在、不是由他们创立而是由前一代人创立的社会形式。”② 此外，在《路易·波拿巴的雾月十八日》一文中，相比于维克多·雨果在《小拿破仑》中对政变发动者的痛骂和蒲鲁东在《政变》中对政变主角的“历史辩护”，马克思运用唯物史观总结阐发了法国 1848 年革命经验和 1851 年 12 月 2 日路易·波拿巴政变事件，客观分析了当时法国的社会结构和阶级斗争情

① 《马克思恩格斯选集》第 1 卷，人民出版社 2012 年版，第 153 页。

② 《马克思恩格斯选集》第 4 卷，人民出版社 2012 年版，第 408—409 页。

况，从而证明了“法国阶级斗争怎样造成了一种局势和条件，使得一个平庸而可笑的人物有可能扮演了英雄的角色”以及“人们自己创造自己的历史，但是他们并不是随心所欲地创造，并不是在他们自己选定的条件下创造，而是在直接碰到的、既定的、从过去承继下来的条件下创造”①。马克思主义经典作家的一系列研究和论述表明，历史不过是追求着自己目的的人的活动而已，历史规律并非外在于人的活动，相反，它恰恰是在人的实践中生成、体现和发挥作用的。不是必然决定偶然，而是偶然创造必然。从这一意义上来讲，马克思的历史决定论肯定客观制约性第一、主观能动性第二，因而是辩证唯物主义的，也是科学的。

最后，马克思的历史决定论不是经济决定论，更不是宿命论。面对有人“污名化”马克思的历史决定论为经济决定论，恩格斯晚年在几篇书信中再次阐发了唯物史观。如 1890 年《致约瑟夫·布洛赫》和 1894 年《致瓦尔特·博尔吉乌斯》，反复重申以下几点：(1) 经济基础的作用是决定性的，但不是唯一性的；(2) 社会历史是经济必然性基础上的上层建筑及其他各因素交互作用的结果；(3) 人们自己创造自己的历史，历史是由无数个个人意志的平行四边形合力构成的；(4) 纯粹的历史必然性只存在于逻辑之中，历史同样是由偶然性与必然性构成的。恩格斯在书信中进一步丰富了“经济基础”的内涵，他指出，“经济基础”这一范畴决不是指某种抽去具体现实内容的单纯关系，而是与现实的生产力乃至特定的自然条件、人口因素等密切相关的统一的

① 《马克思恩格斯选集》第 1 卷，人民出版社 2012 年版，第 664、669 页。

经济有机体，“此外，在经济关系中还包括这些关系赖以发展的地理基础和事实上由过去沿袭下来的先前各经济发展阶段的残余（这些残余往往只是由于传统或惰性才继续保存着），当然还包括围绕着这一社会形式的外部环境”①。那种把历史唯物主义退化到经济决定论，强调单一决定论和线性因果关系是不恰当的。从根本来看，唯物史观中生产力与生产关系都是“关系”的矛盾概念，而不是单一的“实体”概念，因而与经济决定论无关。当然，更危险的做法，是把马克思的历史决定论曲解为宿命论。经典作家在阐述唯物史观时既强调历史决定性又反复重申个人的主体性。伊格尔顿在《马克思为什么是对的》一书中对“马克思主义是宿命论”的观点进行了有力驳斥，他指出，马克思坚持“资产阶级的灭亡和无产阶级的胜利是同样不可避免的”②这一必然性观点时并没有坐等资本主义的自然消亡，而是号召工人阶级联合起来主动打碎资本主义的国家统治机器。归根到底，马克思的历史决定论仍是一种指向实践的哲学，正如他在《关于费尔巴哈的提纲》中所指出的那样，“哲学家们只是用不同的方式解释世界，而问题在于改变世界”③。因此，那种把马克思主义及其历史决定论曲解为宿命论的观点显然是不成立的。然而，对于马克思的曲解促成了形形色色的“马克思主义者”，以致于马克思曾说“我只知道我自己不是马克思主义者”④。戴维·麦克莱伦在他的著作

① 《马克思恩格斯选集》第4卷，人民出版社2012年版，第648页。
② 《马克思恩格斯选集》第1卷，人民出版社2012年版，第413页。
③ 《马克思恩格斯选集》第1卷，人民出版社2012年版，第140页。
④ 《马克思恩格斯选集》第4卷，人民出版社2012年版，第599页。

《马克思以后的马克思主义》一书中说道："马克思那种把革命的热情和变革的要求同历史的视角与对科学性的宣传联系起来的罕见能力，使它显得与众不同"，然而马克思主义在发展的同时却陷入这样的窘境：它"几乎不可避免的被简单化、僵硬化和教条化了"①。

（四）余论：历史决定论、唯物史观与新时代

研究和阐释马克思主义，实际上离不开对于马克思主义的整体性把握。"世界观、方法论是马克思主义基本原理的核心内容和最根本的理论特征，是理解和把握马克思主义基本原理整体性的重要基础。"②作为世界观和方法论的"辩证唯物主义"与"历史唯物主义"，包括学界之前广泛讨论的"实践唯物主义"，是否能够严格地被区分开来呢？在教科书体系和学术研究体系中似乎呈现了不同的倾向，其中有一种代表性观点认为，实际上这三者是一个有机整体、是同一个"主义"，是马克思新唯物主义的三个不同称谓，只是突出了马克思新唯物主义的不同方面特征。③如果说"整体性"的一重面向是基于马克思主义学说三大组成部

---

① ［英］戴维·麦克莱伦：《马克思以后的马克思主义》，李智译，中国人民大学出版社 2008 年版，第 2 页。

② 张雷声：《世界观、方法论与马克思主义基本原理的整体性》，《教学与研究》2011 年第 12 期。

③ 杨耕：《论辩证唯物主义、历史唯物主义、实践唯物主义的内涵——基于概念史的考察与审视》，《南京大学学报（哲学·人文科学·社会科学）》2016 年第 2 期。

分即马克思主义哲学、政治经济学与科学社会主义的“整体性”，那么，是否有可能，“整体性”的另一重面向是对辩证唯物主义、实践唯物主义和历史唯物主义的“整体性”呢？在这里，我们不妨抛出这个问题。

接下来，让我们再次把视野投射回历史决定论，特别是作为一种科学的历史决定论的唯物史观，我们将进一步探求出它的核心特征。历史规律一直是马克思主义研究的一个关键词，在对于历史规律的把握方面，“坚持客观规律性与主观能动性相统一”是经常听到的一句话，在这里实际上隐含了马克思主义认识和把握世界的“两个出发点”，即“从主体出发”和“从实践出发”，当然在以往的马克思主义叙事中经常将这“两个出发点”作为辩证唯物主义的主要特征，由此生成了“主体—实践”的范式，如果基于新唯物主义整体性的一般原则的话，我们将有可能进一步得出“历史—主体—实践”的范式，这一范式反映的是什么？反映的恰恰是唯物史观是见“物”、见“人”与见“实践”的。

此外，针对关于唯物史观之历史决定论特质的恶意歪曲，应当重申的是，要尊重客观规律性基础上主观能动性的发挥，这一点极为鲜明地体现在新时代中国共产党的历史主动精神方面。从马克思主义到中国特色社会主义，马克思主义中国化时代化的命题贯穿其中，在理论上运用马克思主义基本原理对一些错误思潮观点批判是一方面，在实践上新时代中国特色社会主义守正创新则是更重要的另一方面。

四、马克思与资产阶级思想家围绕贫困问题的交锋

贫困问题是困扰人类社会发展始终的问题。无论古代社会还是现代社会，贫困问题都有着不同的表现方式，产生着不同的影响。在古代社会，虽然存在深刻的阶级压迫和明显的贫富差距，但是社会生产力水平普遍较低，社会上的一切阶级都在不同程度上受到贫困问题的困扰。进入现代社会后，情况则发生了改变。马克思指出："资产阶级在它的不到一百年的阶级统治中所创造的生产力，比过去一切世代创造的全部生产力还要多，还要大。"① 但是与此同时，蒲鲁东等人也发现，"50 年来，法国的国民财富增长了五倍，而人口却只增加不到一半……可是，为什么贫困并没有成正比地下降，却反而增长了呢"②。所以，现代社会的生产力水平相比于古代社会已经发生了巨大的进步，实现了巨大的飞跃，但是贫困问题非但没有解决，反而却随着生产力的进步而日益严重。面对这样一幅颇具悖论性的时代图景，思想家们都开始了对贫困问题的分析。可以说，理解贫困问题成为现代社会西方哲学社会科学建构的最深层次也是最深刻的理论背景。但是，面对同一个社会，针对同样的社会贫困现象，马克思和资产阶级思想家对贫困问题的理解却截然不同，甚至根本对立。

① 《马克思恩格斯文集》第 2 卷，人民出版社 2009 年版，第 36 页。

② ［法］蒲鲁东：《贫困的哲学》（下卷），余叔通、王雪华译，商务印书馆 1998 年版，第 741 页。

（一）资产阶级思想家对贫困成因的认知

随着资本主义生产方式的发展，现代社会逐步分裂为两大阶级，即资产阶级和无产阶级。资产阶级往往享有巨大的物质财富，无产阶级则承受着物质贫困的困扰。对这样的事实，恩格斯有着深刻的描述。他在《英国工人阶级状况》中指出，工人“骨瘦如柴，毫无气力……或多或少地患着忧郁症……老得快，死得早”①。英国一些地区的“工人、短工和一般雇佣劳动者只有15岁”；曼彻斯特郊区“三等街，三等房屋：死亡率是1：25”。②“英国医生收费很高，工人是出不起这笔费用的。因此，他们只好根本不看病，或者不得不求助于收费低廉的江湖医生，服用那些长远看来弊大于利的假药。”③恩格斯的这段描述基于亲身的实地调研，并没有加入明显的情感判断和价值倾向。无论是资产阶级思想家还是马克思都对这样的物质贫困现实有着深刻体察。但是，对于物质贫困成因的理解二者却存在着深刻对立。

资产阶级思想家认为，现代社会构成原则尊重个体的自然差异，体现着公平正义。亚当·斯密在《国富论》中指出，“当初产生分工……有个善于制造弓矢的人，他往往以自己制成的弓矢，与他人交换家畜或兽肉……于是他便成为一种武器制造者”④。在

① 《马克思恩格斯文集》第1卷，人民出版社2009年版，第418页。

② 《马克思恩格斯文集》第1卷，人民出版社2009年版，第420页。

③ 《马克思恩格斯文集》第1卷，人民出版社2009年版，第417页。

④ ［英］亚当·斯密：《国富论》，郭大力、王亚南译，商务印书馆1972年版，第14页。

斯密看来，现代社会的交换是社会分工的目的和结果，而分工归根结底来自人的主观自然差异。斯密所谓的“善于”最初不是个体在社会中习得的某种技能，而是个体的先天特征，这些特征先在于社会，并作用于社会，是个体融入社会分工交换体系的前提，也是个体在社会中不断发展的根本依据。斯密的这种观点实际上是对现代社会的构成原则给出的一种解读模式。这种解读模式被资产阶级思想家普遍接受，也成为资产阶级思想家理解现代社会贫困问题的逻辑起点和理论支撑。黑格尔曾经对斯密的这种解读模式进行了进一步抽象和概括，以哲学式的语言概括现代社会的形成和发展方式。黑格尔认为，现代社会遵循“劳动所有权”和“等价交换”。个体为了满足自身的需要，依据自身实际生产社会所需，这时个体生产出的产品是完全属于自己的。然后依据等价交换的原则，个体再用自己的劳动产品与社会进行交换，从社会中换得自己所需要。① 在黑格尔那里，个体生产社会所需的过程，就是根据自己“善于”从事的劳动进行生产的过程。劳动者生产的目的并不是供自己消费而是交换，斯密十分清楚这一点，黑格尔把交换得以实现的原则称为“形式的普遍性”原则，是等价交换的产物。所以，在资产阶级思想家看来，现代社会一方面尊重个体的劳动，保障个体可以依据自身特长从事不同类型生产的权利。另一方面，现代社会也没有强行占有个体的劳动成果，而是通过等价交换的方式使个体间处于平等地位。所以，现代社会一

① 田书为:《贫困如何产生：马克思与黑格尔的认知差异——从〈法哲学讲义〉到〈哲学的贫困〉》,《教学与研究》2021 年第 11 期。

方面维护了公平正义，一方面尊重了个体的自然差异。

沿着这样的思路，资产阶级思想家认为，现代社会中工人阶级的贫困是劳动者主观因素造成的。既然现代社会尊重了个体的自然差异，维护了公平正义，平等地赋予了个体参与社会分工交换的机会，那么个体能够从社会中得到多少物质财富，就完全是个人主观因素外在展现的成果。这些主观因素包含亚当·斯密所谓的“善于”从事的技能，也包括思想道德等因素。资本家之所以富裕，资产阶级之所以占据着大量社会财富，归根到底是因为资本家擅长的技能更能满足社会的需要，并且更加勤奋，更愿意付出别人没有付出的辛苦。工人阶级之所以贫困，之所以占据着少量社会财富，归根结底在于工人擅长的技能不能充分满足社会需要，并且不充分具备勤劳致富的精神。所以，许多资产阶级思想家在探究贫困问题的本质、分析贫困问题的成因时，往往从工人个体的主观因素出发。分析资本家何以富裕时，相应的，资产阶级思想家也往往从资本家的主观因素入手，歌颂他们的高贵品德，比如“勇敢”“诚实”“勤劳”“智慧”等等。这种观念即便在当代也深深地烙印在西方世界的精神文化深处。从许多影视作品中，就可以看出，资产阶级的形成和发展，往往来源于资本家个人的拼搏和努力，资本家也能够更清醒地认识人类社会发展趋势，为人类社会的发展作出贡献，而工人往往只能沦为资本家的追随者。

（二）马克思对贫困成因的认知

马克思对贫困成因的认知与资产阶级思想家针锋相对。青年时代的马克思就曾指出，从市民社会中“形成一个被戴上彻底的锁链的阶级，一个并非市民社会阶级的市民社会阶级……这个领域不要求享有任何特殊的权利，因为威胁着这个领域的不是特殊的不公正，而是普遍的不公正……社会解体的这个结果，就是无产阶级这个特殊等级”①。资产阶级声称，现代社会维护了公平正义，尊重了个体差异，但是马克思鲜明指出，现代社会非但没有维护公平正义，而且从中产生了“普遍的不公正”，这种“不公正”体现在，形成了“一个并非市民社会阶级的市民社会阶级”，也就是工人阶级。他们虽然从事繁重的劳动，但是却没有从社会中等价获得其所应得的物质财富。马克思的观察十分深刻，更符合现代社会的基本事实。因为，工人阶级的懒惰、无知、厌恶劳动，并不是基于他们主观思想道德的堕落，而是现实社会的阶级压迫。劳动对于工人阶级而言，是外在的，不是本质力量的表达，没法使工人阶级从中获得相应的物质财富和实际收获。在《1844 年经济学哲学手稿》中，马克思清晰地使用了“异化劳动”这一范畴，指明了现代社会构成方式的本质。“异化劳动”的根本内涵，就是工人的劳动及其产物不归工人，而归资本家所有。应该说，这一范畴更加清楚地指明了什么是“一个并非市民社会阶级的市民社会阶级”。

沿着这一思路，马克思清楚展开了对资产阶级思想家的进一步批判，指出现代社会的贫困问题根源于阶级压迫，而非工人的主观因素。在马克思看来，“异化劳动”不是偶然现象，不是个

① 《马克思恩格斯文集》第 1 卷，人民出版社 2009 年版，第 16—17 页。

别案例，而是现代社会赖以存在、发展和巩固的前提与基础。马克思和恩格斯在《共产党宣言》中指出："整个社会日益分裂为两大敌对的阵营，分裂为两大相互直接对立的阶级：资产阶级和无产阶级。"① 应该说，资产阶级思想家对阶级对立这一现象的理解，与马克思不同。资产阶级眼中的阶级对立，是贫穷与富有的对立，是崇高与堕落的对立，是工人阶级对社会秩序的破坏，对社会道德的败坏，对社会生产的阻碍，对资产阶级的危害。但是马克思眼中的阶级对立，是资产阶级对无产阶级的压迫，是统治阶级对被统治阶级的剥削，是压迫和剥削基础上贫穷与富有的积累、崇高与堕落的对抗。所以，在《共产党宣言》中，马克思和恩格斯所说的敌对阵营，其实正是在"异化劳动"这种所有制关系基础上，阶级间的压迫与被压迫关系。劳动所有权和等价交换在现代社会中并不真实存在，这在马克思看来不过是资产阶级思想家的臆造，本质上是意识形态，是对无产阶级的欺骗，是维护资产阶级统治的精神工具。

马克思对贫困成因的分析深入到了更加微观和具体的政治经济学领域，这深刻揭示了压迫和剥削的形成方式和实践本质。在《资本论》中，马克思指出，工资是"用来生产或再生产工人本身的费用"，而"资本家总是使劳动力执行职能的时间超过再生产劳动力本身的价值所需要的时间"。② 在马克思看来，等价交换仅仅在简单流通领域是存在的，资本家雇佣工人时支付给工

① 《马克思恩格斯文集》第 2 卷，人民出版社 2009 年版，第 32 页。

② 《马克思恩格斯文集》第 5 卷，人民出版社 2009 年版，第 617、618 页。

人的工资，的确等于劳动力的价值，即“用来生产或再生产工人本身的费用”。但是，劳动力包含的价值，即工资，却小于工人在实际的劳动时间中创造的价值。超出的这部分价值，即剩余价值，被资本家无偿占有了。这也就是剥削的发生机制和存在方式。很明显，马克思已经跳出了简单流通领域，而立足生产、分配、交换、消费领域，整体地考察生产力和生产关系，从而深刻地指出了剥削的存在及其实质。马克思对剥削的经济学揭示意义十分重大。首先，这阐明了现代社会阶级压迫与前现代社会阶级压迫的本质区别，从而揭示了两个时代贫困问题的差异。在前现代社会，阶级压迫的存在方式是直接的人身压迫。统治阶级在被统治阶级面前没有人身上的自由，只能在一定范围内为统治阶级从事生产劳动。但是到了现代社会，资本家实际上没有限制工人的人身自由，工人可以自由地选择与哪个资本家开展“合作”，也可以选择与什么样的人群共事。但是，现代社会这种特殊的生产方式，使得工人相比于前现代社会享有的这种自由，并没有改变工人被压迫的实际境遇。阶级压迫和对立仍旧实际地存在。其次，这阐明了现代社会阶级压迫的隐蔽性。资产阶级思想家鼓吹的贫困成因之所以能够在工人中产生不小的影响，其中一个重要原因是，相对于前现代社会，现代社会的剥削方式更加隐蔽了。资本家对剩余价值的无偿占有，被掩盖在等价交换原则之上。这使工人阶级更容易被资产阶级意识形态蒙蔽，相信自身贫困是自身主观原因造成的，从而在思想观念领域巩固资产阶级的统治，进一步加重现代社会的贫困问题。

（三）资产阶级思想家对摆脱贫困的认知

自从资本主义社会生产力高速发展，西方资产阶级思想家就一直在思考如何解决贫困问题。因为，贫困问题的蔓延，不利于社会生产力的发展。贫困者不是外在于现代社会的，不是资本主义生产方式的旁观者，而是资本主义生产方式的参与者，是资本积累得以实现的真正推动者，是使资产阶级保持其统治阶级身份的根本物质力量。在物质层面，贫困会使劳动者的生产能力逐步降低，这不利于资本主义生产方式的巩固，不利于资本积累的进行，不利于资本家长期稳定地实现阶级统治。在精神层面，贫困会使劳动者生发出对现代社会和富裕者即资产阶级的反叛情绪。黑格尔将这种情绪称为“贱民精神”。这种“贱民精神”会使客观上存在的阶级间的矛盾更加激化，甚至转化为尖锐的阶级之间的斗争，从而破坏现代社会的生产秩序，败坏资本主义意识形态主导的伦理道德。贫困问题带来的严重主客观后果，是资产阶级思想家不能接受的，这也是资产阶级思想家积极寻找解决贫困问题路径的根本原因。

在这样的前提下，资产阶级思想家对解决贫困问题的路径展开了长期的探索。这些路径总体上可以归结为以下几类。第一，就是建立起国家推动的社会救济体系。最典型的例子就是英国实行了几个世纪的《济贫法》。《济贫法》顾名思义，就是为救济贫困者而出台的法案。《济贫法》最初与其说是救济贫困，不如说是管理和惩罚贫困者。因为，一旦进入济贫院，贫困者就要被迫从事大量的体力劳动，从而维持自己的生计。济贫院通过这种方式，一方面把贫困者聚集在了一起约束起来，很大程度上保证了社会治安。要知道贫困者处在社会底层，很容易成为社会的不稳定因素。另一方面通过强迫劳动的方式，使贫困者对强大的社会机器及其背后的统治阶级更加顺从，从而进一步巩固现实社会的阶级统治。当然，随着资本主义社会的发展，《济贫法》的内涵在不断丰富，“济贫”的意味在不断提高。

第二，就是构建富裕个体推动的私人慈善体系。私人慈善与社会救济不同。社会救济是国家主导下，通过税收等手段调节分配方式。私人慈善是资本家基于个人意愿，把私人财富以不同方式转移到贫困者手中。当然，二者的目的是相同的，就是通过一定方式，实现社会财富在一定程度上从统治阶级向被统治阶级的转移。事实上，西方社会也的确在鼓励私人慈善，直到今天，私人慈善事业在西方也非常发达。

第三，就是以国家意志在社会层面确立起优胜劣汰、适者生存的丛林法则，把贫困问题的解决完全交给市场机制。在许多资产阶级思想家看来，无论是私人慈善还是社会救济，都与劳动所有权和等价交换原则相违背，都助长了劳而不获和不劳而获的不良风气。这非但不会解决贫困问题，反而会最终使现代社会赖以存在的社会根基瓦解。李嘉图就曾认为，贫困者“决不可指靠惯常或临时的施舍，而只可依靠自己的努力维持生活，使他们认识谨慎和远虑决非不必要或无益的品德”①。实际上，当代西方的

① ［英］李嘉图：《政治经济学及赋税原理》，郭大力等译，商务印书馆 1962 年版，第 90 页。

许多学者仍旧认为这是解决贫困问题，防止社会分裂和阶级分化的根本方式，但是在具体的社会实践中，社会救济和私人慈善往往成为解决贫困问题的主导方式。

（四）马克思对摆脱贫困的认知

实际上，无论采取上述 3 种方式的哪一种去解决贫困问题，资产阶级思想家都在根本上把贫困问题理解为劳动者的私人问题，只不过这种私人问题具有很大的普遍性，以致成为一个严重的社会问题。这使得在解决贫困问题的整个过程中，都没有贫困者本人的实质性参与，贫困者始终被视为现代社会解决贫困问题上的阻力和障碍。马克思对贫困问题本质及其产生原因的理解与资产阶级思想家存在着根本差异，这就决定了他对解决贫困问题路径的理解，必然与资产阶级思想家存在着本质不同。

在马克思看来，既然阶级压迫是贫困问题的根源，那么解决贫困问题的方式，必然只有一个，那就是消灭阶级压迫。马克思认为，在现代社会中资产阶级虽然居于统治地位，虽然掌握生产资料，但是实际上是被整个无产阶级供养着的。因为，无产阶级是生产资料的真正使用者，真正与生产资料紧密结合在一起，懂得如何利用生产资料发展生产力。与之相比，资产阶级则远离生产，脱离于生产环节，不懂得如何利用生产资料，因而资本家对生产资料的所有权是抽象的。随着生产力的不断发展，工人阶级必然会在不断使用生产力的过程中锻造成为能够推翻资产阶级统治的强大物质力量。从而消灭阶级压迫，彻底地解决贫困问题。在《共产党宣言》中，马克思和恩格斯把生产力比喻为“这种武器”[1]，工人阶级则是“这种武器”的使用者，就是在揭示劳动者与生产劳动之间的辩证关系。

当然，马克思达到这样的理论高度经历了一个复杂的过程。马克思曾经使用“异化劳动”这一范畴概括现代社会贫困问题的本质。“异化劳动”范畴清晰地揭示了这样一个事实：工人与劳动之间存在着深刻的异化关系。也就是说，工人厌恶劳动，工人被劳动及其产物统治，工人是为劳动及其各个环节服务的，工人是劳动的奴隶。在资本主义私有制的条件下，工人与劳动的异化关系是容易理解的，也是容易观察到的。马克思用异化劳动这一范畴概括这样的社会事实，其实预设了异化的扬弃阶段。能够想象，异化劳动扬弃之后，劳动者成为了劳动及其产物的主人，劳动成了劳动者自我实现的途径和手段。但是，这样的社会途径只是依据异化逻辑推理出来的，如果没有科学的证明和严谨的论证，扬弃异化劳动就只能存在于想象之中，而不能真正实现。所以，马克思要论证的是，本来是劳动奴隶的劳动者，为什么能够最终使劳动成为自我实现的中介。

正是在这样的理论需要下，马克思逐步构建起了唯物史观。在马克思看来，要想扬弃异化劳动，必须具备主客观两方面条件。客观方面，也是决定性方面，就是生产力的高度发展。扬弃“异化劳动”，本质上就是要实现所有制的变革，消灭资本主义私有制，建立生产资料的公有制，使生产资料所有者和使用者这两种社会身份统一在劳动者身上。马克思指出：“无论哪一个

---

① 《马克思恩格斯文集》第 2 卷，人民出版社 2009 年版，第 38 页。

社会形态，在它所能容纳的全部生产力发挥出来以前，是决不会灭亡的；而新的更高的生产关系，在它的物质存在条件在旧社会的胎胞里成熟以前，是决不会出现的。”① 要想建立新的所有制，扬弃异化劳动，扭转劳动者与生产力的关系，必须立足于生产力水平的提高。可以说，资本主义私有制一方面推动了生产力的进步，但是一方面也在把自己推向崩溃，在创造异化劳动的同时，也在瓦解着异化劳动赖以存在的物质根基。主观方面，就是劳动者阶级意识的形成和发展。黑格尔视野中的“贱民精神”，在马克思那里，其实是劳动者阶级意识逐步形成的重要表现。由于深重的压迫，劳动者在思想观念中反叛现代社会，非但不是对现代社会秩序的破坏，反而是对现代社会局限性的超越。当然，劳动者从个别的对现代社会的反叛，到劳动者组织起来，以阶级的方式，在阶级意识的指引下与资产阶级斗争，需要一个复杂的历史过程，需要劳动者意识到，与自己利益相对抗的不是资产阶级社会的某个方面，而是资产阶级社会本身。这种意识要在生产力不断进步的基础上，工人阶级的长期斗争中逐步形成。如马克思所言：“只有当私有财产造成作为无产阶级的无产阶级，造成意识到自己在精神上和肉体上贫困的那种贫困，造成意识到自己的非人化从而自己消灭自己的那种非人化时，才能做到这一点。”②

相比于资产阶级经济学家，马克思没有把贫困问题视为工人自身的问题，而是从社会结构出发把握贫困问题的本质，自觉

① 《马克思恩格斯文集》第 3 卷，人民出版社 2009 年版，第 592 页。

② 《马克思恩格斯文集》第 1 卷，人民出版社 2009 年版，第 261 页。

站在了工人阶级的立场上，看到了工人阶级蕴含着改变现实社会的强大物质力量，为全人类的自由解放指明了出路。

五、马克思对中国特色哲学社会科学话语体系建设的重要启示

哲学社会科学话语体系无疑是时代精神的鲜明体现，是国家文化软实力的重要载体，是主流意识形态安全的核心屏障。正如一个民族想矗立于科学的最高峰，就须臾不能离开理论思维；而一个国家要想始终走在时代的最前列，也同样不能没有一套独立成熟的哲学社会科学话语体系。习近平总书记在哲学社会科学工作座谈会上指出："在解读中国实践、构建中国理论上，我们应该最有发言权，但实际上我国哲学社会科学在国际上的声音还比较小，还处于有理说不出、说了传不开的境地。"① 这充分表明，"中国奇迹"的诸多成功事实尽管早已胜于雄辩，但我们的发展优势和综合实力还远没有转化为相应的话语优势，在西强我弱的国际舆论格局下依然囿于"失语就要挨骂"的困境之中。作为真理的力量，马克思的思想理论之所以可以源于那个时代又超越了那个时代，之所以能够凝结为那个时代精神和整个人类精神的精华，有一个很重要的原因就在于

① 习近平：《在哲学社会科学工作座谈会上的讲话》，人民出版社 2016 年版，第 24 页。

其深刻透视出历史运动的本质和时代发展的方向，不断将话语体系的思想伟力转化为历史主体的实践伟力。新时代下，不断摆脱“话语贫困”，提升话语的“能见度”，要充分汲取马克思对中国特色哲学社会科学话语体系建设的重要启示，深刻把握话语生成、话语表达与话语共振的内在机理，善于凝练标识性概念，精心打造易于为国际社会所理解和接受的新概念、新范畴、新表述，进而最终实现中国特色哲学社会科学话语体系的涅槃重塑。

（一）话语生成：批判性话语与建设性话语

构建中国特色哲学社会科学话语体系，要善于在话语生成层面上处理好批判性话语与建设性话语的关系。话语生成是哲学社会科学话语体系建设的起点和基石，其生成机制的作用和效果直接关系到话语体系自身的逻辑性与严密性。

毋庸置疑，中国特色哲学社会科学话语体系是以马克思主义为基本指导，继承和弘扬中华传统文化精髓，借鉴和吸收国外思想文化理论，并深深根植于无限丰富的中国特色社会主义实践。但有人便据此认为，中国特色哲学社会科学话语体系的生成应当只诉诸建设性话语，而应将批判性话语一律排斥在外；甚至认为以马克思主义为代表的批判性话语在革命战争年代固然锻造了锐利的思想武器，但在当下和平发展时期却陷入自我放逐和日益边缘化的茫然之中，毫无用武之地。事实上，这种观点人为割裂了批判性话语与建设性话语之间的有机联系，误解了马克思主义这种基于科学批判精神的话语生成方式。正如习近平总书记所指出的："哲学社会科学要有批判精神，这是马克思主义最可贵的精神品质。"① 这种批判精神，并不是对现存简单消极的否定，而是更加体现了如何在不断突破现存中走向未来，本质上是对批判的和革命的辩证法旗帜的高擎。对于马克思的这种内生建设的批判性话语生成方式，列宁曾这样描述道："凡是人类社会所创造的一切，他都有批判地重新加以探讨，任何一点也没有忽略过去。凡是人类思想所建树的一切，他都放在工人运动中检验过，重新加以探讨，加以批判，从而得出了那些被资产阶级狭隘性所限制或被资产阶级偏见束缚住的人所不能得出的结论。"② 正是借助于批判性话语与建设性话语的高度集成，马克思主义发展史既是一段充斥论战与交锋的批判史，也是一段"术语革命"引导下的话语生成史。如果没有对鲍威尔为代表的"神圣家族"的"批判的批判"所进行的"再次批判"，马克思就不可能彻底清算他对黑格尔的既有信仰与奠定革命唯物主义的社会主义的基础；如果没有对蒲鲁东唯心主义经济学所进行经济学和哲学的双重批判，马克思就不可能真正弄清他自己"新的历史观和经济观的基本特点"；如果没有对古典经济学和庸俗经济学在内的既有前人成果进行科学的政治经济学批判，马克思就不可能找到一种"缩短和减轻分娩的痛苦"的理论武器。由此看来，构建中国特色哲学社会科学话语体系，绝不是简单地将马学、中学、西学相关话

① 习近平：《在哲学社会科学工作座谈会上的讲话》，人民出版社 2016 年版，第 18 页。

② 《列宁全集》第 39 卷，人民出版社 2017 年版，第 334 页。

语像摆积木一样选择性拼凑起来，这种思想的混同杂糅与理论的移花接木非但不能建构起崭新的话语体系，而且会造成话语之间的“对冲效应”与整个话语体系的不自洽、不稳定。正如同德国官房学派和巴枯宁主义的历史宿命一样，在马克思看来，那只不过是“各种知识的杂拌”“无关材料的混合物”，只不过是从圣西门主义者、施蒂纳、蒲鲁东等人那里抄袭而拼凑起来的无政府主义杂拌。这里需要特别指出的是，我们提出“坚持把马克思主义基本原理同中华优秀传统文化相结合”，绝非对一切传统文化不加批判地照单全收，更不意味着将中华优秀传统文化与作为我党指导思想的马克思主义平起平坐；而是要强调正确展现马克思主义与中华文明之间“激活”与“厚植”的互动关系。同样，我们提出积极借鉴人类社会发展一切有益成果，也不是食洋不化、亦步亦趋，而是坚持去粗取精、去伪存真，坚持以我为主、为我所用，尤其“对其中反映资本主义制度属性、价值观念的内容，对其中具有西方意识形态色彩的内容，不能照抄照搬”。因此，打造具有中国特色、中国风格、中国气派的哲学社会科学话语体系，必须要以“术语革命”为先导，在借鉴共有话语中为我所用，在改造外来话语中赋予新内涵，在发展原有话语中丰富其内容，在创建崭新话语中揭示新规律，真正在批判性话语与建设性话语的“创造性转化”中充分彰显中国特色哲学社会科学话语体系的“新见解”。

（二）话语表达：阶级性话语与人类性话语

构建中国特色哲学社会科学话语体系，要善于在话语表达层面上处理好阶级性话语与人类性话语的关系。话语表达是哲学社会科学话语体系建设的节点和窗口，其表达方式的实际效果直接关系到话语体系自身的说服力与凝聚力。

当下的中国，正处于“两个时代”叠加交织的特殊历史情境之中，既有中国特色社会主义进入的“新时代”，也有全世界范围内资本主义社会形态占统治地位并逐步向社会主义过渡的“大时代”。特殊历史情境孕育着机遇与挑战、合作与斗争，也赋予了当代中国多重历史使命和人格化扮演，进而更迫切需求话语表达层面上阶级性话语与人类性话语的灵活切换和互为映衬。习近平总书记曾深刻指出：“为什么人的问题是哲学社会科学研究的根本性、原则性问题”，“研究者生活在现实社会中，研究什么，主张什么，都会打下社会烙印”[①]；同时，他也强调，要加强对外话语体系建设，研究国外不同受众的习惯和特点，采用融通中外的概念、范畴、表述，把我们想讲的和国外受众想听的结合起来，把“陈情”和“说理”结合起来，把“自己讲”和“别人讲”结合起来，增强对外话语的创造力、感召力、公信力。从本质上来讲，阶级性话语蕴含着“谁是朋友？谁是敌人？”的战略清醒，承载着社会主义逻辑的阶级使命；而人类性话语则更多聚焦全球共同性问题，奉行“朋友多多，敌人少少”的命运共同体意识，贡献着现代化逻辑的智慧方案。在当前特殊历史情境下，两种话语兼则相得益彰，偏则各不得其所。如果一方一味抽象孤立地使

① 习近平：《在哲学社会科学工作座谈会上的讲话》，人民出版社 2016 年版，第 12 页。

用阶级性话语，将不利于“一带一路”倡议和构建人类命运共同体的推进，无谓地增加国际政治经济秩序的整合成本，甚至导致中国特色哲学社会科学话语体系在国际社会上被不同程度地标签化和污名化；同理，如果另一方也极端抽象无限地使用人类性话语，同样会模糊和弱化话语体系所担负特定阶级的共同意志，堕入西方资产阶级那种用虚幻性人类话语粉饰真实性阶级话语的思想旧巢，甚至可能在与西方对打“普世价值”牌的竞赛中最终丧失自身应有的政治本色和理论优势。这里需要特别指出的是，我们提出以“和平、发展、公平、正义、民主、自由”为主要内容的全人类共同价值，并非将马克思主义粉饰成为另一种“普世价值”，更不意味着高擎人类性话语、弃用阶级性话语；而恰恰是对西方“普世价值”的有力回应，体现我们致力于以文明交流超越文明隔阂、文明互鉴超越文明冲突、文明共存超越文明优越，共同应对各种全球性挑战。事实上，如何使阶级性话语与人类性话语在“组合配置”中实现最佳状态，马克思曾为我们提供过一个可供参照的范例。鉴于当时法国人的思维特点与蒲鲁东主义者众多的客观情况，马克思创造性地改写出《资本论》法文版，在维持理论内核稳态的前提下，减弱文字论述的战斗性，将名词术语进一步通俗化，有效地推动了《资本论》对法国工人阶级的思想武装。因此，构建适应“两个时代”叠加交织的中国特色哲学社会科学话语体系，既要牢固恪守阶级性话语的理论底色，同时又要兼顾人类性话语转化的灵活机动，让阶级性话语更加明确人类性话语所蕴含的初心和方向，让人类性话语更好地成为传递和阐述阶级性话语的平台和媒介，真正在话语表达方式上把格局、战略与人物、故事有机结合起来，真正在阶级性话语与人类性话语的情理交融中生动阐释马克思主义为什么“行”、中国共产党为什么“能”、中国特色社会主义为什么“好”。在新时代新征程上，我们党聚焦中国式现代化这个重大命题，生动阐释中国式现代化民族性与世界性的双重意义，就是要致力于充分把握社会主义逻辑与现代化逻辑之间的内在关联，更加重视运用新时代中国的现代化逻辑讲好社会主义逻辑；以现代化逻辑作为一条“明线”和“中介”，进而深刻阐述和传达好作为“暗线”的社会主义逻辑不断打破“现代化 = 西方化”的迷思与魔咒。

（三）话语共振：学术性话语与政治性话语

构建中国特色哲学社会科学话语体系，要善于在话语共振层面上处理好学术性话语与政治性话语的关系。话语共振是哲学社会科学话语体系建设的外在场域，其话语共振的叠加效果直接关系到话语体系自身的现实价值与指导作用。

不言而喻，如何正确处理学术与政治的关系，向来是一道难解之题，人们的认识往往也是在曲折中不断向前推进。对于哲学社会科学话语体系来说，其本质上是一种学术性话语，应当与政治性话语保持着一定的张力，不能简单地混淆或等同。但从更高的政治站位上来看，世界上从来就没有纯而又纯的哲学社会科学，世界上伟大的哲学社会科学成果也从来不是凭空产生、坐而论道的，而恰好都是在回答和解决人与社会面临的重大问题中创造出来的。马克思主义的出现，就是一种学术与政治的“美美与共”，它既是科学的真理，同时又为无产阶级的政治服务。在马克思主义诞生之前，自发性的工人运动虽已在资本主义世界里爆发，但未经“心脑结合”的无产者尚不能以“自为阶级”面貌登上历史舞台。在马克思主义产生之后，国际工人运动仍是受到各种错误思潮的包围和侵袭，无论是蒲鲁东主义对“不需要国家、制度、政党和社会组织的小生产者的社会”的向往，还是反对政治斗争、鼓吹“无政府状态”的巴枯宁主义，抑或是宣扬“工资铁律”和通过政府帮助建立“自由国家”的拉萨尔主义，这些小资产阶级思潮或多或少地限制和羁绊了工人阶级进行政治革命与经济解放的历史步伐。直至马克思主义真正被工人阶级确立为科学的行动指南，从成立世界上第一个无产阶级政党，到进行世界上第一次无产阶级专政尝试，再到建立世界上第一个社会主义国家，真理力量与实践伟力在结合中终于不断催生出“引起伟大历史变迁的行动”。同样，在论及构建中国特色哲学社会科学的着力点、着重点时，习近平总书记直言不讳地说道：“我国哲学社会科学应该以我们正在做的事情为中心，从我国改革发展的实践中挖掘新材料、发现新问题、提出新观点、构建新理论，加强对改革开放和社会主义现代化建设实践经验的系统总结，加强对发展社会主义市场经济、民主政治、先进文化、和谐社会、生态文明以及党的执政能力建设等领域的分析研究，加强对党中央治国理政新理念新思想新战略的研究阐释，提炼出有学理性的新理论，概括出有规律性的新实践。”① 这也就点明了学术性话语与政

① 习近平：《在哲学社会科学工作座谈会上的讲话》，人民出版社 2016 年版，第 21—22 页。

治性话语之间的逻辑关联，政治性话语规定着学术性话语的出发点和归宿点，学术性话语则扮演着政治性话语不可或缺的承载者；政治性话语在统领好学术性话语的同时，学术性话语也要更好地服务于政治性话语。因此，构建符合“用学术讲政治”原则的中国特色哲学社会科学话语体系，实现学术性话语与政治性话语的同频共振、良性互动便显得尤为重要。一方面，要尽力避免将学术性话语与政治性话语割裂开来，各自陷入“自说自话”的闭路循环。事实证明，一旦学术性话语与政治性话语完全脱离，再强大的理论能量也不能转化为改造客观世界的真实力量；而政治性话语如果缺乏学术性话语的阐释与支撑，其科学性便会受到削弱，对于自身简单粗暴的复制和推广，往往更会成为滋生“低级红”现象的土壤与泛滥形式主义、官僚主义的温床。另一方面，也要防止让错误的学术性话语作为正确政治性话语的解读和注释。一样的政治性话语，同样可以被不同的学术性话语注入迥然不同的理论元素。同样是解读供给侧结构性改革，可以有马克思主义再生产理论与西方供给学派理论之分；抑或是做大做优做强国有企业和国有资本，也可以有社会主义生产过程理论与公共产品理论之别。我们要清醒地看到，在相去甚远的学术性话语解读背后，往往隐藏着的是在学术性话语俘获下政治性话语的基因突变与改弦易张，而这恰恰也就是诸多“高级黑”现象产生的根源。

第四章

科学信仰中的马克思

一、马克思是如何逐步确立科学信仰的？

作为马克思主义的主要创始人，全世界无产阶级和劳动人民的革命导师，马克思获得了跨越两个世纪的遍及世界范围内的广泛声誉。但马克思并非生来便是马克思主义者。任何一个思想家的生成，都离不开时代土壤的滋养和个人思想的发展。青年马克思对于科学信仰的确立也经历了一个过程。

（一）时代的呼唤

“任何真正的哲学都是自己时代的精神上的精华”①。青年马克思之所以能够成长为无产阶级革命导师马克思，与当时他所处的时代环境有密不可分的联系。从当时的社会环境来看，随着资产阶级革命和工业革命的展开，资本主义的快速发展引起了近代西欧社会在经济、政治、社会关系层面的急剧变革。继第一次成功的资产阶级革命——尼德兰革命之后，英国资产阶级发动革命

① 《马克思恩格斯全集》第1卷，人民出版社1995年版，第220页。

推翻了封建专制制度，由此开启了此后席卷西欧乃至全世界范围内资产阶级势力与封建保守势力反复较量的历史。19 世纪 40 年代，资产阶级在西欧社会已经基本确立了自身的政治统治。在经济发展方面，18 世纪下半叶起，英、法、德等西欧国家开始了以机器大工业代替工场手工业的工业革命，随着物质技术基础的普遍提升，生产力得以快速发展，创造出了以机器生产体系和雇佣劳动为标志的工厂制度。正如马克思和恩格斯在《共产党宣言》中所说的那样，“资产阶级在它的不到一百年的阶级统治中所创造的生产力，比过去一切世代创造的全部生产力还要多，还要大。自然力的征服，机器的采用，化学在工业和农业中的应用，轮船的行驶，铁路的通行，电报的使用，整个整个大陆的开垦，河川的通航，仿佛用法术从地下呼唤出来的大量人口——过去哪一个世纪料想到在社会劳动里蕴藏有这样的生产力呢？”①一方面，资本主义社会的确创造出了人类社会历史上前所未有的社会财富，但另一方面又创造出了资产阶级和无产阶级这两个日益对立的阶级，造成了严重的贫富分化。与此同时，自 1825 年英国爆发了人类历史上首次以生产的相对过剩为特征的经济危机后，各主要资本主义国家也开始了以近 10 年便袭来一次的周期性经济危机。伴随着经济危机而来的是商品的生产过剩，因产品滞销而导致工厂倒闭，使得大量工人失业，也使他们因无法被雇佣而失去了生活资料的来源。随着社会矛盾的日益激化，无产阶级与资产阶级的斗争日趋尖锐，从 1831 年起法国、英国、德国

① 《马克思恩格斯文集》第 2 卷，人民出版社 2009 年版，第 36 页。

的无产阶级开始走上街头以起义的方式维护自身的权益，也由此作为独立的政治力量登上了历史舞台。1831 年的法国里昂工人起义喊出了“工作不能生活，毋宁战斗而死”的口号，1837 年的英国宪章运动则明确提出了争取普选权及其他政治权利的政治诉求，1844 年的德国西里西亚纺织工人起义提出了“反对私有制社会”的战斗口号，三大工人运动口号的变化也体现了无产阶级自我觉醒的程度不断提高。此时，资本主义社会呈现出一种讽刺的矛盾现象，为什么资产阶级宣扬的民主思想仍然没有改变一部分人对另一部分人的剥削和压榨，为什么社会财富的增加带来的却是经济危机的周期性爆发和社会的两极分化？这些问题都反映了现实世界里人们的生存境遇与资产阶级思想家描述的那个理想王国之间存在着巨大的差距。无论是当时的德国古典哲学，还是英国古典政治经济学，抑或是英、法空想社会主义思想家，都无法从理论上科学阐明这一矛盾现象的原因及解决方法。此时，时代抛出了棘手难题，召唤着一位能解答资本主义社会问题的症结所在、引领工人运动走向正确方向的伟大思想家的出现。

（二）中学时期的宗教世界观与浪漫主义理想

马克思出生在德国莱茵地区特里尔城的一个文明的中产阶级家庭。他的父亲亨利希·马克思是一位犹太人律师，曾加入路德派教会，崇尚近代启蒙运动以来的自由主义。他未来的岳父威斯特华伦也对马克思产生了重要影响。威斯特华伦使马克思对浪漫主义文学和空想社会主义思想家圣西门的著作产生了兴趣。受家庭和学校的影响，马克思在中学时期的思想表现出一种浪漫主义、理想主义的倾向，也曾经持有宗教世界观。1835年8月，马克思在他的中学考试宗教作文《根据〈约翰福音〉第15章第1至14节论信徒同基督结合为一体，这种结合的原因和实质，它的绝对必要性和作用》中探讨了基督和信徒结合为一体的原因、实质和作用。在这篇文章中，出现了后世难以想象会出现在马克思笔下的话语，“离开基督，我们就会被上帝所抛弃，只有基督才能够拯救我们”①。可见，17岁的马克思离那个向宗教世界及其世俗基础发出无情抨击的马克思主义者还有一段成长路程要走。在这一时期，马克思充满青春活力、笔触热情洋溢，他在中学考试德语作文《青年在选择职业时的考虑》中谈道：“如果一个人只为自己劳动，他也许能够成为著名的学者、伟大的哲人、卓越的诗人，然而他永远不能成为完美的、真正伟大的人物……如果我们选择了最能为人类而工作的职业，那么，重担就不能把我们压倒，因为这是为大家作出的牺牲；那时我们所享受的就不是可怜的、有限的、自私的乐趣，我们的幸福将属于千百万人，我们的事业将悄然无声地存在下去，但是它会永远发挥作用，而面对我们的骨灰，高尚的人们将洒下热泪。”② 这篇文章展现的是年少时期的马克思满怀为人类的幸福而奉献的激情和理想。然而，此时的马克思还未能确切地知道人类的幸福应是什么，自己将走怎样的道路去为全人类的福祉而工作，以及这条道路的选择对于他的家庭、工作、健康而言意味着什么。怀着一颗向往崇高

① 《马克思恩格斯全集》第1卷，人民出版社1995年版，第451页。

② 《马克思恩格斯全集》第1卷，人民出版社1995年版，第459—460页。

理想的心，马克思踏上了自己的大学之路。

（三）大学时期的无神论立场与走向青年黑格尔派

1835年10月，马克思来到波恩大学法律系学习。一年后，马克思的父亲认为波恩大学的氛围过于自由宽松，不利于马克思的学业发展，将他转去学风更为严谨的柏林大学法律系学习。在柏林大学期间，马克思将精力转向了哲学和历史。这一时期，马克思在他广泛的阅读中遇到了一位对他产生重要影响的大思想家黑格尔。恩格斯曾指出："正是从1830年到1840年，'黑格尔主义'取得了独占的统治，它甚至或多或少地感染了自己的敌手；正是在这个时期，黑格尔的观点自觉地或不自觉地大量渗入了各种科学，也渗透了通俗读物和日报，而普通的'有教养的意识'就是从这些通俗读物和日报中汲取自己的思想材料的。"① 黑格尔是德国古典哲学的代表人物，他指出一切事物的暂时性，创立了一个宏大的客观唯心主义思想体系。黑格尔将绝对精神视为世界的本质，自然、社会、精神现象都是它的表现。在他的哲学体系中，绝对精神按照辩证的方式，经历了否定之否定的环节，经由逻辑、自然和精神三个阶段不断发展。黑格尔哲学的思维方式以巨大的历史感为支撑，内蕴深刻的辩证法，将人类历史看作是由低级向高级不断发展的过程，试图揭示历史演进中的内在联系，阐释每一个阶段存在的必然性及其相对于更高阶段的暂时性。就其思想方法层面而言，他的哲学方法终结了世间一切具有最终性

---

① 《马克思恩格斯文集》第4卷，人民出版社2009年版，第273页。

质的看法，表明无论是人的思维还是行动都无法终结于一个最完美的状态。但在黑格尔哲学体系中，存在方法和结论的矛盾性。作为方法而言，黑格尔哲学具有“彻底否定了关于人的思维和行动的一切结果具有最终性质的看法。哲学所应当认识的真理，在黑格尔看来，不再是一堆现成的、一经发现就只要熟读死记的教条了；现在，真理是在认识过程本身中，在科学的长期的历史发展中，而科学从认识的较低阶段向越来越高的阶段上升”①。但由于黑格尔为了构建一个体系，他不得不在某个地方结束他的体系，“这样一来，黑格尔体系的全部教条内容就被宣布为绝对真理，这同他那消除一切教条东西的辩证方法是矛盾的；这样一来，革命的方面就被过分茂密的保守的方面所窒息”②。这种结论的保守性不仅体现在哲学认识上，在历史实践上也具有论证贵族必要性的一面。因而，黑格尔哲学具有二重性，既有为普鲁士王国做辩护的温和结论，也有否认一切具有至高无上性质的革命的批判思维。黑格尔哲学解体之后，其追随者分成了两个派别：激进的青年黑格尔派和保守的老年黑格尔派。老年黑格尔派固守黑格尔的唯心主义体系及其保守结论，鼓吹宗教信仰，而对黑格尔的辩证法思想则持有贬低态度。青年黑格尔派则不满于黑格尔体系的保守倾向，更加注重内在于其思想体系的辩证方法，在政治上追求民主自由且倡导无神论。柏林大学时期的马克思广泛地阅读了黑格尔及其弟子的著作，被其宏大的哲学体系所深深吸引，

---

① 《马克思恩格斯文集》第 4 卷，人民出版社 2009 年版，第 269 页。

② 《马克思恩格斯文集》第 4 卷，人民出版社 2009 年版，第 271 页。

而后加入了青年黑格尔派的组织“博士俱乐部”，在学术上初露锋芒。在柏林期间，他将研究对象转向了古希腊哲学家的思想，撰写了题目为《德谟克利特的自然哲学和伊壁鸠鲁的自然哲学的差别》的博士论文。此时，马克思已从中学时期的深受基督教影响转变成为尊崇理性的无神论者。他在论文中指出：“对神的存在的证明不外是对人的本质的自我意识存在的证明，对自我意识存在的逻辑说明。”① 由于普鲁士当局的控制日趋严格，柏林大学的学术氛围日渐保守，马克思将他的无神论立场的论文寄到了学术气氛更为自由的耶拿大学哲学系，并于 1841 年 4 月成功拿到了博士学位。

（四）《莱茵报》时期的思想转变与理论质疑

在博士毕业后，马克思去了《莱茵报》工作。马克思于 1842 年开始为报刊《莱茵报》撰稿，10 月开始担任主编。青年马克思的笔触精彩且锐利，在吸引了一大批忠实读者的同时，也引起了当局者的恐慌。面对股东关于降低批判性的要求，马克思不肯妥协，认为自己“不能在普鲁士书报检查制度下写作，也不能呼吸普鲁士空气”②。他辞去了主编职务并退出了《莱茵报》。不久后，《莱茵报》被查封。这近一年的时间，是马克思从校园迈向社会的第一步，也是他在接触到现实问题后开始对自己在校园里曾经尊崇的黑格尔哲学产生质疑的转折点。

---

① 《马克思恩格斯全集》第 1 卷，人民出版社 1995 年版，第 101 页。

② 《马克思恩格斯全集》第 47 卷，人民出版社 2004 年版，第 54 页。

在研究现实世界的过程中，马克思明确表示自己反对脱离现实活动的晦涩哲学，他指出："哲学，尤其是德国的哲学，喜欢幽静孤寂、闭关自守并醉心于淡漠的自我直观；所有这些，一开始就使哲学同那种与它格格不入的报纸的一般性质——经常的战斗准备、对于急需报道的耸人听闻的当前问题的热情关心对立起来。从哲学的整个发展来看，它不是通俗易懂的；它那玄妙的自我深化在门外汉看来正像脱离现实的活动一样稀奇古怪；它被当作一个魔术师，若有其事地念着咒语，因为谁也不懂得他在念些什么。"① 在他看来，哲学是时代精神的精华，应走出与世隔绝的书斋，与时代最迫切的问题发生关联。在《莱茵报》时期，马克思遇到了 3 个社会事件，使他的思想开始转变。② 一是普鲁士王国颁布了新的书报检查令，打着自由主义的旗号，实则限制新闻出版自由，阻碍了公众参与政治生活。马克思为此撰写了《评普鲁士最近的书报检查令》，他意识到莱茵省议会上不同群体对于这项新规定存在不同态度背后的原因，"在形形色色反对新闻出版自由的辩证人进行论战时，实际上进行论战的是他们的特殊等级"③。二是莱茵省关于林木盗窃法的辩论，即探讨农民在山上捡枯树枝是否算盗窃的辩论，使马克思看到了立法者成为了林木占有者的代言人，"国家权威变成了林木占有者的奴仆"④。三是由于《莱茵报》记者报道了摩泽尔河地区酿造葡萄酒农民的

① 《马克思恩格斯全集》第 1 卷，人民出版社 1956 年版，第 120 页。

② 顾海良主编：《马克思主义发展史》，中国人民大学出版社 2009 年版，第 38 页。

③ 《马克思恩格斯全集》第 1 卷，人民出版社 1995 年版，第 155 页。

④ 《马克思恩格斯全集》第 1 卷，人民出版社 1956 年版，第 160 页。

处境，莱茵省总督恼羞成怒对记者进行了控告，指责这些报道的对政府的无理诽谤。马克思为记者和农民发声，提出“葡萄种植者的悲惨情况长期受上级机关怀疑，他们求助的呼声被看作无理取闹”①，他透过这件事看到了国家状况背后的客观性质。正是在《莱茵报》时期，马克思逐渐意识到了现实世界中的国家并非是黑格尔哲学中的最高理性代表。当马克思要对物质利益问题发表意见时，他发现自己以往的研究还无法使他对这些现实问题做出很好的回答。在同一时期，以布鲁诺·鲍威尔为首的青年黑格尔派成立了“自由人”的小团体，鼓吹可以通过自我意识达到自由世界，醉心于抽象地批判一切，而不投身于现实的政治斗争。随着马克思正在逐渐发生从唯心主义向唯物主义、从革命民主主义到共产主义的思想转变，他在思想上与青年黑格尔派走向分道扬镳。1842 年 11 月，马克思曾与恩格斯有过一次会面，但由于当时恩格斯与青年黑格尔派仍交往密切，马恩的第一次见面是十分冷淡的。此后，身为工厂主儿子的恩格斯在经商过程以及对于英国工人阶级生活状况的深度调查中，看到了富人与穷人生活的巨大差距，看到了理论与现实的巨大鸿沟，也逐渐开始实现思想转变。

（五）《德法年鉴》时期的“两个转变”及其发展

为了解决自身遇到的理论与现实之间的矛盾，马克思退出《莱茵报》之后，他选择了暂时从社会舞台退回书房，开始了对

① 《马克思恩格斯全集》第 1 卷，人民出版社 1995 年版，第 389 页。

黑格尔法哲学的重新审视和理论批判。如果说《莱茵报》时期的经历是促使马克思的思想开始转变的现实动因，那么费尔巴哈的哲学思想则是促进他走向唯物主义的思想中介。费尔巴哈的人本学唯物主义强调思辨哲学的秘密是神学，认为思辨哲学和神学的秘密都在于颠倒了主词与宾词的关系，揭示神的本质只是人的本质的虚幻反映，将人的本质理解为理性、意志和爱，并提出人是自然的一部分。费尔巴哈的唯物主义，特别是关于宗教批判的思想，对于打击封建主义意识形态和恢复唯物主义的权威地位具有重要意义。正如恩格斯所说的那样："就是要完全承认，在我们的狂飙时期，费尔巴哈给我们的影响比黑格尔以后任何其他哲学家都大……那时大家都很兴奋：我们一时都成为费尔巴哈派了。"① 离开《莱茵报》后，马克思在克罗伊茨纳赫研究了大量西欧历史的书籍，完成了《克罗伊茨纳赫笔记》，接受了费尔巴哈唯物主义的影响，开始撰写《黑格尔法哲学批判》手稿，逐步从唯心主义走向唯物主义。要注意的是，马克思此时在思想上倾向于费尔巴哈，并不意味着全盘接受。1843 年 3 月 13 日，马克思在给阿尔诺德·卢格的书信中提出："费尔巴哈的警句只有一点不能使我满意，这就是：他强调自然过多而强调政治太少。"② 这种有所保留的肯定态度，也使马克思最终能够突破费尔巴哈的影响，实现从旧的唯物主义向创立新世界观的转变。

虽然马克思的最初思想战地《莱茵报》被查封了，但他没有

---

① 《马克思恩格斯选集》第 4 卷，人民出版社 2012 年版，第 266、228 页。

② 《马克思恩格斯全集》第 47 卷，人民出版社 2004 年版，第 53 页。

就此妥协，放弃批判的步伐。1843 年 10 月，马克思迁居巴黎，与阿尔诺德·卢格在法国主编了新的刊物《德法年鉴》。马克思在《德法年鉴》上发表了两篇重要的文章，《论犹太人问题》和《〈黑格尔法哲学批判〉导言》，标志着他已经完成了从唯心主义到唯物主义、从革命民主主义到共产主义的思想转变。在《〈黑格尔法哲学批判〉导言》中，马克思揭示了产生宗教的社会根源，提出应由宗教批判转向现实世界批判的要求，“真理的彼岸世界消逝以后，历史的任务就是确立此岸世界的真理。……对天国的批判变成对尘世的批判，对宗教的批判变成对法的批判，对神学的批判变成对政治的批判”①。在当时，由于德国历史落后于西欧其他资本主义国家，而德国哲学则以晦涩思辨的形态与所处时代的发展保持同等水平，因而马克思将批判的矛头对准了黑格尔法哲学。在《论犹太人问题》一文中，马克思反驳了青年黑格尔派将犹太人现实处境的原因归结为没有放弃犹太教的观点，提出要将神学问题归结为世俗问题，并区分了政治解放和人类解放，提出人类要实现的解放不仅仅是政治领域的解放，更应消灭私有制及其影响下的人的社会状况。值得一提的是，恩格斯在《德法年鉴》上也发表了《国民经济学批判大纲》和《英国状况。评托马斯·卡莱尔的〈过去和现在〉》两篇文章，标志着自身的思想也实现了“两个转变”。马克思和恩格斯正是通过阅读了彼此的著作，感受到了彼此在思想深处的共鸣，才有了此后长达 40 年的友谊和合作。

① 《马克思恩格斯文集》第 1 卷，人民出版社 2009 年版，第 4 页。

回顾这一阶段马克思的思想转变历程，他从宗教批判转向了政治批判，在批判与所处时代的现实政治保持在同等水平的黑格尔法哲学时，他逐渐意识到“法的关系正像国家的形式一样，既不能从它们本身来理解，也不能从所谓人类精神的一般发展来理解，相反，它们根源于物质的生活关系，这种物质的生活关系的总和……而对市民社会的解剖应该到政治经济学中去寻求”①。此后，他便投身于政治经济学的研究，写于1844年5—8月的一系列未完成的手稿就是他建立无产阶级政治经济学体系的初次尝试，也就是后来被编译者命名的《1844年经济学哲学手稿》。在《1844年经济学哲学手稿》中，马克思着重分析了异化劳动的四重特征，即劳动者与劳动产品、与劳动本身、与自己的类本质相异化以及人与人相互关系的异化。尽管此时马克思的文本中还带有费尔巴哈的痕迹，如使用“类本质”“人道主义”“自然主义”等概念，但他的关注领域却是与费尔巴哈不同的国民经济事实。

1844年8月，恩格斯与马克思在巴黎进行了第二次会晤，由此开始了一生的合作。在他们合写的第一部著作《神圣家族》中，对以布鲁诺·鲍威尔为代表的青年黑格尔派进行了彻底批判。青年黑格尔派大肆宣扬自我意识的唯心主义哲学，将群众视为精神的敌人，将自我意识的抽象思辨视为世界历史发展的动力。马克思和恩格斯对这些观点展开了论战，揭露了思辨哲学的认识论根源在于割裂一般与个别的关系，提出了历史的发源地在粗糙的物质生产而非天上的云雾中，并强调：“历史活动是群众

① 《马克思恩格斯文集》第2卷，人民出版社2009年版，第591页。

的活动，随着历史活动的深入，必将是群众队伍的扩大。”① 这部著作也被视为唯物史观诞生前夜的重要著作。

（六）布鲁塞尔时期新世界观的诞生

如果说，在写作《神圣家族》时，马克思对于费尔巴哈仍采取赞扬的态度，但到了 1845 年，马克思已经深刻地意识到费尔巴哈唯物主义的不足之处。一种全新的世界观即将孕育而出。1845 年春，马克思在布鲁塞尔撰写了《关于费尔巴哈的提纲》，以精练的语言对包括费尔巴哈唯物主义在内的旧唯物主义进行了深度批判。马克思批判了旧唯物主义的直观性以及唯心主义抽象地发展了能动性的局限性，阐释了社会生活的实践本质，将其视为新的唯物主义区别于旧唯物主义的根本特征，提出了实践是检验思维是否具有真理性的客观标准。他意识到费尔巴哈关于人的“类本质”的观点实质上仍然仅仅是对孤立的个人的共同性的抽象，指出“人的本质不是单个人所固有的抽象物，在其现实性上，它是一切社会关系的总和”②。在这部被恩格斯称为“包含着新世界观的天才萌芽的第一个文献”③ 中，马克思明确阐释了新哲学与旧哲学的区别在于其立足于人类社会的阶级性与致力于改造世界的实践性。1845—1847 年，马克思和恩格斯又共同撰写了《德意志意识形态》，对施蒂纳的极端利己主义和无政府主义、

---

① 《马克思恩格斯文集》第 1 卷，人民出版社 2009 年版，第 287 页。

② 《马克思恩格斯选集》第 1 卷，人民出版社 2012 年版，第 139 页。

③ 《马克思恩格斯文集》第 4 卷，人民出版社 2009 年版，第 266 页。

“真正的社会主义”、费尔巴哈人本学进行了系统批判，在对他们过往的信仰进行清算的同时全面阐释了唯物史观。此时，他们不仅意识到了唯心主义思辨哲学的局限性，还明确提出了费尔巴哈哲学的两个重要局限是在历史观领域的唯心主义，以及其未将世界理解为一个不断发展的过程的形而上学思维方式。这表明，马克思和恩格斯此时所坚持的唯物主义已经大大超越了费尔巴哈的高度，是深入至社会历史领域的具有辩证思维的彻底的新唯物主义。此外，在《德意志意识形态》中，马克思对于共产主义的理解已经不再局限于《1844 年经济学哲学手稿》中关于人的本性实现复归的观点，而是指出“一切历史冲突都根源于生产力和交往形式之间的矛盾”①。虽然此时马克思和恩格斯尚未运用“生产关系”概念，但他们已从生产力和交往形式的矛盾运动中探讨共产主义的必然性，体现了马克思对于共产主义的信仰正逐渐走向科学的理解。

（七）马克思主义的公开问世与科学信仰的最终确立

1847 年出版的《哲学的贫困》是马克思主义哲学公开问世的第一部著作。马克思在批判蒲鲁东的哲学和经济学思想的过程中进一步阐释了生产力和生产关系的基本原理，他不仅提出了人们在所处社会条件下的一种既得力量，表明劳动阶级本身即属于一种最强大的生产力，并明确提出了与生产力相对应的“生产关系”范畴。1847 年 12 月至 1848 年 1 月底，马克思和恩格斯在

① 《马克思恩格斯选集》第 1 卷，人民出版社 2012 年版，第 196 页。

合著的《共产党宣言》中第一次系统地阐释了科学社会主义基本原则，标志着马克思主义的诞生。在《共产党宣言》中，马克思和恩格斯论述了人类历史是阶级斗争的历史，运用唯物史观客观评价了资产阶级的历史地位和命运走向，探讨了无产阶级的历史使命，阐释了“两个必然”的原理，即“资产阶级的灭亡和无产阶级的胜利是同样不可避免的”①。

如果说此时的马克思已经逐渐地确立了自身的哲学信仰，但在《共产党宣言》中仍然停留在“定性”层面，随着政治经济学的深入研究，这种唯物史观逐渐有了“定量”维度，成为一种科学的信仰。② 马克思在《〈政治经济学批判〉序言》中以“两个决不会”对“两个必然”进行了补充：“无论哪一个社会形态，在它所能容纳的全部生产力发挥出来以前，是决不会灭亡的；而新的更高的生产关系，在它的物质存在条件在旧社会的胎胞里成熟以前，是决不会出现的。”③ 经过长期的艰苦研究，马克思批判吸收了英、法资产阶级古典政治经济学的思想，为工人阶级创造出了划时代的鸿篇巨制《资本论》。在撰写《资本论》期间，马克思饱受病痛折磨和生活摧残。为了完成这部著作的撰写，马克思牺牲了自己的健康、幸福和家庭，而他的这部伟大的作品也成为了工人阶级的圣经。对此，列宁曾将马克思在社会领域的贡献和达尔文在自然领域的贡献视为同等意义，认为马克思“第一次

---

① 《马克思恩格斯选集》第 1 卷，人民出版社 2012 年版，第 413 页。

② 马拥军：《马克思的共产主义信仰形成之路》，《江西社会科学》2018 年第 3 期。

③ 《马克思恩格斯文集》第 2 卷，人民出版社 2009 年版，第 592 页。

把社会学放在科学的基础之上。现在，自从《资本论》问世以来，唯物主义历史观已经不是假设，而是科学地证明了的原理"[①]。至此，马克思已完成了自身科学信仰的最终确立。

回顾青年马克思的思想成长史，从拥有宗教世界观到无神论，从唯心主义到唯物主义，从革命民主主义再到树立科学的共产主义信仰，是一位立志要为全人类的幸福而奉献的青年人历经艰难的不懈探索历程。如果说，中学阶段的马克思在谈及这种理想时更像是一种激情澎湃的青春宣言，那么，最终树立了科学信仰的马克思已经成功地探索出了人类解放的道路何在，并用自己的一生书写了为现代社会中最受压迫的广大无产阶级的解放而奋斗的壮丽诗篇。

二、什么是马克思主义信仰？

（一）信仰及其作用

什么是信仰？信仰是对价值的最高追问。那什么是价值？价值是与事实相对应的一个范畴，事实就是客观存在的事物。事实判断遵循的是唯物论的原则，例如，是不是，有没有。价值是客观事物满足人的需要的程度，价值判断遵循的是价值论原则，例如，该不该，能不能。所谓价值追问，就是超越生命的追问。为了信仰，是可以付出生命的。中国共产党的入党誓词中说：随

① 《列宁全集》第1卷，人民出版社2013年版，第111—112页。

时准备为党和人民牺牲一切，永不叛党。这就是信仰的宣示。

信仰很重要。信仰可以移山填海。法国学者勒庞曾写过一本名叫《乌合之众：大众心理研究》的书，书中讲道："在人类所能支配的一切力量中，信仰的力量最为惊人，福音书上说，它有移山填海的力量，一点也不假。使一个人具有信仰，就是使他强大了十倍。"信仰可以创造生命的奇迹。美国著名作家梭罗在《种子的信仰》一书中提出"种子是信仰生命的"。在他看来："种子里有强烈的信仰。相信你也同样是一颗种子，我已在期待你奇迹的发生。"

信仰可以更好地推动经济社会发展。习近平总书记指出："法律要发挥作用，首先全社会要信仰法律"①。如果一个社会中大多数人对法律没有信任感，认为靠法律解决不了问题，还是要靠上访、信访，要靠找门路、托关系，甚至要采取聚众闹事等极端行为，那就不可能建成法治社会。因此，法国思想家卢梭感慨道："一切法律中最重要的法律，既不是刻在大理石上，也不是刻在铜表上，而是铭刻在公民的内心里。"

马克思主义信仰是中国共产党人的力量源泉，对中国革命、建设和改革发挥了极其重要的作用。邓小平曾指出："对马克思主义的信仰，是中国革命胜利的一种精神动力。""如果我们不是马克思主义者，没有对马克思主义的充分信仰……中国革命就搞不成功。"所以，他郑重总结道："为什么我们过去能在非常困难的情况下奋斗出来，战胜千难万险使革命胜利呢？就是因为我们

---

① 《习近平谈治国理政》第2卷，外文出版社2017年版，第135页。

有理想，有马克思主义信念，有共产主义信念。”①

马克思主义是我们党的指导思想，共产主义是我们党的远大理想。没有马克思主义信仰、共产主义理想，就没有中国共产党，就没有中国特色社会主义。因此，习近平总书记在主持起草党的十八大报告时，专门要求写了这样一段话：“对马克思主义的信仰，对社会主义和共产主义的信念，是共产党人的政治灵魂，是共产党人经受住任何考验的精神支柱。”②

（二）旗帜鲜明地提出马克思主义信仰的问题

信仰很重要，然而现实中有些人认为只能用信仰来称呼宗教，而不能称呼马克思主义为信仰，以为一旦公开地谈论“马克思主义信仰”的问题，就会使马克思主义由科学变成宗教。对此，我们应该区分科学信仰和宗教信仰，旗帜鲜明地提出马克思主义信仰的问题。

宗教信仰是个人的私事，我们党保护宗教信仰自由。马克思主义作为信仰和宗教信仰有本质区别。马克思主义的信仰，是以事实为依据的信仰，是建立在规律基础上的信仰；宗教信仰是建立在“信”的基础上的信仰，我“信”因而我信仰。宗教信仰不追问“为什么可信”，而是“信”，它将被科学证明为正确的东西抛开，直接利用和夸大未被证明或根本不能被证明的结论，使之成为某种本源的、超越认识论的东西，并对它施以绝对相信。

① 《邓小平文选》第 3 卷，人民出版社 1993 年版，第 63、110 页。

② 《十八大以来重要文献选编》上，中央文献出版社 2014 年版，第 39 页。

在宗教徒看来，信仰是超科学的，是超自然和社会的，不能追问“为什么信”“什么可信”，因为这种追问即是质疑，会“玷污”了宗教的神圣性。而科学学说不仅问“信什么”，而且还要问“为什么可信”。①它将得到科学证明的真理性认识转化为实践活动的信仰和信念。坚持相信已被证实的科学真理，将之内化为自己的信仰，并用它指导自己的行动，力图在实践中进一步检验其真理性，使理论真理变成现实。②在马克思主义者看来，实事求是是中国共产党思想路线的核心，是就是，不是就不是，不能无凭无据。正如苏联哲学家科普宁所说：“马克思主义认识论认为科学知识不是同任何的信仰并存，而只是同那种依据科学资料、科学证明，并引导人走向实际实现科学思想的信仰并存。”③

马克思主义和宗教是不同进路的思想体系。马克思主义致力解决的是人类社会现实发展的问题，可称之为救世的学说；而宗教往往承担的是现实之人内心世界、精神层面的安慰问题④，可称之为救心的学说。宗教不企图改变世界、改变社会，而是各人回归自己的内心世界，改变自我。而马克思主义公开宣称要改变世界，改变不公平不公正的社会现实。进一步说，宗教抚慰对宗教信仰者有效，对非信仰者无效。而马克思主义以解放人类为

---

① 陈先达：《马克思主义十五讲》，人民出版社 2016 年版，第 30—31 页。

② 刘建军：《论马克思主义信仰》，《马克思主义研究》1997 年第 2 期。

③ ［苏］巴·瓦·科普宁：《马克思主义认识论导论》，马迅、章云译，求实出版社 1982 年版，第 272 页。

④ 陈培永：《当代中国马克思主义为什么是对的》，人民出版社 2018 年版，第 35 页。

目标，不管人们信不信马克思主义，马克思主义这种批判的武器与武器的批判相结合，所产生改造世界的力量终将影响每一个人。

在陈先达教授看来，马克思主义是治河换水，治水救鱼，只有水好，鱼才能成活；宗教是救鱼的，水有没有污染，是否适合养鱼，这不是宗教的任务。宗教劝导各归本心，培养自己的慈悲心、善心、爱心。宗教有各种清规戒律，规范信徒的行为。从这种角度，宗教具有伦理性质，修心养性，行善积德，劝人为善。宗教有它特有的社会功能，我们重视宗教对人心教化的良性作用。但社会不可能通过逐个改造人心而得到根本改造。只有变革社会，建立一个共同富裕的公平正义的社会，人才真正有安身立命之处。①

对于虔诚的教徒来说，自己信仰的宗教是不能被批评的，因为它是因“信”称义。马克思主义不仅批判世界，而且提倡自我批评。它在批判旧世界中发现新世界。宗教是一种虚幻的精神寄托，马克思主义信仰是一种现实的思想武器。一个郑重的马克思主义政党，是一个有自我批评勇气，有改正错误勇气的政党。一个坚定的马克思主义者，不仅对反马克思主义思潮具有战斗性，还能够审查自身理论的真理性和说服力。一个只能接受点赞而不接受批评的共产党，不是成熟的共产党；一个只讲蛮话，讲硬话，不准对自己观点质疑的人不是真正的马克思主义者。马克思主义者的坚定性表现为勇于坚持真理，敢于实事求是。乌云难

---

① 陈先达：《马克思主义十五讲》，人民出版社 2016 年版，第 33—34 页。

以蔽日，真理不怕反驳。① 从允不允许批评与自我批评的角度，可以非常容易看出马克思主义与宗教的不同。

宗教不是信仰的全部，宗教信仰只是信仰的一种形式。马克思主义信仰与宗教信仰是两种截然不同的信仰，马克思主义不是宗教，马克思主义信仰绝不能等同于宗教信仰，两者在信仰的内容、本质与特点方面存在巨大的差别。把马克思主义信仰与宗教信仰相混淆，对理论与实践都会产生错误影响。② 因此，我们要正确理解马克思主义信仰这一概念，必须对“信仰”概念有新的理解，抛弃以往那种把信仰等同于宗教信仰，把信仰与科学完全对立起来的先入为主的偏见。郑重地提出马克思主义是科学理论，也是一种科学信仰。

（三）马克思主义信仰的主要内容

马克思主义是一个非常庞大的体系，因而科学总结与提炼以马克思主义为基础的信仰并非易事。恩格斯曾以问答的形式提出了共产主义的22个信条，即《共产主义信条草案》。借由这种思路，我们尝试性地提出马克思主义信仰的5条主要内容。

1. 唯物主义的世界图景

这是指马克思主义信仰的世界观基础，即唯物主义世界观。任何一种完整的信仰或信仰体系，都有其自身的世界观。世界观

① 陈先达：《马克思主义十五讲》，人民出版社2016年版，第33—34页。

② 中共重庆市委宣传部编：《马克思主义为什么“行”》，重庆出版社2020年版，第56页。

并不在信仰体系之外，它是信仰的基础，是信仰体系的坚实基地。在人类历史上，人们对世界有过各种各样的描绘，形成过诸多不同的世界观。世界观大体上可以区分为唯心和唯物两种基本类型。唯心主义世界观在历史上曾经相当活跃，它借助于宗教并以神话世界观的形式展现出来。在这样的世界观中，人类所处的世界是一个由鬼神精灵等神秘力量和形象所形成的图景。① 早期一些共产主义者的共产主义信仰具有空想性、模糊性，其重要原因是他们秉持唯心主义的世界观。

但马克思主义的产生为自发的共产主义信念提供了坚实的唯物主义基础，并在此基础上形成了科学的共产主义信仰或马克思主义信仰。正如恩格斯所言："圣经教义的整个精神是同共产主义、同一切合乎理性的措施截然对立的。"② 马克思主义信仰的基础性信念是一种无神论的世界观。它认为世界不是来自某种神秘的精神实体，比如来自神灵的创造，而是自身就存在的并有其规律的。这种世界观所展现出来的是世界本身在人们感官中所呈现出来的样子，用哲学的语言来说，就是按照世界的本来面目来认识世界。不论是浩渺的宏观世界、多姿多彩的大自然，还是丰富多彩的人类社会，都是真实存在和运动变化的。马克思主义的唯物主义，是现代的、辩证的、科学的唯物主义。③ 习近平总书记强调："共产党员要做坚定的马克思主义无神论者，严守党章

① 刘建军：《论马克思主义信仰体系》，《求索》2020 年第 4 期。

② 《马克思恩格斯全集》第 3 卷，人民出版社 2002 年版，第 483 页。

③ 刘建军：《论马克思主义信仰体系》，《求索》2020 年第 4 期。

规定，坚定理想信念，牢记党的宗旨，绝不能在宗教中寻找自己的价值和信念。”① 当然，“对唯物主义要有正确的理解。它是一种关于世界的本体论观点，指的是我们生活于物质世界之中，应该用科学的态度来看待世界。不能随心所欲地把唯物主义解释为生活上的物质主义和贪图物质享乐”②。

2. 共产主义的远大理想

共产主义是一种面向未来的维度，这是马克思主义信仰体系中最具代表性的理想图景，并成为这个信仰体系中的核心内容。任何一种信仰，都必须包含一种未来指向，包含一种将来比现在更美好的追求，从而激发人们奋勇向前。共产主义理想所呈现出的是一种社会性理想，描绘的是一种理想社会状态，其中包括未来社会发展的程度、社会制度的特征、社会治理的样式，以及人们生活的状态等。

从社会发展的程度来说，共产主义社会是一个生产力高度发达，经济社会文化高度进步的社会。在这个社会里物质财富充分涌流，实现了“各尽所能、按需分配”，从而真正解决了物质性生存问题，同时社会文化生活也高度繁荣。从社会制度的特征来说，共产主义社会具有完善的社会制度，它扬弃了历史上以私有制为基础和以维护私有制为目的的制度设计，而以全体人民的共有共享为原则来进行制度建构，并在实现形式上达到更为完善

① 《习近平关于社会主义政治建设论述摘编》，中央文献出版社 2017 年版，第 171—172 页。

② 刘建军：《论马克思主义信仰的基本内容和主要结构》，《思想理论教育》2013 年第 3 期。

的程度。从社会治理的样式看，则是消除了社会不同利益群体的根本区隔与对立，消除了阶级、阶层间的冲突，消除了战争，实现了社会和谐。从社会生活的状态看，人们的生活富足、多样、自由，并洋溢着创造的精神和幸福。显然，在这样的社会理想中，就已经包含了每一个人的理想在内。①

这里需要特别指出的是，共产主义远大理想既具有物质价值又具有精神价值，即通常所谓在描绘未来共产主义社会时所说的，不但物质财富极大丰富，而且精神境界极大提高。尽管对特定的个人来说，他们可以看淡物质解放而着力追求精神解放，但对于绝大多数群众来说，对于整个人类来说，物质解放的重要性不言而喻。② 历史上的宗教恰恰是因为在现实生活中物质解放不可得，而迫不得已转向精神解放。对此，恩格斯指出："在各阶级中必然有一些人，他们既然对物质上的得救感到绝望，就去追寻灵魂得救来代替，即追寻思想上的安慰，以免陷入彻底绝望的境地。"③ 共产主义理想不仅提供了物质上解放，而且提供了精神上的解放。共产主义理想作为理想，本身就具有精神的寄托、抚慰和引领价值，④ 特别是当共产主义理想的物质追求还没有实现的时候，这种精神追求就显得格外难能可贵，它将指引人们朝着共产主义目标前进，努力把美好的理想变成生动的现实。

---

① 刘建军：《论马克思主义信仰体系》，《求索》2020 年第 4 期。

② 刘建军：《论马克思主义信仰体系》，《求索》2020 年第 4 期。

③ 《马克思恩格斯文集》第 3 卷，人民出版社 2009 年版，第 598 页。

④ 刘建军：《论马克思主义信仰体系》，《求索》2020 年第 4 期。

3. 人民至上的根本信念

这是马克思主义信仰体系中“尊奉”对象的问题。在宗教信仰中，根本信念是神灵至上。可以说，神灵或崇拜物是宗教信仰的核心和象征，宗教信仰中的各种信念都是围绕着对神灵的信奉和崇拜形成的，其中最高神起着统领作用。宗教信仰中人们“不能代表自己，一定要别人来代表他们。他们的代表一定要同时是他们的主宰，是高高站在他们上面的权威，是不受限制的政府权力，这种权力保护他们不受其他阶级侵犯，并从上面赐给他们雨水和阳光”①。其实，很多宗教的神是按照人们主观想象制造出来的“拟人化”的神。

但马克思主义信仰是一种建立在唯物主义无神论基础上的信仰，它不承认神的存在，且在自己的话语体系中没有神灵的位置。当然，没有神灵信念并不意味着没有信念系统，没有最高神的观念并不意味着没有最高对象及其信奉。事实上，马克思主义信仰体系中不仅有自己的最高理想，而且有最高信念、根本信念。②

马克思主义信仰体系中的根本信念是人民至上。人民在马克思主义信仰体系中具有最崇高的位置，人民是我们共产党人的“老天爷”，是我们最高的信奉对象和服务对象。需要指出的是，这是一种强烈的情感表达，它表明人民在马克思主义信仰体系中的极端重要性，人民仍是“人”并不是“神”，即是说这种信奉

① 《马克思恩格斯选集》第1卷，人民出版社2012年版，第763页。

② 刘建军：《论马克思主义信仰体系》，《求索》2020年第4期。

不是有神论的宗教信仰，而是无神论的社会信奉。人民之所以具有至上的地位，并成为最高的信仰对象，并不是因为有什么神秘的原因，而只是因为人民是历史的创造者，是推动历史前进的根本动力。马克思和恩格斯认为：“历史活动是群众的活动，随着历史活动的深入，必将是群众队伍的扩大。”① 毛泽东也明确指出：“人民，只有人民，才是创造世界历史的动力。”② 而人民之所以是历史的创造者，是因为他们是人类的绝大多数，是社会物质生产力和精神生产力的主要承担者，是社会物质财富和精神财富的创造者，也是推进社会变革的决定力量。

4. 自由全面的人生追求

这是马克思主义信仰中的人生指向问题。马克思主义不只是关注国家和社会，它同时也关注个人。事实上，马克思和恩格斯创立的马克思主义把人的发展、人的解放摆在十分重要的位置。在《〈黑格尔法哲学批判〉导言》中，马克思提出：“对宗教的批判最后归结为人是人的最高本质这样一个学说，从而也归结为这样的绝对命令：必须推翻使人成为被侮辱、被奴役、被遗弃和被蔑视的东西的一切关系”③。在《共产党宣言》中，马克思和恩格斯进一步阐述人的解放问题，提出“代替那存在着阶级和阶级对立的资产阶级旧社会的，将是这样一个联合体，在那里，每个人的自由发展是一切人的自由发展的条件”④。

① 《马克思恩格斯文集》第 1 卷，人民出版社 2009 年版，第 287 页。

② 《毛泽东选集》第 3 卷，人民出版社 1991 年版，第 1031 页。

③ 《马克思恩格斯选集》第 1 卷，人民出版社 2012 年版，第 10 页。

④ 《马克思恩格斯选集》第 4 卷，人民出版社 2012 年版，第 647 页。

马克思的人类解放的价值理想，直接针对的是人被“异化”、被“物化”的现实。[①] 异化是指主体活动的后果变成了主体的异己力量，并反过来危害或支配主体自身。马克思所批评的“异化”至少包含这几种，一是劳动者同劳动产品相异化。“劳动所生产的对象，即劳动的产品，作为一种异己的存在物，作为不依赖于生产者的力量，同劳动相对立。”[②] 对此，马克思曾感叹道：“工人生产得越多，他能够消费的越少；他创造的价值越多，他自己越没有价值、越低贱；工人的产品越完美，工人自己越畸形；工人创造的对象越文明，工人自己越野蛮；劳动越有力量，工人越无力；劳动越机巧，工人越愚笨，越成为自然界的奴隶。”[③] 二是劳动者同劳动活动相异化。劳动对工人来说是外在的东西，也就是说，不属于他的本质；因此，他在自己的劳动中不是肯定自己，而是否定自己，不是感到幸福，而是感到不幸，不是自由地发挥自己的体力和智力，而是使自己的肉体受折磨、精神遭摧残。三是劳动者同类本质相异化。人的“类本质”=人的“自由的有意识的活动”。然而，私有制特别是资本主义私有制条件下，“异化劳动把自主活动、自由活动贬低为手段，也就把人的类生活变成维持人的肉体生存的手段”[④]。四是人和人相异化。“人同自己的劳动产品、自己的生命活动、自己的类本质相异化的直接

① 孙正聿：《人的全面发展与当代中国人的解放的旨趣、历程和尺度——关于马克思人的全面发展学说的思考》，《学术月刊》2002 年第 1 期。

② 《马克思恩格斯选集》第 1 卷，人民出版社 2012 年版，第 51 页。

③ 《马克思恩格斯选集》第 1 卷，人民出版社 2012 年版，第 52—53 页。

④ 《马克思恩格斯选集》第 1 卷，人民出版社 2012 年版，第 57 页。

结果就是人同人相异化。”[①] 正是针对人类这种“非人”的或“异化”的存在状态，马克思主义信仰追求人类的解放，追求人的自由全面的发展，主张建立自由人的联合体。

5. 无比信任的先进政党

这是马克思主义信仰的现实抓手。为何对马克思主义的信仰与对共产党的信任是密切联系在一起的？因为实现共产主义是由共产党带领的。共产党何以能够带领，这里的关键在于共产党不是普通的群众性组织，它是先锋队。正如《共产党宣言》中所揭示的：“在实践方面，共产党人是各国工人政党中最坚决的、始终起推动作用的部分；在理论方面，他们胜过其余无产阶级群众的地方在于他们了解无产阶级运动的条件、进程和一般结果。”[②] 因此“共产党，从它与马克思主义信仰的关系上说，是马克思主义信仰的社会载体和政治载体，是这一信仰的社会现实和外部体现”[③]。

在中国，很难想象没有中国共产党的领导，中国会怎样结束一盘散沙的局面，使中国革命走向胜利；很难想象没有中国共产党的领导，中国会怎样突破封锁与包围，大踏步地赶上时代。因此，对马克思主义的信仰，其实内在包含了对马克思主义政党的信仰。大致说来，对共产党的信任主要包括：相信共产党是无产阶级和劳动人民利益的代表，相信共产党是全心全意为人民服

① 《马克思恩格斯选集》第 1 卷，人民出版社 2012 年版，第 58 页。

② 《马克思恩格斯选集》第 1 卷，人民出版社 2012 年版，第 413 页。

③ 刘建军：《马克思主义信仰论》，中国人民大学出版社 1998 年版，第 128 页。

务的，相信共产党的领导能力和路线、方针、政策、纲领的正确，相信共产党领袖的能力和品行，等等。①

当然这种信仰是一种现实的信仰，而不是一种盲目的崇拜，这种信仰是基于一种整体概念的信仰，而不是信仰某一个党员，即要区分整体概念与个体概念。这种信仰并不是把共产党员符号化，当成永不犯错的“神”。相反，它把共产党看作是永远追求进步、不断保持纯洁的现实力量。所以，我们才看到，坚持马克思主义为指导思想的国家特别强调政党的建设，要求党始终保持先进性和纯洁性；而不以马克思主义为指导思想的国家一般不会单独强调党的建设。由此，坚持马克思主义信仰，也要坚信把马克思主义作为指导思想的共产党，当然也要坚定不移地推进党的建设新的伟大工程。

总之，马克思主义信仰是一个包含信仰什么、为何信仰以及如何信仰的科学体系，其中既有世界观的内容，也有方法论的内容。要完整准确地把握唯物主义的世界图景、共产主义的远大理想、人民至上的根本信念、自由全面的人生追求和无比信任的先进政党有机统一，把信仰的美好与信仰的实现结合起来，指引人们不断实现美好的现实世界，而不是寄希望于外部力量或身后世界。

（四）马克思主义信仰的基本特征

就其根本而言，马克思主义信仰的基本特征主要源于马克

① 薄明华：《论马克思主义信仰的科学内涵》，《广西社会科学》2011 年第 9 期。

思主义理论特性，并在与传统宗教信仰的比较中凸显出来，大致说来，主要有这样几个。

1. 科学性

以往的一切宗教信仰（以及一些新产生的世俗信仰）都是非科学的，而马克思主义信仰则是科学的，它是对自然、社会和人类思维发展本质和规律的正确反映。马克思之所以能够创立科学社会主义学说，马克思的学说之所以能够掌握最革命阶级千百万人的心灵，就在于："马克思依靠了人类在资本主义制度下所获得的全部知识的坚固基础；马克思研究了人类社会发展的规律，认识到资本主义的发展必然导致共产主义，而主要的是他完全依据对资本主义社会所作的最确切、最缜密和最深刻的研究，借助于充分掌握以往的科学所提供的全部知识而证实了这个结论。"①

2. 现实性

马克思主义信仰是一种现实的信仰。现实的信仰（或世俗的信仰）是以往虚幻、超验的宗教信仰的直接对立物。它不是以超自然、超人类的超验价值为目的，而是从人们的世俗生活和现实社会中吸取人生所需要的价值。马克思指出："哲学家们只是用不同的方式解释世界，而问题在于改变世界。"② 习近平总书记进一步提出："马克思主义具有鲜明的实践品格，不仅致力于科学'解释世界'，而且致力于积极'改变世界'。"③ 马克思并不

---

① 《列宁选集》第 4 卷，人民出版社 2012 年版，第 284 页。

② 《马克思恩格斯选集》第 1 卷，人民出版社 2012 年版，第 140 页。

③ 习近平：《在哲学社会科学工作座谈会上的讲话》，人民出版社 2016 年版，第 9 页。

像宗教教主和预言家那样，把现实的需要用神圣的光环掩盖起来，并用宗教的妖术将之变成超验的宿命。马克思主义创始人无情地揭掉罩在无产阶级现实斗争之上的宗教信仰的外衣，使现实的利益显示出来。作为现实的信仰，它是对虚幻、超验的信仰的变革。①

3. 人民性

人民性是马克思主义信仰的根本性质。“为什么人的问题，是一个根本的问题，原则的问题。”②“人民”是马克思主义信仰高擎的旗帜，一切奋斗都致力于实现最广大人民的根本利益。正如“中国共产党一经诞生，就把为中国人民谋幸福、为中华民族谋复兴确立为自己的初心使命”③。马克思主义是无产阶级的世界观，是关于无产阶级解放的学说。只有无产阶级这样的先进阶级，才能领导全人类解放的伟大事业；而无产阶级也只有解放全人类，才能彻底解放自己。反对私有制特别是资本主义私有制，建立社会主义社会，最终实现共产主义，这既是无产阶级解放的事业，也是广大人民群众和全人类解放的事业。

4. 健全性

健全性是马克思主义信仰的重要特征。之所以说马克思主义信仰是一种健全的信仰，主要是因为马克思主义是科学，马克思主义追求的是人的全面发展。科学表明，它全面认识事物的本

---

① 刘建军：《论马克思主义信仰》，《马克思主义研究》1997 年第 2 期。

② 《毛泽东选集》第 3 卷，人民出版社 1991 年版，第 857 页。

③ 《习近平谈治国理政》第 4 卷，外文出版社 2022 年版，第 4 页。

质，它不是通过掩盖一些真相，使人们获得一种片面甚至偏执的信仰。全面表明，它要避免出现“单向度的人”，用我们今天的话来说就是物质文明和精神文明相协调。共产主义信仰不诉诸人们的非理性狂热和苦修苦练的自我折磨，而是诉诸人们的健全理智和常态生活，促进人诸种本质力量健康和谐地发展。①

5. 崇高性

无论是宗教信仰还是科学信仰，崇高无上的光环都是应有之义。但问题的关键在于“崇高”是怎么生成的？宗教信仰的崇高性是以虚幻和屈从为代价的。宗教关于神的那些美妙故事只能在想象中存在，一旦神的梦幻在冷酷的现实面前破灭，由宗教信仰所导致的崇高精神就难以为继。或者说，宗教信仰的崇高性又是以神灵的无限高大和人的无限渺小为特征的。人必须先在神的面前把自己贬到最低，然后才能在盼望神的恩典的过程中，在无穷地向往和趋近神的过程中，把自己的精神引向崇高。离开了神和神的恩惠，宗教的崇高就不存在。② 而马克思主义科学信仰的崇高性则是建立在伟大现实事业的基础上。以往一切运动都是少数人的、为少数人服务的，而无产阶级运动则是大多数人的、为大多数服务的，以往的社会变革只是一个剥削阶级取代另一个剥削阶级，而现在这种社会运动则是建立无剥削无压迫的社会，这种目标想想就让人心潮澎湃、催人奋进。进一步讲，马克思主义崇高是确立人的真正的主体地位，是人的本质自由而全面的彰

---

① 刘建军：《论马克思主义信仰》，《马克思主义研究》1997 年第 2 期。

② 刘建军：《论马克思主义信仰》，《马克思主义研究》1997 年第 2 期。

显。人为了人而存在，人成了真正的目的。人人为我、我为人人的共产主义道德之光将洒遍人间大地。

（五）共产主义遥遥有期

马克思主义信仰未来美好的共产主义，然而建立这样一个美好社会却殊为不易，正如邓小平所言："巩固和发展社会主义制度，还需要一个很长的历史阶段，需要我们几代人、十几代人，甚至几十代人坚持不懈地努力奋斗，决不能掉以轻心。"① 因此，有人提出"共产主义渺茫论"，认为共产主义遥遥无期。对此，早在改革开放历史新时期，陈云高度重视对党员干部的理想信念教育。他反对"共产主义遥遥无期"的观点，明确指出，这个观点是不对的，应当说，共产主义遥遥有期，社会主义就是共产主义的第一阶段。他强调："社会主义经济建设和经济体制改革，更加要有为共产主义事业献身的精神。""马克思主义、共产主义的真理，一定会战胜资本主义腐朽思想和作风的侵蚀。"②

"共产主义遥遥无期"的说法，提出了一个很现实但却非常棘手的问题，那就是人的生命是有限，但事业却是无限的，如何以生命之有限追求人生之永恒？其实这是涉及"人的终极关怀"的问题。人的特性在于，虽然生命有限，却要追问无限；虽然存在具有偶然性，却要追问必然；虽然生命是暂时的，却要追问永

① 《邓小平文选》第 3 卷，人民出版社 1993 年版，第 379—380 页。

② 《陈云文选》第 3 卷，人民出版社 1995 年版，第 353、355 页。

恒。也就是说，人类会立足于有限追求无限，有限的是现实生活，无限的是价值追求。那么，怎么通过有限的生命来通达无限的意义和价值呢？

从理论上来讲，只有两种可能：第一，通过无限延长自己的生命来追求无限的意义和价值。然而这绝对不是一个理性主义者所能够给出的答案，因为任何一个有理性的人都知道，人有其生理极限。第二，承认生命有限，不去无谓地追求生命无限，而是追求生命的高度，也就是在有限的生命中追求无限的意义和价值。如果一个人的生命是有意义和有价值的，即使是短暂的，也是灿烂和值得的。①

马克思沿着这个思路为共产党人找到了信仰。1835 年 8 月，马克思在中学毕业作文《青年在选择职业时的考虑》中写道："如果我们选择了最能为人类而工作的职业，那么，重担就不能把我们压倒，因为这是为大家作出的牺牲；那时我们所享受的就不是可怜的、有限的、自私的乐趣，我们的幸福将属于千百万人，我们的事业将悄然无声地存在下去，但是它会永远发挥作用，而面对我们的骨灰，高尚的人们将洒下热泪。"② 选择"最能为人类而工作"的职业，这样的人生才有意义和价值。

2021 年 5 月 22 日，共和国痛失两位院士。我们为什么感到格外悲痛，为什么要怀念他们，为什么他们永远活在我们心中？

---

① 董振华：《信仰的价值追问与共产党人的初心》，《学习时报》2018 年 9 月 26 日。

② 《马克思恩格斯全集》第 1 卷，人民出版社 1995 年版，第 459—460 页。

因为他们选择了最能为人类而工作的职业，他们为的不是自己，而是人民，而是全人类。袁隆平院士的两个梦想，一是禾下乘凉，一个是杂交水稻覆盖全球。他的终身愿望是，发展杂交水稻，造福世界人民。吴孟超院士曾说：这世界上不缺乏专家，不缺乏权威，缺乏的是一个肯把自己给出去的人，当你们帮助别人时，请记得医药是有时穷尽的，唯有不竭的爱能照亮一个受苦的灵魂。这就是人间大爱。

这里，我们借用海德格尔的一个理念“向死而在”，从生命的终极意义上来追问一下：生命的本质实际上是一个有限的过程，不要去追求那个最终的结果，因为最终的结果都是走向无限的虚无，即死亡。我们只有面对无限，才能思考和规划如何安排好自己有限的生命过程，才能反向思考我们今天该不该这样活。人生才不枉走这一遭。更直白地说就是，如果人的生命是有限的，那么永远有明天，永远来得及，那我今天为什么要奋斗，明天奋斗也来得及啊。但生命是有限的，我必须活好每一天。正如法国文学家托马斯·布朗爵士所言：“你无法延长生命的长度，却可以把握它的宽度；无法预知生命的外延，却可以丰富它的内涵；无法把握生命的量，却可以提升它的质。”同样，列夫·托尔斯泰也说过：“人生的价值，并不是用时间，而是用深度去衡量的。”

其实，一个人寿命很长，只代表他生命的长度，但并不会决定他的宽度和深度。所以，臧克家在《有的人》中深刻地指出：“有的人活着，他已经死了；有的人死了，但他还活着。”为什么“有的人死了，但他还活着”？是因为他们的思想和精神增加了他们生命的宽度，影响着后来者。①

因此，人要过有意义的生活，要把自己的奋斗与国家的奋斗结合起来，人的生命是有限的，但为人民服务是无限的，要把有限的生命投入到无限的服务中，真正实现自己的价值。正是在这个意义上，习近平总书记强调："一代又一代共产党人为了追求民族独立和人民解放，不惜流血牺牲，靠的就是一种信仰，为的就是一个理想。尽管他们也知道，自己追求的理想并不会在自己手中实现，但他们坚信，只要一代又一代人为之持续努力，一代又一代人为此作出牺牲，崇高的理想就一定能实现。"② 因此，我们在全面建成社会主义现代化强国、实现第二个百年奋斗目标、以中国式现代化全面推进中华民族伟大复兴的新征程上要坚定马克思主义信仰，跑好历史的接力赛。

三、中国为什么选择了马克思主义？

人的一生总会面临各种各样的抉择，对于一个国家、一个民族来说，同样也是如此。不同的抉择，决定着不同的人生轨迹，也关系着不同国家和民族的发展道路。当中华大地支离破碎、暮霭沉沉时，中国人民在重大历史转折关头，毅然决然地选

---

① 董振华：《信仰的价值追问与共产党人的初心》，《学习时报》2018 年 9 月 26 日。

② 《十八大以来重要文献选编》上，中央文献出版社 2014 年版，第 116 页。

择了马克思主义，并由此走上了实现民族复兴的康庄大道。中国为什么选择马克思主义？马克思主义究竟蕴含着怎样的实践伟力？回顾这段峥嵘岁月，我们依然可以感受到革命先辈创业之艰辛。

（一）历史的选择：来到历史的十字路口

中国人民找到马克思主义经过了曲折而漫长的艰辛探索。鸦片战争以后，中国逐渐被卷入世界资本主义的漩涡。由于西方列强的入侵，拥有5000多年历史的文明古国从此惨遭帝国主义蹂躏，中华民族也因此陷入了历史最低谷。面对侵略者，腐败无能的清政府屡战屡败，最后不得不割地赔款，沦为“洋人的朝廷”。据统计，从1842年到1901年近60年间，清政府对外战争赔款及其利息总额高达17.6亿两白银，中国实际对外支付赔款13.35亿两白银，一直到1938年才停止支付。此情此景，甚至连众多不平等条约的签订者——李鸿章都不免发出长叹，中国正面临“此三千年一大变局也”“数千年未有之变局！”

在这数千年未有之变局的历史紧要关头，为了摆脱任人宰割的悲惨命运，各个阶级轮番上台，不断探索走向复兴的道路。面对西方的坚船利炮，最先觉醒的是地主阶级知识分子。以林则徐、魏源为代表的知识分子率先提出“睁开眼睛看世界”，向西方学习、寻求强国御侮之道。魏源以林则徐的《四洲志》为依据，在广泛搜集中外文献资料的基础上，编成《海国图志》。他在《海国图志》中详细介绍了西方的政治、经济、军事、历史、文化和科技的发展现状和相关制度，提出了“师夷长技以制夷”的思想。

但就是这样一部巨著，在印刷了1000册后却被宣布为禁书而加以查封。与之形成鲜明对比的是，《海国图志》在日本出版后却引起了巨大反响。从1854年到1856年三年间，共计出版了20余种不同版本的《海国图志》，日本读书人几乎人手一册，甚至被当时的日本人称赞为“海防宝鉴”“天下武夫必读之书”，还成了日本明治维新的启蒙教材。同样的著作，不同的历史命运，不免令人唏嘘。

接着走向历史舞台的是农民阶级和地主阶级洋务派。清政府为支付战争赔款，加紧搜刮人民。贪官污吏、土豪劣绅也乘机勒索百姓，不堪忍受煎熬的广大农民揭竿而起。洪秀全领导的农民起义历时14年之久，掀起了一场波澜壮阔的反封建、反侵略的农民革命战争。但是由于农民阶级的局限性，统治阶级内部很快陷入争权夺利的斗争中，这就埋下了自相残杀的祸根。太平天国领袖们在进入天京后，生活上奢侈腐化，日益脱离群众，起义最终在中外反动势力的联合绞杀下而失败。为了解除内忧外患，实现富国强兵，地主阶级洋务派打着“自强”“求富”的口号，学习西方资产阶级的自然科学。洋务派采用西方先进生产技术，创办了一批近代军事工业。在李鸿章等人的主持下，江南机器制造总局、金陵制造局、福州船政局、天津机器局等一批大型近代化军事工业相继问世。洋务运动末期，中国还建立了一支强大的近代海军，根据《美国海军年鉴》资料显示，当时中国海军的实力亚洲第一、世界第九。洋务派一度认为，有了这些坚船利炮，中国就能与列强一较高下。然而事与愿违，甲午中日战争爆发后，北洋水师全军覆没。消息传来，举国震惊。清政府迫于日本军国主义的军事压力，1895 年 4 月 17 日签订了《马关条约》。吴玉章后来这样写道："这真是空前亡国的条约！它使全中国都为之震动。从前我国还只是被西方大国打败过，现在竟被东方的小国打败了，而且失败得那样惨，条约又订得那样苛刻，这是多么大的耻辱啊！"① 甲午中日战争失败的历史教训表明，仅仅停留在器物层面的学习是远远不够的，必须深入到制度和思想层面找寻中国落后挨打的根源。

对此，康有为、梁启超等资产阶级维新派给出的方案是变法维新，实行君主立宪。他们希望采用缓和渐进，不对封建制度作根本变动的方法，对中国作全方位的改革。但即使这样，也触动了顽固派的利益，戊戌变法仅持续百余日就以失败告终。康、梁二人被迫出走日本，戊戌六君子也惨遭杀害。人们已经深刻认识到，既然不触动封建制度的改革是行不通的，那就只能通过自下而上革命的方式推翻封建专制统治。

于是，资产阶级共和派的革命方案逐渐成为社会有识之士的共识。以孙中山为代表的革命派做了大量宣传鼓动工作。万事俱备，只欠东风。恰好四川保路运动爆发，点燃了革命的星星之火，清政府急调鄂军入川镇压，这就造成了武昌兵力空虚。革命党人趁此机会发动武昌起义，革命浪潮以迅雷不及掩耳之势席卷全国。仅仅过了一个多月，全国就有 14 个省先后宣布脱离清政府，清王朝由此轰然坍塌。

辛亥革命和过去的旧式革命完全不同，它是用武装起义的

① 《吴玉章回忆录》，中国青年出版社 1978 年版，第 2 页。

方式去推翻封建君主专制统治，它是用新的资产阶级的共和制度去代替旧的封建君主专制制度。辛亥革命虽然成功，但并不彻底。南京临时政府成立以后，一些革命党人盲目地认为共和政体已经建立，中国很快就会步入繁荣发展的轨道。但是事实上，辛亥革命不久，袁世凯就窃取了革命果实。袁世凯在世时，中国在表面上还能暂时维持统一的局面。他去世以后，北洋派立刻四分五裂，主要包括以段祺瑞为首的皖系、以冯国璋和吴佩孚为首的直系、以张作霖为首的奉系、以阎锡山为首的晋系、以唐继尧为首的滇系等。这些大大小小的军阀为了巩固统治和扩大势力范围，依靠帝国主义频繁发动战争，广大人民群众仍然生活在水深火热之中。正如毛泽东回顾这段历史时所说，“从一八四〇年的鸦片战争到一九一九年的五四运动的前夜，共计七十多年中，中国人没有什么思想武器可以抗御帝国主义。旧的顽固的封建主义的思想武器打了败仗了，抵不住，宣告破产了。不得已，中国人被迫从帝国主义的老家即西方资产阶级革命时代的武器库中学来了进化论、天赋人权论和资产阶级共和国等项思想武器和政治方案，组织过政党，举行过革命，以为可以外御列强，内建民国。但是这些东西也和封建主义的思想武器一样，软弱得很，又是抵不住，败下阵来，宣告破产了”①。

中国将往何处去？怎样才能救中国？中国再次站在何去何从的历史十字路口。中国人民终于意识到，移植西方的政治制度不能救中国。只有从思想上改造中国，才能启发民众觉悟，从根

① 《毛泽东选集》第4卷，人民出版社1991年版，第1513—1514页。

本上改造社会。一批先进的知识分子，由此开始学习和接受马克思主义，为马克思主义的广泛传播奠定了基础。

（二）时代的选择：十月革命一声炮响送来了马克思主义

十月革命一声炮响，给全世界无产阶级及其他先进分子上了共产主义的一课。在此之前，马克思主义的影响主要局限于欧洲，那时中国除了极少数留学生以外，普通人根本不了解什么是马克思主义。十月革命的胜利，让苦苦寻找救国救民真理的中国人民看到了民族解放的希望。正如毛泽东所说："十月革命一声炮响，比飞机飞得还快。飞机从莫斯科到这里也不止一天吧，但这消息只要一天，即是说，十一月七日俄国发生革命，十一月八日中国就知道了。那个时候，把俄国的革命党叫做过激党。七十多年马克思主义走得那样慢，十月革命以后就走得这样快。"① 十月革命的胜利，促使一些先进知识分子深思：既然俄国人在马克思主义的指导下能取得革命的胜利，实现劳动者当家作主，那么中国人民同样也可以运用这个理论武器改造中国与社会。

由于中俄两国有着相似的国情，十月革命的胜利对处于水深火热中的中国人民来说无疑是巨大的鼓舞。沙皇俄国是帝国主义链条上的薄弱环节，政治腐败，经济文化相对落后，剥削压迫严重。俄国劳动群众能够在这样的国家夺取政权、取得革命胜利，这就说明帝国主义不是不可战胜的。俄国十月革命的胜利，使徘徊迷茫中的孙中山看到了中国革命胜利的希望。1917 年 10 月底，

① 《毛泽东文集》第 3 卷，人民出版社 1996 年版，第 290 页。

孙中山就派人赴俄考察俄国革命的详情。1918 年，当西方列强疯狂诋毁和干涉俄国革命的时候，孙中山向列宁和苏俄政府发出了贺电。电文中说："中国革命党对贵国革命党所进行的艰苦斗争，表示十分钦佩，并愿中俄两党团结共同斗争。"[①] 这份电文反映出孙中山对俄国十月革命的敬意，也表明了希望向苏俄学习的愿望。

在中国近代史上，苏俄是第一个平等对待中国的国家，中国知识分子因此对苏俄抱有极大的好感。1919 年 7 月，苏俄政府以副外交人民委员加拉罕的名义发表了《俄罗斯苏维埃联邦社会主义共和国对中国人民和南北政府的宣言》，明确宣布废除"与日本、中国和以前各协约国所缔结的一切秘密条约"，表示愿意"把沙皇政府独自从中国人民那里掠夺的或与日本人、协约国共同掠夺的一切交还中国人民"。1920 年 9 月，苏俄政府又发布了第二次对华宣言，表示："以前俄国政府历次同中国订立的一切条约全部无效，放弃以前夺取中国的一切领土和中国境内的俄国租界，并将沙皇政府和俄国资产阶级从中国夺得的一切，都无偿地永久归还中国。"[②] 苏俄政府宣布的对华友好的外交政策，给中国人民留下了良好的印象，有利于中国人民接受十月革命的影响，也有利于马克思主义在中国的传播。尽管这两个宣言，由于帝国主义干涉在内的种种原因，最终没有得到兑现，但却展现了马克思主义政党的崇高风范。

---

① 《孙中山全集》第 4 卷，中华书局 1985 年版，第 500 页。

② 孙武霞等编：《共产国际与中国革命资料选辑（1919—1924）》，人民出版社 1985 年版，第 28、68 页。

十月革命震动了全世界，也惊醒了向西方寻求真理的中国先进分子，促使他们去探索和研究俄国十月革命所带来的世界新变化与新问题。李大钊是最早受十月革命影响，并宣传马克思主义的先进知识分子之一。在日本留学期间，李大钊就已经开始接触马克思主义。因此，当十月革命一爆发，李大钊很快就认识到十月革命的重大意义。在十月革命的影响下，李大钊不久就成长为一名坚定的马克思主义者。1918 年 7 月，李大钊在《言治》季刊上发表了《法俄革命之比较观》。文章热烈歌颂了俄国十月革命，并指出十月革命与法国大革命存在着本质区别，不要因为一时乱象就持悲观态度，应“翘首以迎其世界新文明之曙光”①。同年 11 月，李大钊又发表了《庶民的胜利》的演说，并撰写了《Bolshevism 的胜利》一文。他认为，十月革命是“二十世纪中世界革命的先声”，是“世界人类全体的新曙光”②。

以李大钊为代表的先进知识分子宣传马克思主义的努力，使马克思主义由零星介绍进入到系统传播的阶段。毛泽东曾经说过：“十月革命帮助了全世界的也帮助了中国的先进分子，用无产阶级的宇宙观作为观察国家命运的工具，重新考虑自己的问题。”③他们从十月革命中得到了启示，看到了彻底摆脱帝国主义、封建主义压迫的希望，找到了使中国人民获得翻身解放的宝贵精神武器。

---

① 《中共党史参考资料》（一），人民出版社 1979 年版，第 37 页。

② 《中共党史参考资料》（一），人民出版社 1979 年版，第 51 页。

③ 《毛泽东选集》第 4 卷，人民出版社 1991 年版，第 1471 页。

在十月革命的影响下，一个伟大的爱国民主运动的高潮正在酝酿之中。1919 年 5 月 4 日，中国爆发了举世闻名的五四运动。由于巴黎和会蛮横拒绝中国提出的收回山东主权等正义要求，北京十几所学校的学生代表举行集会，讨论行动方案。5 月 4 日，北京大中专学校的 3000 多名爱国学生在天安门广场前示威游行，他们打着“外争主权、内除国贼”等口号，强烈要求拒绝在和约上签字，并惩办亲日派官僚曹汝霖、章宗祥、陆宗舆。北京学生的反帝爱国斗争，迅速得到了社会各界的支持。从 6 月 5 日起，上海工人举行声援学生的罢工。随后，北京、唐山、汉口、南京、长沙等地的工人也相继举行罢工，许多大中城市的商人举行罢市。斗争如燎原之火蔓延全国，运动的中心由北京转移到上海，斗争的主力也逐渐转向工人。这样，五四运动便发展到了一个新的阶段，即从以知识分子为主的爱国运动，发展成为无产阶级领导的全国性革命运动。

五四运动宣告了资产阶级领导的旧民主主义革命的结束，也标志着无产阶级领导的新民主主义革命的开端。五四运动以后，新文化运动转变为以宣传马克思主义和介绍俄国十月革命为中心的新的思想运动。它推动了马克思主义在中国的广泛传播，促进了知识分子同劳动人民相结合，使中国革命掀开了新的历史篇章。

（三）人民的选择：中国工人阶级的革命运动迫切需要科学理论的指引

随着中国工人阶级队伍规模的壮大和轰轰烈烈的工人运动的开展，科学理论的指引是保障革命斗争沿着正确道路前进的必要条件。列宁曾经说过，“没有革命的理论，就不会有革命的运动”①。当无产阶级要实行革命而缺乏革命理论做指导的时候，革命理论的创立和提倡，就要起主要的决定的作用。比如，18 世纪初英国爆发的卢德运动，他们采取破坏机器的手段反对工厂主的压迫和剥削。虽然具有一定的进步意义，但是由于缺乏科学理论的指导，错误地把机器视为贫困的根源，用捣毁机器作为反对压迫的主要方式，因而也就无法从根本上改善工人阶级的生存境况。资本主义大工业愈发展，资产阶级与无产阶级之间的矛盾愈尖锐，无产阶级的革命斗争实践对理论的需要就更加迫切。在此背景下，马克思主义应时代需要而生。马克思主义从诞生之日起，就给无产阶级认识世界和改造世界以锐利的思想武器。在马克思主义的影响下，中国工人阶级的斗争实践也逐渐从自发走向自觉。

第一次世界大战期间，中国社会的阶级结构也发生了深刻变化。由于帝国主义国家忙于战争，暂时放松了对中国的经济侵略，中国民族资本主义经济得到短暂发展。与此同时，中国工人阶级的力量也进一步壮大起来。五四运动前夕，产业工人已达 200 万人左右，成为一支日益重要的新兴社会力量。中国工人阶级是近代中国新生的伟大的革命阶级，除了具有与最先进的经济形式相联系、富于组织性纪律性、没有私人占有的生产资料等基本优点，还具有坚决而彻底的革命性等突出优点。在中国半殖民地半封建社会的历史环境中，中国工人阶级必然成为革命最基本的动力。

---

① 《列宁全集》第 2 卷，人民出版社 2013 年版，第 445 页。

中国工人阶级的兴起和马克思主义的传播，使先进分子认识到无产阶级力量的伟大，认识到和工农群众结合的必要性。他们下决心到工人中去进行马克思主义的宣传和组织工作。在中国的民主革命运动中，知识分子无疑是首先觉悟的成分。辛亥革命和五四运动都已经证明了这个结论的正确性。但是知识分子如果不和工农群众相结合，其发挥作用的程度将会受到很大限制。毛泽东曾经说过："革命的或不革命的或反革命的知识分子的最后的分界，看其是否愿意并且实行和工农民众相结合。"① 在当时知识分子群体中，虽然很多人都在歌颂劳工神圣，但是由于很多人只是高谈阔论，并没有真正与劳动群众相结合，因此最后没有转变为马克思主义者，也没有走上革命的道路。只有那些坚定信仰并决心改造自己的知识分子，他们放下了知识分子的架子，坚持与工农结合，与人民紧密团结在一起，才最终完成了中国革命大业。

五四运动后不久，一些先进知识分子便开始探索与劳动群众相结合的方式方法。1920 年，随着马克思主义的广泛传播和中国工人运动的发展，知识分子到工人中进行宣传和组织工作，到工厂进行调查研究，已经成为一种常态。在 1920 年的五一劳动节上，中国工人阶级举行了盛大的纪念活动。全国许多城市都举行了集会、讲演或示威游行。在李大钊和邓中夏的带领下，北京的工农群众和学生召开纪念会。平民教育讲演团分组到街头讲演五一劳动节的历史和意义。长辛店工人救国十人团的活动分子们也举行了纪念会。在上海，陈独秀等人联合上海工业会、船务

① 《毛泽东选集》第 2 卷，人民出版社 1991 年版，第 559 页。

栈房工界联合会等七个团体召开了庆祝会，虽然遭到军警镇压，几次转移集会地点，到会仍有千余人。此外，《晨报》《大公报》《民国日报》《时报》和《申报》纷纷发表纪念文章和报道各地庆祝“五一”情况。这些情况充分表明，中国工人阶级已经觉醒了，革命知识分子对工人阶级力量的认识也更加深刻了。

由于革命形势的迅速发展，建立工人阶级革命组织的任务逐渐提上日程。1920 年春，共产国际派维经斯基来中国了解情况，与中国革命组织建立联系。维经斯基先后会见了李大钊、陈独秀等人，并同他们交换了关于建党问题的意见。在共产国际的帮助下，上海、北京、武汉、济南、广州等地先后建立了共产主义小组。1921 年，旅法勤工俭学学生中的先进分子也建立了共产主义组织。共产主义小组成立后，不仅加强了马克思主义的理论宣传，而且积极领导工人斗争，促进了中国工人运动与马克思主义的结合。共产主义小组在从事工人运动方面的主要工作方式是出版面向工人阶级的刊物，进行通俗的马克思主义宣传。比如，上海共产主义小组创办了《劳动界》，北京共产主义小组创办了《劳动音》，广州共产主义小组创办了《劳动者》。这些刊物深刻揭露了中国工人阶级在“三座大山”压迫下，过着饥寒交迫和毫无政治权利的生活，大大提高了工人阶级的觉悟。共产主义小组向工人进行马克思主义宣传的另一个重要方式，就是在工人比较集中的地方举办工人补习学校。事实证明，办工人补习学校是实现先进知识分子与工人结合的最好方法之一。通过这种形式，知识分子和工人群众建立了密切的联系，不仅实现了把马克思主义灌输到工人群众中去的目标，而且通过工人运动使马克思主义转变为改造现实的物质力量。

毛泽东领导下的湖南共产主义小组，就是当时众多共产主义小组中涌现出的典型。1920 年 7 月，毛泽东从上海回到长沙后，立即组织新民学会的会员建立了共产主义小组。同时，毛泽东还发起成立了文化书社和俄罗斯研究会，进行了广泛的马克思主义宣传。文化书社形式上是一个销售新文化报刊的书店，实际上则是由共产主义小组掌握的传播马克思主义的机关。许多知识青年和工人通过和文化书社的联系走上了革命的道路。共产主义小组成立后，毛泽东发动成员在工人中进行宣传和组织工作，并取得了卓有成效的效果。正由于毛泽东深入工人群众，了解工人心理，同工人群众建立了密切联系，从而为党成立后展开大规模的工人运动奠定了坚实基础。

随着共产主义小组的发展和壮大，建立一个用马克思列宁主义武装起来的无产阶级政党的时机已经成熟。各地共产主义小组都积极进行建党的准备工作。特别是上海共产主义小组，在 1920 年 11 月就创办了《共产党》月刊，着重宣传关于列宁的学说和俄国布尔什维克党的历史和经验，刊载第三国际和国际共产主义运动情况的材料，有力推动了建党工作的进行。由于马克思主义和中国工人运动的深入结合，把各地共产主义小组统一起来成立中国工人阶级政党，以领导日益发展的工人运动和革命运动，不仅是完全必要，而且是完全可能的。

1921 年 7 月，全国各地的共产主义小组推选了 13 名代表，其中包括毛泽东、董必武、陈潭秋、何叔衡、王尽美、邓恩铭、李达等，代表全国 50 多名党员。第一次代表大会经过热烈讨论，通过了党的纲领，选出了党的中央机关，正式组成了中国共产党。自从有了中国共产党，中国革命的面目就焕然一新了。

总之，中国共产党之所以能够找到马克思主义这个崭新的思想武器，走社会主义道路，是历史的选择、时代的选择、人民的选择。

四、马克思主义指导下的中国奇迹

马克思主义是时代发展的产物，马克思主义不仅科学论证了资本主义发展的规律，而且也论证了社会主义的本质特征和基本趋势，论证了人类社会发展的基本规律。习近平总书记在纪念马克思诞辰 200 周年大会上的讲话中指出:“马克思主义不仅深刻改变了世界，也深刻改变了中国。”① 在中国化时代化的马克思主义的不断影响下，中国这个古老的东方大国创造出了人类历史上前所未有的发展奇迹。何谓奇迹？奇迹在字典中被释义为“极难做到的、不同寻常的事”。何谓中国奇迹？具体到时代发展的进程中来讲，中国奇迹指的是：中国共产党在中国化时代化马克思主义的指导下，团结带领全国各族人民战胜无数艰难险阻，夺取了革命、建设、改革一个又一个的伟大胜利，迎来了中华民族从站起来、富起来到强起来的伟大飞跃，创造了彪炳史册的人间奇迹。

---

① 习近平:《在纪念马克思诞辰 200 周年大会上的讲话》，人民出版社 2018 年版，第 11 页。

（一）完成“站起来”的伟大奇迹

从世界历史的范围来看，从18世纪60年代开始，伴随着蒸汽机的改良并广泛使用以及棉纺织业的技术革新，以英国为首的国家开始进行第一次工业革命，此次工业革命持续至19世纪40年代，完成的标志为机械化的普遍实现。与此同时，以英国为首的资本主义国家，为了自身资本主义的迅速发展，迫切寻求海外市场，同时也依靠其自身强大的军事力量来建立海外殖民地，而中国自古以来幅员辽阔、地大物博，对西方资本主义国家来说具有巨大的扩张价值，因此西方资本主义国家迫切要求打开中国的大门。恰好此时中国正处于国力衰弱时期，从政治上看，当时中国受封建腐朽的清政府统治，贪污腐败现象非常严重；从经济上看，当时中国的生产关系和生产力落后，即自给自足的小农经济的生产力严重落后于西方资本主义国家的生产力，当时中国的制造业以家庭手工业和民营手工业的生产方式为主要模式，主要的制造产品为丝绸、茶叶、瓷器等，在这种生产方式下的中国以及中国制造业只能是小手工业者和原本是农民身份的劳动者长期默默无闻工作而制作出的“泥足巨人”；从文化上看，八股文严重禁锢了人们的思想，且清王朝盲目自大，以天朝上国自居。如此衰败的国力和落后的认识，为西方资本主义国家打开中国的大门提供了可能。

1840年，鸦片战争爆发，由此开始，西方资本主义国家入侵，中国逐步沦为半殖民地半封建社会，在帝国主义和封建主义的双重压迫下，中国陷入到了社会动荡和深度贫困的境地中。面对帝国主义的入侵，近代中国不仅丧失了政治主权，更重要的是丧失了经济主权，其主权被金融资本及其代理人掠夺。金融资本帝国不仅支配了近代中国的关键经济资源、银行和金融体系、关税和财政，还利用和巩固了近代中国落后的生产关系。

面对被金融资本及其代理人统治的现况，面对人民处于深度贫困的社会情况，近代中国曾进行过诸多革命的探索，但都以失败告终，主要是因为其探索并不深入，无法撼动金融资本及其代理人的地位。太平天国运动虽然一定程度上打击了封建土地所有制，但又在相当大程度上恢复了封建主义政治体制。太平天国的领导人不能认清帝国主义的实质，反而以是否信仰基督教为尺度来处理与西方人的关系；洋务派提出“中学为体，西学为用”，试图在不触动金融资本帝国及其在中国的代理势力的前提下，单纯通过生产力的引进和吸取来实现中国的现代化，被证明是不可能的；维新派依靠光绪皇帝及帝党官员来推行变法主张，他们既不掌握实权和军队，更远离民众，不敢否定封建主义又对帝国主义抱有幻想，终以失败告终；在辛亥革命中建立起来的南京临时政府也没有满足农民对土地要求的政策和措施，反而以保护私有财产为借口，去维护官僚、地主所占有的土地和财产。南京临时政府只强调反满和建立共和政体，使一些汉族旧官僚、旧军官混入革命营垒之中；某些中间党派、中间人士把希望寄托在统治阶级的让步上，虽声称“以民主的方法争取民主，以合法的手段争取合法地位”，但还是遭到反动统治者的迫害。“长夜难明赤县天，百年魔怪舞翩跹”，在近代中国的历史舞台上，各派别和思潮在作了几番尝试之后，均以失败告终。

十月革命一声炮响，为中国送来了马克思主义。五四运动之后，传播马克思主义的文章、图书大量出现，李大钊、陈独秀、毛泽东、邓中夏、高君宇等具有初步共产主义思想的先进分子开始在工人群众中宣传马克思主义。随着马克思主义在中国的广泛传播，具有初步共产主义思想的先进分子意识到需要建立一个政党来系统地传播、实践并发展马克思主义。1920 年，有这样一封信，漂洋过海从法国寄回中国，信中旗帜鲜明地写道要“明目张胆正式成立一个中国共产党”①，回信者回道：“你这一封信见地极当，我没有一个字不赞成。”② 这个写信者，是正在法国勤工俭学的蔡和森。这个回信者，是毛泽东。在经历了系列准备之后，1921 年，中国共产党正式成立，中国共产党从一开始就坚持以马克思主义为行动指南，始终把为中国人民谋幸福、为中华民族谋复兴作为初心和使命。中国共产党的成立是中华民族发展史上开天辟地的大事变，是实现中国发展奇迹的开端。

面对求得民族独立和人民解放的第一大历史任务，中国共产党和中国人民以“为有牺牲多壮志，敢教日月换新天”的大无畏气概浴血奋战、英勇奋斗，先后历经北伐战争、土地革命战争、抗日战争和解放战争。在这些战争经历中，中国共产党也经历过惨痛的失败与壮烈的牺牲。1923 年，京汉铁路工人大罢工失败，工人运动遭到无情镇压；1927 年，国共第一次合作失败，根据党的六大时不完全统计，大革命失败后，从 1927 年 3 月到 1928 年

---

① 《蔡和森文集》上册，人民出版社 2013 年版，第 75 页。

② 《毛泽东文集》第 1 卷，人民出版社 1993 年版，第 4 页。

上半年，被杀害的共产党员和革命群众竟达 31 万之多，其中共产党员 2.6 万余人；1934 年，第五次反“围剿”失败，中共中央和中央红军被迫战略转移。据有关数据统计，从 1921 年中国共产党成立到 1949 年中华人民共和国成立，有姓名可查的革命牺牲者就有 370 多万人，还有许多革命烈士连姓名都未留下。“宝剑锋从磨砺出，梅花香自苦寒来”，伟大的中国共产党和中国人民从这些失败中不断汲取经验，使得自己快速成长。中国共产党人从京汉铁路工人大罢工的失败中意识到了建立革命统一战线的重要性，从国共第一次合作的失败中意识到了武装斗争的重要性，从第五次反“围剿”的失败中意识到了探索符合中国国情的革命道路的重要性……正是中国共产党和中国人民永不放弃、斗争到底的精神，使得我国实现了新民主主义的伟大胜利，实现了民族独立和人民解放，结束了半殖民地半封建社会的历史，结束了国家四分五裂和人民生灵涂炭的局面，废除了帝国主义国家强加给中国的一切不平等条约及特权，建立了新中国。自此，在中国共产党的领导下，中国人民实现了“站起来”的伟大奇迹。

新中国成立之后，中国共产党领导中国人民对“站起来”的成果进行了巩固，完成了镇压反革命、土地改革、抗美援朝三大斗争，并相继推进“三反”、“五反”、稳定国民经济等系列重大措施，巩固了新中国的人民政权。紧接着 1953 年党和政府提出“一化三改”的过渡时期的总路线，并于 1956 年完成三大改造，中国走上了社会主义道路，开始了对于社会主义建设的探索，这是我国历史上从未有过的伟大变革，尽管在探索进程中出现了一些挫折和错误。

（二）实现“富起来”的伟大奇迹

1976 年，“四人帮”被粉碎后，全国百废待兴。1978 年党的十一届三中全会成为中国命运的转折点。1978 年 12 月 13 日，邓小平在中央工作会议闭幕会上发表了讲话《解放思想，实事求是，团结一致向前看》，这篇讲话被称作“实际上是十一届三中全会的主题报告”。邓小平在这篇报告中指出：“只有解放思想，坚持实事求是，一切从实际出发，理论联系实际，我们的社会主义现代化建设才能顺利进行，我们党的马列主义、毛泽东思想的理论也才能顺利发展。”① 党的十一届三中全会重新确立了实事求是的思想路线，作出了把工作重点转移到社会主义现代化建设上来和实行改革开放的战略决策，改革开放的号角在中国大地吹响。

中国人民“富起来”的改革大幕，首先在农村拉开。1978 年 11 月 24 日夜，安徽凤阳小岗村的 18 位村民在“秘密契约”上按下“红手印”搞起大包干，开启了中国农村经济体制改革的重要篇章，截止到 1984 年底，全国 569 万个生产队中 99.96%全部包产、包干到户。在这一阶段，我国农村市场、农产品价格也逐步改革，乡镇企业兴起，农村经济得到前所未有的持续发展，农民生活水平得到了稳步提升。改革自农村开始后，逐步向城市经济体制综合改革推进。

中国改革开放的奇迹，没有现成的经验可循，是中国共产党在“摸着石头过河”中一点点向前推进的。改革开放使中国人

---

① 《邓小平文选》第 2 卷，人民出版社 1994 年版，第 143 页。

民逐步“富起来”的伟大奇迹，并非偶然，也绝非运气，而是要归功于中国共产党的正确领导。中国的改革开放，一是对内改革，改革我国的经济体制，从原来的计划经济体制改革为市场经济体制，正是以公有制为主体的社会主义市场经济，使得我国既能利用市场的积极功能，又能解决西方自由主义制度框架下始终不能解决的一个问题，即金融资本的寄生性、剥夺性积累的问题。改革强调社会主义本质论，邓小平深刻指出：“社会主义的本质，是解放生产力，发展生产力，消灭剥削，消除两极分化，最终达到共同富裕。”① 邓小平坚持效率与公平相统一的思想，实现了“兼顾效率与公平”到“效率优先，兼顾公平”的根本性转变，从根本上变革了为了公平而牺牲效率的模式。“效率优先，兼顾公平”的思想，既符合历史唯物主义的一般原理，更符合我国社会主义现代化建设的现实需要；二是对外开放，在我国创办经济特区，开放东南沿海城市。2001 年中国正式加入世界贸易组织，中国经济更加市场化、更加开放。当时的中国在发展制造业方面有着世界上其他国家无可比拟的优势，主要包括以下几点：政治环境稳定、劳动力充足且训练有素、主要要素价格低、产业链组合严密而完整且交通便利。这些优势帮助中国的制造业迅速发展，中国快速崛起。

更为重要的是，在改革开放新时期，中国特色社会主义经济学逐步发展成为一个完整的体系。这个体系以社会主义初级阶段经济关系为基础对象，以经济制度论、经济改革论、市场经济

---

① 《邓小平文选》第 3 卷，人民出版社 1993 年版，第 373 页。

论、对外开放论和科学发展论为主导理论，并且在主导理论的基础上衍生出了系列其他理论，主导理论与衍生理论的相互结合，共同构建了中国特色社会主义政治经济学的基本框架。在中国特色社会主义政治经济学理论体系的指引下，中国共产党在面对苏联解体、世界社会主义运动遭受重大挫折时，在面对美国式现代化理论的意识形态为世界上的落后民族提供“发展指导”时，中国共产党并没有走改旗易帜的邪路，更没有走封闭僵化的老路，而是坚定不移地走中国特色社会主义道路，坚定不移地带领中国人民努力奋斗。在中国共产党和中国人民的共同努力下，从1979年到2012年，我国的国内生产总值年均增长9.8%，远高于同期世界经济年均2.8%的增速；我国成长为全球第二大经济体，从一个物资匮乏的贫困国家转变为了世界制造基地；中国人民的生活水平不断提高，中国人民“富起来”的伟大奇迹基本实现。

（三）迈向“强起来”的伟大奇迹

党的十八大以来，中华民族站在了实现“强起来”的新的历史起点上，以习近平同志为主要代表的中国共产党人，顺应时代发展，从理论和实践结合上系统回答了新时代坚持和发展什么样的中国特色社会主义、怎样坚持和发展中国特色社会主义这个重大时代课题，创立了习近平新时代中国特色社会主义思想。在科学思想的指引下，新时代的中国共产党人统揽伟大斗争、伟大工程、伟大事业、伟大梦想，坚持统筹推进“五位一体”总体布局、协调推进“四个全面”战略布局，不断对党和国家的工作提出系列新理念、新思想和新战略，推动党和国家取得了历史性的成就、发生了历史性的变革、创造一个又一个的奇迹，具体来讲，包括以下 6 点：

一是取得了“两个确立”重大政治成果，即确立习近平同志党中央的核心、全党的核心地位，确立习近平新时代中国特色社会主义思想的指导地位。“两个确立”是党在新时代取得的最重大的政治成果、最重要的历史经验。“两个确立”，是深刻总结党的百年奋斗和党的十八大以来伟大实践得出的重大历史结论，是历史的选择、时代的选择、人民的选择。实践充分证明，党的十八大以来，中国共产党能够带领中国人民战胜一系列重大风险挑战，推进新时代中国特色社会主义向前发展，其根本在于中国共产党有以习近平同志为核心的党中央领航掌舵，有习近平新时代中国特色社会主义思想的科学指引。

二是党在革命性锻造中更加坚强，党的全面领导不断加强，全面从严治党和自我革命深入推进。事在四方，要在中央。党的十八大以来，以习近平同志为核心的党中央坚持和加强党对于一切工作的领导，确保新时代中国特色社会主义各项事业的顺利推进。坚持党对一切工作的领导，不是空洞的、抽象的，而是需要把党的路线方针政策贯彻落实和体现到改革发展稳定、内政外交国防、治党治国治军各个领域各个方面，不断增强中国共产党的领导力和人民群众的向心力。党的十八大以来，中国共产党把握历史主动，坚持自我革命，实现从严治党。习近平总书记深刻指出，自我革命是跳出历史周期率的第二个答案，中国共产党人要坚持自我净化、自我完善、自我革新和自我提高，确保党永远不变质、不变色、不变味。

三是中国特色社会主义制度更加完善，国家治理体系和治理能力的现代化不断推进，党的十八届三中全会决议首次提出了国家治理体系和治理能力现代化，党的十九届四中全会则围绕国家治理体系和治理能力现代化进行了一系列制度设计，与时俱进地提出了系统的、全面的有关于制度建设的实践路径，切实推进了我国国家治理体系和治理能力的现代化建设。

四是中国全面建成了小康社会，在中华大地上历史性地消除了绝对贫困的问题，书写了古老民族的现代化传奇，用几十年时间走完了发达国家几百年走过的工业化历程。党的十八大以来，我国的国内生产总值从 2012 年的 51.9 万亿元上升到 2021 年的 114.9 万亿元，占世界经济的比重超过了 18%；我国的制造业规模、外汇储备量稳居世界第一；现行标准下 9899 万农村贫困人口全部脱贫，832 个贫困县全部摘帽，12.8 万个贫困村全部出列，区域性整体贫困得到解决，完成了消除绝对贫困的艰巨任务；我国建成了世界上规模最大的教育体系、社会保障体系、医疗卫生体系；中国的创新指数排名上升到世界第 12 名。十年来，以习近平同志为核心的党中央对党和国家的事业发展作出了科学完整的部署，从明确“五位一体”总体布局和“四个全面”战略布局，到明确社会主要矛盾发生历史性变化，再到判断我国经济已由高速增长阶段转向高质量发展阶段；从创造性提出新发展理念到作出加快构建新发展格局的重大战略决策，中国经济的发展在新时代迈上了更高的台阶。

五是更加强调“两个结合”，即把马克思主义基本原理同中国具体实际相结合、同中华优秀传统文化相结合。“两个结合”是新时代推进马克思主义中国化的必然要求，只有不断推进“两个结合”，才能与时俱进掌握意识形态的领导权，才能扎根于中华优秀传统文化的土壤中深化文化自信。党的十八大以来，我国的意识形态工作更上一层楼，中国共产党牢牢掌握了意识形态工作的领导权，强化了政治意识、大局意识和风险意识，中国共产党的意识形态领域阵地建设、制度建设取得了重大成果，意识形态领域形势发生了全局性、根本性的转变。与此同时，全党全国各族人民的文化自信不断增强，全社会凝聚力和向心力极大提升。

六是中国的世界影响力、感召力、塑造力显著提高。党的十八大以来，以习近平同志为核心的党中央高度重视国家安全问题，不断完善国家安全体系，在涉及国家主权、安全、发展利益问题上寸步不让，首先保障中国国家主权的独立性和完整性。其次十年来在中国共产党的领导下，我国全面推进大国外交，推动构建人类命运共同体，深入推进“一带一路”高质量发展，推动构建新型的国际关系，展示负责任的大国担当，为解决世界问题贡献方案与中国力量。

党的二十大报告最新指出：“全面建成社会主义现代化强国，总的战略安排是分两步走：从二〇二〇年到二〇三五年基本实现社会主义现代化；从二〇三五年到本世纪中叶把我国建成富强民主文明和谐美丽的社会主义现代化强国。”① 也就是说，我国将在

---

① 习近平：《高举中国特色社会主义伟大旗帜　为全面建设社会主义现代化国家而团结奋斗——在中国共产党第二十次全国代表大会上的报告》，人民出版社 2022 年版，第 24 页。

本世纪中叶成功实现“强起来”的伟大奇迹，那时我国将建成富强民主文明和谐美丽的社会主义现代化强国。新时代以来十年的伟大成就为我国实现“强起来”奠定了重要的基础，其中“两个确立”为“强起来”提供“主心骨”和“指南针”；全面坚持中国共产党的领导，坚持全面从严治党和党的自我革命为“强起来”提供有力的政治保证；我国国家治理体系和治理能力现代化的不断推进为“强起来”提供完善的制度保障；先进的经济发展理念、巨大的经济成就为“强起来”提供坚实的物质基础；实现“两个结合”，坚持意识形态的领导权，推进文化自信为“强起来”提供丰厚的文化底蕴；全面推进大国外交，推动人类命运共同体建设为“强起来”提供稳定的国际环境。在新时代十年的基础上，在未来的岁月里，中国共产党将带领中国人民披荆斩棘、再创奇迹。

习近平总书记曾说道：红色基因就是要传承，中华民族从站起来、富起来到强起来，经历了多少坎坷，创造了多少奇迹，要让后代牢记，我们要不忘初心，永远不可迷失了方向和道路。马克思主义与中国奇迹相辅相成、相得益彰。正是在马克思主义的指导下，中国共产党在沧桑的百年来路中创造了无数奇迹，而中国奇迹的创造也恰恰彰显出了马克思主义强大的真理力量和实践伟力。

中国共产党人在百年奋斗历程中形成了许许多多伟大的精神，从伟大建党精神、井冈山精神、长征精神到抗美援朝精神、雷锋精神、铁人精神到改革开放精神、抗震救灾精神、劳模精神再到脱贫攻坚精神、伟大抗疫精神、“三牛”精神，这些精神共同组成了中国共产党人百年奋斗的伟大精神谱系。百年来路沧桑，百年恰是风华。透过中国共产党人的百年历史谱系，回望历史，我们似乎可以看到在夜晚的南昌城中子弹划过天边的光亮，看到雷锋同志无私助人的背影，看到有一位老人在中国的南海边画了一个圈，看到许许多多的医务人员被汗水泡出的“皱纹”，看到无数中国共产党人和中国人民团结奋斗的样子……正是无数的中华儿女用他（她）们自己的血水与汗水书写着中国共产党人的奋斗史和中华民族的复兴史。可以说，是中国共产党人和中国人民的努力才换来了今天中华民族的伟大奇迹，也可以说，所谓的奇迹，不过是努力的另一个名字而已。

五、把马克思主义信仰的种子种进当代青年心中

“心有所信，方能行远。”中国共产党一百多年以来，无论是处于顺境还是逆境，为了践行自己的信仰和理想付出如此巨大的努力和牺牲，却矢志不渝、初心不改。“信仰、信念、信心，任何时候都至关重要。”① 无论过去、现在还是将来，对马克思主义的信仰，对中国特色社会主义的信念，对实现中华民族伟大复兴中国梦的信心，都是指引和支撑中国人民站起来、富起来、强起来的强大精神力量。历史和现实都告诉我们，青年一代有理想、有信仰、有担当，国家就有前途，民族就有希望，实现我们的发展目标就有源源不断的强大力量。新时代新征程，中国青年要以

① 习近平：《在庆祝改革开放40周年大会上的讲话》，人民出版社2018年版，第42页。

实现民族复兴为己任，树立马克思主义信仰，做坚定的马克思主义者，不负党和人民的殷切期望。

（一）心中有信仰，脚下有力量

对马克思主义的信仰，对社会主义和共产主义的信念，不仅是共产党人的政治灵魂，更因青年是马克思主义最热情的接受者、最积极的宣传者和最坚定的实践者，因而蕴含着为青年提供方向指引、动力支持、情感升华、意志磨炼的重要功能价值。

1. 马克思主义信仰为青年指明前进方向

马克思主义信仰的定向功能集中体现在为青年提供了一种科学的世界观。也就是说，马克思主义作为被实践检验了的科学世界观，能够提供一个关于世界及人自身的尽可能完备的说明，使个体对周围事物的认识具有最大的明确性和稳定性。青年时期正是一个人关于自身所处的世界、自身与世界关系的认知形成时期。随着青年身心两方面的迅速成熟，他们的活动能力不断增强，活动范围逐渐扩大，独立意识不断发展，开始要求独立判断和解决问题。但由于缺乏人生经历、社会经验和认识能力，无法对世界与自身的关系形成清晰而持续的自我认知，就可能陷入对未来前途、方向的迷惑与茫然之中。习近平总书记强调："青年时代树立正确的理想、坚定的信念十分紧要，不仅要树立，而且要在心中扎根，一辈子都能坚持为之奋斗"①。因此，广大青年要

① 《习近平关于青少年和共青团工作论述摘编》，中央文献出版社 2017 年版，第 23 页。

高扬马克思主义真理的光辉旗帜，确立世界自足、不谈鬼神的唯物主义世界图景，明晰未来社会的发展趋向，“树立‘功成不必在我，功成必定有我’的信念，遵循‘长江后浪推前浪’的历史规律，践行‘一代更比一代强’的青春责任”①，朝着实现中华民族伟大复兴的中国梦奋勇迈进，向着实现人民对美好生活的向往大步前行。

2. 马克思主义信仰为青年提供精神动力

马克思主义信仰的动力功能就在于为青年提供了一种积极的人生观，即提供一个青年关于人生目的、意义和价值的看法。习近平总书记强调：“青年理想远大、信念坚定，是一个国家、一个民族无坚不摧的前进动力”②。对于步入人生“拔节孕穗期”的新时代青年更是如此。一方面，马克思主义信仰为青年成长奠定信念之基。广大青年成长成才的关键是有正确的思想指导，而正确的思想作为一种具体的社会意识形式，其形成是由一定的人生观所导引的，同时其所依据的人生观又是由一定的信仰体系所决定的。青年作为思维最为敏锐且最少保守的群体，其对待人生的态度和看法极易受复杂难辨的社会环境影响，在成长成才过程中难免会在理想和现实、利己和利他、小我和大我等方面遭遇思想困惑。所以，在当代中国，广大青年只有坚定马克思主义信仰，才能获得实现人生价值的精神动力。另一方面，马克思主义

---

① 任鹏：《以伟大建党精神涵养青年志气骨气底气》，《人民论坛》2021 年第 34 期。

② 《习近平谈治国理政》第 3 卷，外文出版社 2020 年版，第 334 页。

信仰为青年活动提供凝聚力。信仰是组织青年、团结青年、鼓舞青年斗志的重要手段。青年作为单个的活动主体时，是散漫的、无力量的，一旦把马克思主义信仰作为精神支柱，他们就会凝聚在共同信仰之下，这时的青年才是全社会最富有活力、最具有创造性的群体，从而成为整个社会中最积极、最有生气的力量。

3. 马克思主义信仰为青年升华情感境界

马克思主义信仰的情感功能表现在为青年提供了一个最高的价值观念，它能够整合零散的、杂乱无章的信念，对良莠不齐的价值观念去伪存真，为青年提供一个系统有序的观念体系，形成规范青年行为的基本框架。习近平总书记指出："青年的价值取向决定了未来整个社会的价值取向，而青年又处在价值观形成和确立的时期，抓好这一时期的价值观养成十分重要。这就像穿衣服扣扣子一样，如果第一粒扣子扣错了，剩余的扣子都会扣错。人生的扣子从一开始就要扣好"①。之所以如此强调青年时期价值观养成的重要性，不仅因为青年是建设祖国的生力军，是未来事业的接班人，更因为青年思想活动的独立性、选择性、多变性和差异性日益增强，易出现理想信念模糊、价值取向扭曲、社会责任感缺失等不良倾向。马克思主义信仰为青年提供了积极的价值取向，把个人利益与集体利益结合起来，在这一价值理念引导下，新时代青年将牢记"为中国人民谋幸福、为中华民族谋复兴"的初心使命，把个人理想融入全体人民的共同理想之中，把个人奋

① 《习近平关于青少年和共青团工作论述摘编》，中央文献出版社 2017 年版，第 25 页。

斗融入为全面建设社会主义现代化国家的奋斗之中，让青春在时代进步中焕发出绚丽的光彩，从而真正实现情感境界的升华。

4. 马克思主义信仰为青年增强意志品格

马克思主义信仰的意志养成功能就在于为青年提供了一种百折不挠、敢于斗争、敢于胜利的坚毅品质，为青年理想的实现保驾护航。青年在成长过程中并不是一帆风顺的，必定会遭遇挫折与困难，会受到诱惑与挑战。一代人有一代人的使命，一代人有一代人的担当。即使“像战争年代那种血与火的生死考验少了，但具有新的历史特点的伟大斗争仍然在继续，我们正面临着一系列重大挑战、重大风险、重大阻力、重大矛盾的艰巨考验”①。因此，在新征程上，青年更需要马克思主义信仰来增强坚定意志品格、增强斗争本领。一方面，在面对客观诱因干扰时，要善于抵抗，克服各种内外障碍，不畏艰辛、不惧困难、不怕挫折、不懈努力，将奋斗进行到底；另一方面，在行动过程中遇到困难时，能够不断激励自己坚定信心、迎难而上、敢于斗争、勇毅笃行，用青春之力量创造更加幸福美好的未来。

（二）理想因其远大而为理想，信仰因其崇高而为信仰

树立共产主义理想，坚定马克思主义信仰是一项艰巨的任务。正如习近平总书记所言：“形成坚定理想信念，既不是一蹴而就的，也不是一劳永逸的，也不是自己认为坚定就坚定的”②。

---

① 习近平：《论中国共产党历史》，中央文献出版社 2021 年版，第 254 页。

② 《习近平谈治国理政》第 4 卷，外文出版社 2022 年版，第 523 页。

在新时代新征程上，要想把信仰种进更多青年心中，使广大青年成为坚定的马克思主义者，还面临着许多新的考验和挑战。

1. 理想信仰本身的独有特性

一方面，信仰在人类精神生活中处于最高位置。与一般精神现象相比，信仰作为一种崇高的理想信念，是人对世界的能动把握，也是对人生最高价值和社会最高理想的动态反映和评价。知识、信仰和行动是人类精神活动的三个步骤，即作为知识形态，信仰也是行为发生的动力。从个体心理要素来看，信仰生成表现为知、情、意、行相统一的综合体系。也就是说，信仰的生成不仅只停留于知识理论的灌输和传授，要升华到其最本质和最核心的价值层面，它是认知主体内化于心、外化于行的生成与确立过程。同时，信仰作为一种对最高价值的信奉和追寻，其选择或形成与人的认知水平、对某种主张或思想的情感认同、对认知客体的行为意向相关，具有历时性特征。青年处于人生道路的起步阶段，成长规律和身心发展特点决定他们往往难以实现真理建构与价值建构的统一、崇高性与现实性的并济，从而陷入“知却不信”“知且信却不行”的困境。

另一方面，共产主义理想决不是“土豆烧牛肉”那么简单。“实现共产主义是我们共产党人的最高理想，而这个最高理想是需要一代又一代人接力奋斗的。”① 共产主义的远大理想的实现不可能一蹴而就，而是由一个一个阶段性目标逐步达成的长期历史过程。一是共产主义必须经历若干个发展阶段才能实现。二是社

① 《习近平谈治国理政》第 2 卷，外文出版社 2017 年版，第 142—143 页。

会主义扬弃资本主义的曲折性决定其向共产主义转变的长期性。共产主义理想的完全实现，需要生产力的高度发展、物质财富的极大丰富、人民精神境界的极大提高以及每个人全面而自由的发展。三是社会主义建设事业需要在探索中前进的特点，也决定了由社会主义向共产主义过渡的曲折性和长期性。共产主义理想以历史唯物主义理论逻辑为基础，决定了其具有学理抽象性的特点，也增加了青年理解共产主义理想的难度。同时，当代青年接过历史接力棒时，其成长生存环境已经发生剧变。学理的深刻和时代的隔阂，使生活在当代的青年难以对共产主义远大理想及其所体现出来的伟大历史担当形成深刻理解，“内卷”“佛系”“躺平”等亚文化在青年群体中的传播流行，更使其忽视了当前仍是为实现这一远大理想而进行必要准备的重要历史阶段。

2. 时代条件变化的重大挑战

首先，虽然就社会形态而言，社会主义社会是比资本主义社会更高级的社会形态。但就现实而言，发达的西方资本主义社会，比刚刚消除绝对贫困的中国具有某些先发优势。所以，无论当代中国发生怎样的历史巨变，取得怎样的伟大成就，总是会被部分青年熟视无睹，认为“外国的月亮比中国圆”，甚至盲目推崇西方的经济制度、政治制度和价值观念，这妨碍了青年对马克思主义的认同。其次，当今世界正经历百年未有之大变局，中西思想文化领域的斗争愈加深刻，两种道路、两种制度、两种价值观之间的斗争愈发复杂，且这两股力量的斗争具有长期性、复杂性的特征，迫切需要我们国家把马克思主义信仰种进当代青年心中，增强斗争意识和本领。最后，以美国为首的西方敌对势力还采取了一些新方式对我国青年进行信仰渗透：他们推行西方“普世价值观”，鼓吹“新自由主义”思潮，削弱了马克思主义信仰对青年的引导力；他们利用其在国际舞台的话语优势，通过各种媒体公开或隐蔽地推销西方的价值观念和生活方式，消解了马克思主义信仰对青年的凝聚力；他们散布所谓“中国威胁论”“中国傲慢论”“中国非洲殖民论”等“妖魔化”中国，肆意歪曲中国历史，鼓动和扶植“历史虚无主义”，削弱了青年对马克思主义信仰的历史文化认同。

3. 社会环境因素的不良干扰

当前社会，移动互联网使信息获取实现了“去时空化”，但随之而来的“快餐文化”“泛娱乐化”“信息良莠不齐”等消极现象也使多元的价值观发生激烈碰撞，致使多种信仰并存，导致很多青年徘徊在个人与集体的取舍中，迷失在功利与欲望的追逐里，最终偏离了马克思主义信仰的轨道。

第一，快餐式浅阅读对马克思主义信仰的解构。随着生活节奏加快、学业与工作压力加大，青年静下心来读书的时间越来越少。因此，不需要花大量时间、不需要拥有深厚文化底蕴的微阅读、浅阅读深受青年喜爱。然而，当“快餐式浅阅读”悄无声息侵入青年生活中时，部分青年沉溺其中，失去阅读马克思主义原著的欲望，产生思维的惰性和信仰的弱化。最终可能导致青年的学术热忱幻灭、思想品德滑坡，信仰不稳定、盲目信仰以及信仰缺失等问题。

第二，泛娱乐化消费对马克思主义信仰的消解。市场化竞争带来的压力迫使新闻媒体千方百计迎合受众的各种需求，甚至是低俗无营养的需求，部分青年沉溺于网络直播、影视游戏、明星选秀等娱乐节目中不能自拔。话语表达和行为方式的娱乐化不仅渗透到青年生活的方方面面，还深刻影响着青年的思维方式和行为方式。娱乐精神本身并没有错，但为了博人眼球而没有底线地寻求娱乐就会造成严重的负面影响。歪曲历史、亵渎英雄、讥讽道德等现象都会把崇高拉入庸俗，结果就会导致马克思主义信仰被边缘化，还会出现许多误解甚至诋毁马克思主义的观点和主张。

第三，信息良莠不齐对马克思主义信仰的质疑。随着信息技术的迅猛发展，互联网新媒体作为一种新兴传播形式在打破了传统媒体的时空局限的同时，也给坚定马克思主义信仰带来冲击。当代青年成长成熟于网络时代，由于青年对未知事物有着强烈的好奇心和探索欲，且自制能力较差极易受诱惑，因此，夹杂在网络空间中的封建迷信、恐怖暴力、色情淫秽等不良信息使青年受到严重侵害，继而给青年信仰培育带来新挑战，成为青年信仰形成的阻碍。

（三）坚定马克思主义信仰，争做新时代有为青年

“理想信念不是拿来说、拿来唱的，更不是用来装点门面的，只有见诸行动才有说服力。”① 习近平总书记强调，“要知行合一、言行一致……用自己的实际行动为坚持和发展中国特色社会主义、为实现共产主义远大理想不懈奋斗”②。当代青年要坚定

① 习近平：《在党的十九届一中全会上的讲话》，《求是》2018 年第 1 期。

② 习近平：《在党的十九届一中全会上的讲话》，《求是》2018 年第 1 期。

马克思主义信仰，就要从理论、情感、意志、实践上认同马克思主义，实现“知”“情”“意”“行”的有机统一。

1. 从认知维度上，不断加强学习，增进理论认同

正确的思想认识是科学信仰之基，当代青年唯有“真知”马克思主义理论，才能“真知”马克思主义信仰，形成“共情”，进而实现对自身解放之确证，最后在实践中做到“真行”。首先，学习经典原著，要循序渐进。随着信息技术的发展，部分青年在学习过程中不读原著只看辅导视频，这就容易导致学习的碎片化、片面化。任何学习都是一个从不知到知、由浅入深的过程，读原著亦是如此，没有捷径可走、不可一蹴而就。因此，当代青年要戒骄戒躁，真正沉下心来读书，并且要把各个领域的思想观点联系起来作为一个整体，把孤立的认识变为系统的认识，只有这样，才能真正理解马克思主义信仰的科学性。

其次，品悟经典原理，要熟读而精思。当前青年之所以不同程度地存在着无法完整准确地理解马克思主义理论的问题，是因为他们只是一味看书却不加思考。如果读原著只是浅尝辄止、简单地把文字相加，学习也就成了表面功夫，何谈用马克思主义理论武装头脑、指导实践。只有将原著作为“案头书”，逐字逐句地研机析理，把马克思主义作为我们的“看家本领”精读、细读、学深、学透，在常读常新中“加油”“充电”，才能做到学有所获、学有所成。

最后，创新思想成果，要理论联系实际。马克思主义具有与时俱进的理论品质，“它提供的不是现成的教条，而是进一步

研究的出发点和供这种研究使用的方法”①。在网络时代，应借助新媒体创新理论表达和传播的方式，从自身的思想实际和行为习惯出发，建构马克思主义信仰的大众化表达体系。同时，要带着问题学、联系实际学，只有这样才能不断创新马克思主义理论成果，不断提高把马克思主义基本原理同具体实际相结合来分析和解决问题的能力。

2. 从情感维度上，不断增进共情，提升情感认同

理论认同的深化是情感认同，青年掌握了马克思主义基本原理后，还需要坚定对马克思主义的信仰。首先，要了解马克思主义科学理论，始终相信马克思主义世界观、方法论的真理性。当前，由于种种原因，社会上出现了“在有的领域中马克思主义被边缘化、空泛化、标签化，在一些学科中‘失语’、教材中‘失踪’、论坛上‘失声’”②的现象，部分青年虽然内心相信马克思主义，但却苦于知识理论基础不扎实和逻辑思考能力不强而导致无法为其发声。因此，当代青年必须夯实马克思主义理论基础，在马克思主义传播发展遭遇障碍时，要坚定地相信和捍卫马克思主义，并以透彻的学理分析回应质疑者。

其次，要站稳马克思主义人民立场，始终坚定马克思主义为全人类谋幸福的价值取向。当下，仍有部分青年将学习和工作视为谋取个人私利的手段，极致推崇享乐主义人生观。然而，今

---

① 《马克思恩格斯文集》第10卷，人民出版社2009年版，第691页。

② 习近平：《在哲学社会科学工作座谈会上的讲话》，人民出版社2016年版，第10页。

天青年所享受的一切美好生活，都是人民群众奋斗的成果。饮水思源，唯有怀揣报答人民的赤子情怀，才能行稳致远。中国青年要以实现人民对美好生活的向往为奋斗目标，运用所学知识造福人民，在关键时刻能够挺身而出，始终把人民的利益放在心中最高位置。

最后，要肯定马克思主义中国化时代化成果，始终相信在马克思主义指导下中华民族伟大复兴中国梦必将实现。“中国梦是历史的、现实的，也是未来的；是我们这一代的，更是青年一代的。中华民族伟大复兴的中国梦终将在一代代青年的接力奋斗中变为现实。”① 当代中国青年生逢其时、重任在肩，要不驰于空想、不骛于虚声，要以实现中华民族伟大复兴为己任，将为党和国家事业无私奉献作为人生的最高追求，让革命薪火代代相传。

3. 从意志维度上，不断锤炼品格，强化意志能力

坚定如磐的信仰必要不断经受磨砺，当代青年实现对马克思主义的信仰后，还要有在乱云飞渡的复杂环境中不忘初心、在糖衣炮弹的轮番攻击下保持清醒、在泰山压顶的巨大压力下知难而进的意志能力。首先，要筑牢信仰之基，用好五史正衣镜。互联网的高速发展虽然带来了便捷高效的服务，但也导致当代青年不可避免地受到碎片化阅读的侵蚀，给了历史虚无主义可乘之机。“历史是最好的教科书，也是最好的清醒剂。”② 因此，青年

① 《习近平谈治国理政》第 3 卷，外文出版社 2020 年版，第 54—55 页。

② 习近平：《在纪念全民族抗战爆发七十七周年仪式上的讲话》，《人民日报》2014 年 7 月 8 日。

要自觉学习历史，从党史、新中国史、改革开放史、社会主义发展史、中华民族发展史中汲取力量，在读史、学史、悟史的过程中明理增信、崇德力行，不断战胜路之所阻、行之所碍。

其次，要传承优秀文化，赓续英雄报国志。随着互联网的迅速发展，各种各样的社会思潮大量涌入，中华优秀传统文化被边缘化、丑化英雄人物、对西方文化盲目崇拜等现象层出不穷。新时代条件下，当代青年可以借助新媒体平台，用群众喜闻乐见的方式推动中华优秀传统文化创造性转化、创新性发展，同时要对传统文化“取其精华、去其糟粕”，对西方文化“以我为主、为我所用”，传承先烈意志，从而增强做中国青年的骨气和底气。

最后，要坚定理想信念，跨越新时代“娄山关”。在面对学习、工作和生活的压力时，部分青年容易产生“躺平”“摆烂”等错误心理。“今天，新时代中国青年处在中华民族发展的最好时期，既面临着难得的建功立业的人生际遇，也面临着‘天将降大任于斯人’的时代使命。”① 要有“为有牺牲多壮志”的无畏无惧和“敢教日月换新天”的冲劲闯劲，敢于斗争、善于斗争，在向第二个百年奋斗目标进军的新征程上乘风破浪、披荆斩棘，让共产主义理想之花在中国、在全世界早日绽放。

4. 从实践维度上，不断推动践行信仰，巩固知行转化

马克思主义信仰的生成表现为知、情、信、意、行相统一的综合体系。理论认知使青年在思想上认可马克思主义，情感认

---

① 习近平：《在纪念五四运动 100 周年大会上的讲话》，人民出版社 2019 年版，第 6 页。

同基础上的意志助推，使青年在价值取向上相信马克思主义，而行动上践行则是马克思主义信仰的逻辑目标。“广大青年要勇敢肩负起时代赋予的重任，志存高远，脚踏实地，努力在实现中华民族伟大复兴的中国梦的生动实践中放飞青春梦想。”① 首先，自觉践行，做知行合一的实干家。立足时代潮头，当代中国青年必须明确自己的责任和使命，既怀抱梦想又脚踏实地，在社会实践中长见识、增才干，要利用所学知识和技能投身改革实践，解决社会民生热点问题。要坚定“攀山越水”之志、凝聚“滴水穿石”之劲，在面临挫折时能够坚定地“再来”，在遇到困难时能够果决地“我行”，在面对重点工作时能够毅然地“上前”。

其次，大力弘扬马克思主义信仰，做求实创新的宣传员。在过去，马克思主义的传播曾面临着传播媒介缺失缺位、理论内容百思莫解、话语表达晦涩难懂等困境。而在信息网络技术高度发达的今天，当代中国青年拥有更丰富的物质技术基础和信息传播媒介，要善于运用新兴媒体平台，选取群众关注的社会热点素材，立足新视角，讲好新故事，播好新声音，让马克思主义理论飞入寻常百姓家，不断提升马克思主义的吸引力、说服力、引领力。

最后，坚决捍卫信仰，做忠诚担当的守护者。青年正处在思想观念形成的“拔节孕穗期”，面对新鲜事物有强烈的好奇心，加之社会阅历尚浅，在多元化的信息时代中容易迷失方向。因

① 《习近平关于青少年和共青团工作论述摘编》，中央文献出版社2017年版，第3页。

此，要时刻保持头脑清醒，不被“歪风”带偏、不被“迷雾”遮眼，在“乱花渐欲迷人眼”中践行初心、担当使命，要在分析和鉴别的基础上，反对和抵制各种错误观点，摒弃非马克思主义的思想，保证在新的赶考之路上不会掉入“见利而不见害，见食而不见钩”的诱惑陷阱里。

第 五 章

青年的困惑与马克思

一、双向奔赴的爱情

马克思的一生，是不畏艰难险阻、为追求真理而勇攀思想高峰的一生。他为创立科学理论体系，付出了常人难以想象的艰辛，最终达到了光辉的顶点。马克思之所以能够在困难重重的现实环境中始终心怀斗志、充满热情，除了革命战友恩格斯的无私帮助，更离不开妻子燕妮对他无条件的爱与支持。马克思和妻子燕妮患难与共，谱写了理想和爱情的命运交响曲。

（一）青梅竹马，情投意合

德国西部边境古老的特里尔城，是马克思的出生地，也是燕妮长大的地方。马克思的父亲是一位律师，这在当时来看是不错的家庭。但是相比起来，燕妮可谓出身名门贵族。燕妮的祖母燕妮·威沙特是大英帝国阿尔盖郡伯爵小姐，燕妮的父亲路德维希·冯·威斯特华伦在法兰西第一帝国时期的威斯特伐利亚王国曾担任过地方官，后来又在普鲁士王国统治下的特里尔城担任政府的枢密顾问。燕妮继承了父亲的广博学识、聪明才智和优秀品德、良好修养，她的文学素养出类拔萃，文笔优雅动人，风趣幽默；她性格活泼开朗又不轻浮随意，言谈举止高贵优雅又不盛气凌人，是典型的大家闺秀。如此看来，马克思与燕妮两人的身份还是有很大差别的。但是父辈的友谊使他们有了交集，加上他们两家相距不远，因此他们经常一起玩耍，一边散步，一边讲故事。一向调皮捣蛋的马克思在燕妮面前非常乖巧，言谈举止格外绅士，还特别愿意听燕妮的话。就这样，两小无猜的玩伴，成了非常要好的朋友。随着年龄的增长，马克思愈加展现出了不凡的气质，他热爱学习，善于思考。而燕妮知书达理，善解人意。两人相互吸引，彼此爱慕，爱情的种子就这样萌发了。

出于对学业的追求，1835 年 10 月中旬，马克思不得不告别亲友，只身一人来到波恩大学读法律系。这时的马克思，风华正茂，意气风发，对未来充满无限憧憬和期待。对新鲜事物充满好奇的他，一下子就被这里丰富多彩的生活吸引住了。在课程方面，马克思一开始就选修了 9 门课，除了本专业的法学课程外，还选修了希腊罗马神话、荷马问题和近代艺术史等课程。在课余时间，马克思还是活动中的积极分子，他加入了学校的特里尔同乡会，与同伴开怀畅饮，谈天说地；还参加了诗歌创作小组，大方朗诵自己的诗篇。此外，他还尝试学习击剑和骑马。充满朝气的大学生活，激起了马克思那颗充满热情浪漫的年轻的心。

在尽享多彩大学生活的同时，马克思愈发想念他儿时的玩伴、青梅竹马——燕妮·威斯特华伦。燕妮比马克思大 4 岁，这时已是一位亭亭玉立、风姿绰约的姑娘。她出众的美貌和优雅的气质，经常浮现在马克思的脑海里。马克思明白，自己已经深深爱上了燕妮。但是，这个出身名门的舞会上的“皇后”、特里尔城公认的美女，会接受自己吗？

为了俘获燕妮的芳心，马克思在学习之余，几乎每天都给燕妮写信，他把自己的炽热感情倾注在一篇篇情书中，毫不掩饰地表达了对燕妮的倾慕和思念之情。在给马克思的回信里，燕妮玩了个文字游戏，她故意将德语“Ich liebe dich”（意为“我爱你”），颠倒了词序，写成“Ichhabe dich lieb”（意为“你真逗”）。出于少女的矜持和对世俗偏见的担忧，燕妮用一种幽默委婉而又不失聪慧的方式“拒绝”了马克思的求爱。看到这样的答复，马克思并未灰心，他迅速和燕妮的好友和弟弟打成一片，以期燕妮的身边人能为自己“美言”几句，一番攻略下，马克思如愿达到了目的。

1836 年暑假一到，在大学读一年级的马克思便迫不及待地回到了特里尔，见到了朝思暮想的姑娘。此时，马克思刚满 18 岁，燕妮已经 22 岁了。利用这段时间，马克思鼓足勇气再次向燕妮表明了自己的心意，让他喜出望外的是，他心爱的姑娘这次给予了完全肯定的答复。这在当时看来是不合常理和习俗的，因为打破了长久以来固有的门第观念。虽是出乎意料，却又在情理之中，因为燕妮不仅有着出众的美貌，也有着与众不同的品格，她并不在意马克思的家庭出身，她欣赏的是马克思出众的才华。在这对年轻人热烈地相互表达爱慕之情后，他们私订了终身。刚刚成年的马克思彻彻底底地沉浸在幸福和快乐之中，因为他拥有了最心爱的姑娘，但是他没有想到的是，正是这位姑娘成就了未来的自己。正如后来他们的女儿爱琳娜写道:“可以毫不夸大地说,没有燕妮·冯·威斯特华伦,就不会有今天的卡尔·马克思。”① 之所以这么说,是因为从订婚时起,燕妮就决心将自己交付于马克思,命运与共,生死相依。

(二)惺惺相惜,终成眷侣

其实,当这对青年人定情时,他们心中除了对未来的美好憧憬,不是没有对现实的担忧的。一位贵族小姐和出身平民的大学生结合,在世俗眼光看来双方门第相差甚远。他们的爱情在 19 世纪的德国并不被人看好,除了父母反对,还要跨越世俗偏见的两道鸿沟。一是要跨越门户不对等的社会地位鸿沟。燕妮的祖父是普鲁士政府里有赫赫战功的将军,父亲是政府枢密顾问,哥哥斐迪南日后成为普鲁士政府的内阁大臣,是真正的贵族家庭。可以说燕妮是含着“金钥匙”出生的,从呱呱坠地便“自带光环”,因此,燕妮的哥哥始终认为她应该嫁一个中尉或是有爵位的贵族。而马克思虽然出身富裕的律师家庭,但与燕妮的家庭相比,仍然是平民阶层与贵族的差距。在当时,门第存在差距的婚姻向来是不被看好的,马克思与燕妮也不例外,就连一向支持马克思的父亲也为此担心不已。二是燕妮与马克思是“姐弟恋”。说起“姐弟恋”,在如今看来是极其正常的恋爱关系,可在当时却被认为是可耻的,因为他们认为这违背了

① 中共中央马克思恩格斯列宁斯大林著作编译局编:《回忆马克思》,人民出版社 2005 年版,第 210—211 页。

世人对男性身份标准的固有看法，以及对两性关系的规范。特别是身边从来没有这样的先例，马克思和燕妮的父母，都是男方比女方大十多岁。可是燕妮却比马克思大 4 岁，这样的年龄差距在当时必然是会被笑话的。不仅如此，爱女心切的父母认为，马克思年纪尚小，目前还在求学阶段，没有任何经济基础和固定的收入来源，这样的现实状况肯定无法很好地照料自己的女儿。有这样的想法也是人之常情，那时的德国人和我们现在大多数人一样，认为在考虑结婚的事情之前，要找到一份好的至少是相对稳定的工作。出于以上担心，马克思和燕妮决定让他们的定情之事暂时保密。他们只告诉了马克思的姐姐索菲娅和燕妮的弟弟埃德加尔。姐姐和弟弟从此为这对恋人之间的鸿雁传情做起了忠实的信使。在不久之后，马克思的父亲也知道了这个秘密。虽然刚开始他忧心忡忡，但很快就想通了，并对马克思和燕妮表达了真挚的祝福。

1836 年 10 月，马克思要从离家不远的波恩大学到离家很远的柏林大学读书，这意味着他要与燕妮开始一段漫长的异地恋。在柏林，由于日益燃烧的感情和倾心思慕的爱情以及由此带来的思虑，使马克思不能全身心地投入学习。于是，他把自己热烈的感情都化作语言，倾注在献给燕妮的诗中：

> 燕妮——这是两个多么奇妙的字样，
> 它的每个音节都美妙悦耳，
> 像是金弦琴的清音嘹亮，宛如神话中善良的仙灵，
> 仿佛是浮动在春夜的月影，到处为我歌唱。

你的名字，
我要写满千万册书中，
而不是只写几页几行。
让书中燃烧起智慧的火焰，
让意志与事业之泉迸涌喷放，
让现实的一切显露出它那不朽的容貌；
让诗的圣坛、宇宙的永恒之光，
天神的欢笑和尘世的悲哀，
全都展现在世界上。①

字里行间都流露出马克思对燕妮的那份炽热而真挚的感情。

为了守护与马克思的感情，燕妮也经历了很多难言的痛苦。当他俩相爱之事泄露出去之后，燕妮不断受到来自家庭及世俗偏见的巨大压力。特别是她同父异母的哥哥斐迪南·冯·威斯特华伦，极力反对燕妮和马克思在一起。斐迪南·冯·威斯特华伦是普鲁士王国政府的内务大臣，受到严重的贵族等级观念影响，认为这桩婚事是门不当户不对的荒唐事，所以一直强烈反对妹妹燕妮和马克思的婚姻。他反复劝说燕妮，要她相信马克思只是个轻浮浪荡的无为青年，和这种人的爱情是靠不住的。其他亲属也轮

① 《马克思青年时代诗选》，文化艺术出版社 1984 年版，第 6—7 页。此诗原记载在卡尔马克思诗集《歌之书》中，写作时间约为 1836 年 11 月至 12 月之间。此诗在《马克思恩格斯全集》（俄文版）中只有第一、二两首十四行诗。后来苏联《外国文学》杂志根据新材料，发表了三首十四行诗，此译文据后者译出。

番来劝说进行阻挠，甚至在家中还形成了激烈对立的两派。燕妮用来保护自己的手段就只剩下了沉默。整日的郁郁寡欢使她身体抱恙，不得不经常寻医诊治。但无论在多么艰难的处境下，燕妮都从未动摇过对马克思的爱。马克思的信成了她唯一的精神支柱，她时时都盼着这些来信，当她收到信时，总是情不自禁地掉下悲喜交加的眼泪。

马克思在给燕妮的一首诗里曾经这样写道：

> 燕妮！你会不会犹豫动摇，畏缩不前？
> 你那崇高的心灵会不会因害怕而震颤？
> 爱情是铭心刻骨的思念，
> 而痛苦只是转瞬即逝的云烟。①

燕妮毕竟不同于普通的贵族小姐，她排斥门第观念，不畏世俗眼光，坚持心中的正义和爱。因此，即使面对家族重重压力，她始终对爱情坚贞不屈。在这段长久的异地恋和“叛逆”的“姐弟恋”中，他们爱得真切又纯洁。为了马克思，燕妮放弃了在特里尔城上流社会生活的习惯和爱好，以马克思的书信慰藉心灵，书信成为她唯一的精神寄托。马克思才华横溢，文笔绝伦，他们两个人的书信往来，也是心灵上的互相支撑，他们互为对方的心理支柱，谱写着崇高的爱情诗篇。马克思的深情表白，情真意切：

---

① 《马克思恩格斯全集》第 1 卷，人民出版社 1995 年版，第 670 页。

燕妮，任它物换星移、天旋地转，
你永远是我心中的蓝天和太阳，
任世人怀着敌意对我诽谤中伤，
燕妮，只要你属于我，我终将使他们成为败将。①

1841 年 4 月 15 日，马克思提前获得了哲学博士学位。一回到特里尔，马克思就赶忙去见他最心爱的姑娘，并把博士论文亲手送到燕妮的父亲手里。燕妮的父亲是一个开明贵族，是马克思很崇敬的长辈。在马克思童年时代，威斯特华伦就常常给马克思和燕妮朗诵荷马史诗和莎士比亚的剧本，讲述法国空想社会主义者圣西门的故事，这就为马克思与燕妮共同的志趣打下了基础。从那时起，马克思就对这位德高望重的长辈充满崇拜和敬仰。马克思在论文的扉页上是这样写的：

我敬爱的慈父般的朋友，请您原谅我把我所仰慕的您的名字放在一本微不足道的小册子的开头。我已完全没有耐心再等待另一个机会来向您略表我的敬爱之忱了。②

燕妮的父亲看到马克思的博士论文，对眼前这个学成归来的小伙子十分肯定。但是，此时马克思的父亲亨利希·马克思已经病逝，马克思的母亲对于她儿子没有按照她的愿望获得法学学

① 《马克思恩格斯全集》第 1 卷，人民出版社 1995 年版，第 481 页。
② 《马克思恩格斯全集》第 1 卷，人民出版社 1995 年版，第 9 页。

位而获得哲学学位深感失望，拒绝分给他父亲留下的遗产。因此，马克思已经失去了经济来源。燕妮的父亲在欣喜之余不得不抱有遗憾，认为马克思仅凭一篇博士论文不足以维持今后的生计，他需要找一份比较稳定的工作。因而，马克思只能暂时打消与燕妮完婚的想法，待到一个合适的时机再完婚。

他们两人也只能继续用书信传递着思恋。燕妮渴望知道马克思所知道的一切，理解他的思想。马克思研究什么，燕妮就阅读什么。燕妮在给马克思回信中深情表白：

> 你的形象矗立在我面前，是那样光辉，充满着胜利的力量，我的心多么渴望着时刻跟你在一起啊，每当见到你，它多么欣喜若狂啊，这颗心是如何担忧地到处追随着你啊。①

出身于贵族的燕妮，始终倾慕着马克思立志为人类的幸福和自身的完美而工作的胸怀。正是这宽广的胸怀和崇高的情感，深深地吸引了燕妮，并使燕妮将自己的一生都与马克思紧紧地联系在一起。

两个抱定坚定信念要在一起的年轻人，冲破重重阻碍，终于感动了燕妮的父亲。这位心胸开阔、通情达理的贵族终于答应了马克思的求婚。不幸的是，没过多久，老威斯特华伦就因病去世，没有了父亲的大力支持，燕妮的亲属又开始棒打鸳

① 《马克思恩格斯全集》第 47 卷，人民出版社 2004 年版，第 598 页。

鸯，要求燕妮与马克思解除婚约。但是真正的爱情是无坚不摧的，足以对抗一切反对的力量。1843 年 6 月，经过 7 年恋爱长跑的马克思和燕妮终于结婚了。这一对夫妻的官方登记是：“卡尔·马克思，哲学博士，居住在科隆，为一方；约翰娜·贝尔塔·尤莉亚·燕妮·冯·威斯特华伦，无职业，居住在克罗伊茨纳赫，为另一方”。婚后，马克思和燕妮在燕妮母亲和弟弟的陪同下度过了一段短暂的蜜月旅行。由于普鲁士王国政府的驱逐，不久后，他们就踏上了流亡的征途，开始了一生的自我牺牲和颠沛流离。

（三）相濡以沫，相伴到老

婚后两人住在一间简陋的出租屋里。出身显贵的燕妮，不但在生活上照顾马克思，在事业上也成了他的得力助手。无论是马克思流亡巴黎或伦敦，还是生活在没有面包的日子里，燕妮始终紧紧追随在马克思的身边，用所有的热情去支持马克思的事业。

由于马克思对共产主义事业的卓越贡献和对地主、资产阶级的无情揭露和批判，使得一切反动势力诅咒他、驱逐他。他不得不携全家四处转移：第一次被法国政府从巴黎驱逐出境，第二次被比利时当局驱逐离开布鲁塞尔，第三次被普鲁士当局驱逐出境。1849 年，马克思因为致力革命事业，再次被驱逐，此时他在欧洲大陆已无容身之处，最终与即将临盆的妻子和 3 个孩子来到伦敦。几经搬迁后，马克思一家在人流混杂的索荷区安顿下来，勉强挤在狭小阴暗的房间。尽管生活困苦，但马克思仍帮助了许多革命者，燕妮对此也非常支持。在颠沛流亡的生活中，由于极度贫困，燕妮为了照顾家庭和生计，怀着身孕四处借钱，反复典当祖母传给她的婚戒珠宝等陪嫁品，不幸的是他们还相继失去了几个孩子。在这种境况下，燕妮还是深深地爱着马克思。马克思始终没有放弃他的革命道路，而燕妮也没有离开马克思。她用自己的力量去爱他、支持他。无论生活多么坎坷艰难，两人都患难与共，相濡以沫。

他们生活困难有时达到难以想象的地步。从燕妮在 1850 年 5 月 20 日写给魏德迈的一封信中可见一斑：

> 因为这里奶妈工钱非常高，尽管我的胸和背都经常痛得很厉害，我还是决定自己给孩子喂奶。但是这个可怜的孩子从我身上吸去了那么多的痛苦和内心的忧伤，所以他总是体弱多病，日日夜夜忍受着剧烈的痛苦。他从出生以来，没有一个晚上是睡到两三个小时以上的。最近又加上了剧烈的抽风，所以孩子终日在生死线上挣扎。由于这些病痛，他拚命地吸奶，以致我的乳房被吸伤裂口了；鲜血常常流进他那抖动的小嘴里……①

燕妮还写道，他们经常被房东催缴房租，时常会有警察上门，粗暴地查封家当。尽管如此，燕妮在信中也毫无怨言和畏惧：

---

① 《马克思恩格斯全集》第 27 卷，人民出版社 1972 年版，第 631 页。

> 您不要以为这些小事所造成的烦恼已把我压倒，我非常清楚地知道，在我们的斗争中我们决不是孤独的，而且我有幸是少数幸福者中的一个，因为我的身旁有我亲爱的丈夫，我的生命的支柱。①

尽管过着这样艰难困苦的生活，燕妮始终没有动摇，始终对马克思不离不弃，与丈夫心心相印、紧紧相伴。燕妮不仅是马克思的终身伴侣，还是马克思从事革命斗争和理论创作的忠实朋友和得力助手。就连马克思的挚友恩格斯，在书信中也经常称燕妮为“可敬的秘书”，燕妮也常以“秘书”这一身份而自豪。事实上，从他们生活在布鲁塞尔时起，燕妮就开始担任马克思繁重的秘书工作：复写文稿，校对清样，寄发材料，代写回信，订立合同，交涉出版事宜，收集材料和情报，等等。总之，关于马克思的一切私人秘书的事务她全部包揽了下来，并且都十分完美地完成了。

为了让马克思避免被琐事干扰，能够全身心投入政治活动，燕妮除了上述工作，还经常代替马克思出席其因故不能参加但又必须了解和掌握有关情况的重要集会和国际会议，回来后再向马克思作详细书面报告。燕妮在参加这些集会和会议时，不但有被当局抓捕的可能，有时甚至还要冒着生命危险。但是，她不但没有畏惧退缩，反而兴奋激动。燕妮这种大无畏精神，不只是对马克思事业的支持，还有她内心深处对无产阶级解放的期待。

---

① 《马克思恩格斯全集》第 27 卷，人民出版社 1972 年版，第 632 页。

燕妮对马克思的支持是无条件的，因为对丈夫的爱，她已经习惯了艰难困苦的生活，在苦难中保持从容淡定。燕妮不仅是马克思一生的情感伴侣，还是他生活上无微不至的照顾者，事业上的坚定支持者和帮助者。即使到了晚年，他们仍然翕妪相携，一如热恋中的少男少女。他们的女儿们就经常看到，父亲挽着母亲的手，在房间里长久地踱步。

不幸的是，1880 年燕妮患了肝癌，卧床不起，她以惊人的意志力和坚强的忍耐力，承受着病痛的折磨。在难熬的岁月里，马克思寸步不离地照料妻子，想尽一切办法帮其减轻痛苦。1881 年七八月间，马克思陪燕妮到法国去看了大女儿和几个外孙。到了秋天，体力消耗过度加上焦急、失眠，马克思也病倒了。他患上了有生命危险的肺炎，但他仍然忘不了燕妮。他们的小女儿在谈到双亲暮年生活的时候说："我永远忘不了那天早晨，他觉得自己强健得能到母亲房间去。他们在一起又都年轻起来，她像一个热恋中的少女，他像一个热恋中的小伙子，他们又恢复了生命的活力，而不像一个在死亡线上挣扎的老人和一个即将被病魔夺去生命的老妇，彼此在作最后一次话别。"①

1881 年 12 月 2 日，燕妮终究还是离开了她赤诚热爱的生活，永远告别了共同生活了近 40 年的丈夫。这是马克思从未经受过的沉重打击。燕妮逝世那天，恩格斯说："摩尔（马克思的别名——编者注）也死了。"之后的日子里，马克思无论走到哪

① 中共中央马克思恩格斯列宁斯大林著作编译局编：《回忆马克思》，人民出版社 2005 年版，第 109 页。

里，都忘不了燕妮，那是他心中的最爱和最深的痛。他在给朋友的信中写道："你知道，没有人比我更讨厌随便动感情的了；但如果不承认我的思想大部分沉浸在对我的妻子——她同我生命中最美好的一切是分不开的——的怀念之中，那是骗人的。"①

（四）最好的爱情不是物质上的门当户对，而是精神上的势均力敌

有人说，马克思终其一生是精神上的贵族，物质上的乞丐。马克思没有给燕妮带来富足的物质生活，但是燕妮对马克思却不离不弃，坚定地支持、永远地陪伴他追求真理、投身革命事业。可以说，没有燕妮就没有我们今天看到的伟大的马克思。

著名的《马克思传》作者弗兰茨·梅林把马克思与燕妮的订婚，看作是马克思"这位天生的领袖所获得的第一个最辉煌的胜利"②，他们的爱情对马克思事业的成功起到了功不可没的作用。燕妮在与马克思恋爱起，就热情表达了对马克思事业的无条件支持。她曾在两人的书信往来中写道："我甚至想像如果你失去了右手……我便可以真正成为你必不可少的人……那时我便能记录下你的全部可爱的绝妙的思想，成为一个真正对你有用的人。"③后来马克思在创作《资本论》的时候，燕妮便自觉把她当初的美

---

① 《马克思恩格斯全集》第35卷，人民出版社1971年版，第42—43页。

② ［德］弗·梅林：《马克思传》，樊集译，生活·读书·新知三联书店1965年版，第11页。

③ 中央党史和文献研究院、中央广播电视总台主编：《不朽的马克思：视频书》，人民出版社2018年版，第21—22页。

好承诺付诸现实。当时马克思身体每况愈下，疼痛难忍，只能卧床向燕妮口述文章，燕妮一一记录；还有一些马克思断断续续写下手稿，由于字迹非常难辨认，所以燕妮经常替他誊写手稿。对此，燕妮不但没有怨言，还认为这是她一生中最幸福的时刻。

在世人看来，马克思的精神生活丰富高贵，物质生活却愁云惨淡，他是不幸的：马克思与燕妮的 7 个孩子夭折了 4 个，病时没钱看病，死后没钱买棺；一生 4 次被驱逐，没有一个国家接受他们的入籍申请，一直是无国籍人士。残酷现实并没有磨灭他们的爱情，反而让他们的爱情在革命考验中愈发坚固。在些许嗟叹之后，他又会重整旗鼓开始新的探索和战斗。马克思与燕妮的爱情甜蜜又艰辛，他们超越了物质的贫乏，突破了世俗的成见——在精神契合面前一切皆是浮云。所以，马克思和燕妮的爱情不是建立在物质基础上的，而是建立在对于美好社会、对于共同理想的追求的基础上的。

这种一致的精神追求，即是他们对现实的不满、对劳苦大众的同情、对革命坚定不移的信念，这些都是他们感情延绵不断的价值基础。我们说每一个成功的男人背后，都站着一个伟大的女人。燕妮不仅是马克思的爱人、妻子、孩子的母亲，还是他最忠诚的战友。燕妮绝非等闲之辈，作为妻子，燕妮是马克思的红色伴侣，默默负担起家庭重任，让马克思不至于为了生计问题浪费写作时间；作为母亲，燕妮是一位革命家长，她将自己的 3 个女儿都送上了革命的道路；作为战士，燕妮是马克思忠诚的战友，她卓越的政治才干，曾经让恩格斯都惊叹不已。在燕妮去世后，恩格斯沉痛地说：“我们将会由于再也听不到她的既大胆又合理的建议，大胆而不吹嘘、合理而不失尊严的建议，而经常感到不足。”① 我们可以说，燕妮不仅忠于自己的丈夫，而且忠于自己丈夫为之奋斗的那个阶级——无产阶级。在燕妮晚年的时候，曾经有马克思的战友，按照当时上层社会的习惯，称呼燕妮为“尊敬的夫人”，结果燕妮很不高兴，她说把一个白发斑斑的无产阶级老战士，叫做“尊敬的夫人”，这不是尊敬，而是一种侮辱。在燕妮去世后，恩格斯曾经评价说：“如果有一位女性把使别人幸福视为自己最大的幸福，那么这位女性就是她。”②

马克思与燕妮不仅为了彼此，更是为了人民而存在而奋斗，他们尊重对方，也尊重自己的信仰。正是马克思和燕妮之间那种共同的精神追求、鲜明的无产阶级立场，才让他们的爱情始终保持新鲜，才让他们能携手走过近 40 年的风风雨雨。直到如今，也被世人称道。马克思和燕妮的爱情让我们看到：最好的爱情不是物质上的门当户对，而是精神上的势均力敌以及愿意自我牺牲的双向奔赴。

二、为人类的幸福和我们自身的完美而工作

每个人在世上，都不是一个单独的个体，而总是处在与他人的关系之中，作为“社会的人”存在着。这决定了人不应该只

① 《马克思恩格斯全集》第 50 卷，人民出版社 1985 年版，第 370—371 页。

② 《马克思恩格斯全集》第 25 卷，人民出版社 2001 年版，第 354—355 页。

为自己而活，事实上人也只有在奉献和贡献中才能真正活出自我。作为人类历史上最伟大的思想家之一，马克思 17 岁时便在自己的中学毕业论文《青年在选择职业时的考虑》中表达了自己要为人类的幸福和我们自身的完美而奋斗的志向。这种崇高的追求激励着马克思不断攀登真善美的高峰，成就了自己辉煌的一生。在当下，我们青年人也要深刻体会和积极学习马克思的这种精神，以马克思为榜样，努力为人类的幸福和我们自身的完美而工作。

（一）马克思对人类的幸福和我们自身的完美的追求

按照马克思的观点，人类社会发展是一个从低级形态走向高级形态的自然史的过程，会先后经历原始社会、奴隶社会、封建社会、资本主义社会、社会主义社会、共产主义社会，这是人类社会发展的一般规律，“历史进程是受内在的一般规律支配的”①。“一切社会变迁和政治变革的终极原因，不应当到人们的头脑中，到人们对永恒的真理和正义的日益增进的认识中去寻找，而应当到生产方式和交换方式的变更中去寻找；不应当到有关时代的哲学中去寻找，而应当到有关时代的经济中去寻找。”②“历史过程中的决定性因素归根到底是现实生活的生产和再生产。”③生产力与生产关系、经济基础与上层建筑的矛盾是推

① 《马克思恩格斯选集》第 4 卷，人民出版社 2012 年版，第 254 页。

② 《马克思恩格斯选集》第 3 卷，人民出版社 2012 年版，第 797—798 页。

③ 《马克思恩格斯选集》第 4 卷，人民出版社 2012 年版，第 604 页。

动人类社会发展的基本动力，且社会生产力是人类社会由低级形态走向高级形态的最终决定力量。“为了不致丧失已经取得的成果，为了不致失掉文明的果实，人们在他们的交往方式不再适合于既得的生产力时，就不得不改变他们继承下来的一切社会形式。”① 生产力的不断发展会使人类社会的整个经济基础和上层建筑发生变革，使社会形态不断由低级向高级过渡，并最终进入共产主义社会。

资本主义社会向社会主义社会、共产主义社会过渡，既是必然的，也是有条件的。“无论哪一个社会形态，在它所能容纳的全部生产力发挥出来以前，是决不会灭亡的；而新的更高的生产关系，在它的物质存在条件在旧社会的胎胞里成熟以前，是决不会出现的。”② 人类社会由资本主义社会过渡到社会主义社会、共产主义社会，要以生产力发展超过资本主义生产方式所能容纳的最高限度为物质基础。“生产力发展到越出资本主义社会范围就必然要把它炸毁，同时生产力又提供了为社会进步本身的利益而一举永远消灭阶级差别的手段”③，新的生产关系和社会关系将被建立，社会将进入更高级的形态。此外，资本主义社会向社会主义社会、共产主义社会过渡，不仅需要客观的物质条件，还须具备必要的主观条件，即无产阶级自觉反抗资产阶级的斗争。资本主义社会不会自己炸毁自己，资产阶级也不会主动退出历史舞

① 《马克思恩格斯选集》第 4 卷，人民出版社 2012 年版，第 409 页。

② 《马克思恩格斯选集》第 2 卷，人民出版社 2012 年版，第 3 页。

③ 《马克思恩格斯选集》第 3 卷，人民出版社 2012 年版，第 256 页。

台，因此必须要有一个代表先进生产力发展要求的阶级来推动和促成，这个阶级只能是无产阶级，且这个阶级采取的行动只能是反抗资产阶级的革命斗争。

人的解放是社会历史演进的内涵逻辑，实现人的解放是历史进步的核心要义，“人们的社会历史始终只是他们的个体发展的历史”①。马克思和恩格斯在《德意志意识形态》中阐述了生产力和生产关系矛盾运动推动社会发展的唯物史观原理，在他们看来，社会发展有两个基本尺度，一个是生产力尺度——人与物的自然关系之维，另一个是生产关系尺度——人与人的社会关系之维，这两个尺度共同构成社会发展的经纬线，反映和决定着社会的发展状况。社会历史是“自然的人化”和“人的社会化”的统一，是自然史和人类史的统一，“一切生产都是个人在一定社会形式中并借这种社会形式而进行的对自然的占有”②，自然关系和社会关系互为条件、相互制约、共存共生。以社会关系为尺度，马克思将人类社会历史进程划分为“自然的共同体”（前资本主义社会）、“虚幻的共同体”（资本主义社会）和“真正的共同体”（未来理想社会）三个由低级到高级的阶段，与人的解放的三阶段（人的依赖关系—以物的依赖性为基础的人的独立性—自由个性）③ 相对应，这体现了以社会关系逻辑为纽带的人的解放逻辑和社会历史演进逻辑的内在统一。在《政治经济学批判（1857—

① 《马克思恩格斯文集》第 10 卷，人民出版社 2009 年版，第 43 页。

② 《马克思恩格斯选集》第 2 卷，人民出版社 2012 年版，第 687 页。

③ 《马克思恩格斯文集》第 8 卷，人民出版社 2009 年版，第 52 页。

1858年手稿)》中，马克思首次提出了“自由个性”概念，指明了“自由个性”是人的个性发展的最高境界①，是“真正的个人”的特有内容。走向共产主义，实现人的解放，就是要使人获得“自由个性”而成为“全面发展的人”。

人与动物存在本质性差异，人是能够通过共同努力实现自身解放的。“自然本身给动物规定了它应该遵循的活动范围，动物也就安分地在这个范围内活动，而不试图越出这个范围，甚至不考虑有其他范围存在。神也给人指定了共同的目标——使人类和他自己趋于高尚，但是，神要人自己去寻找可以达到这个目标的手段；神让人在社会上选择一个最适合于他、最能使他和社会变得高尚的地位。这种选择是人比其他创造物远为优越的地方，但同时也是可能毁灭人的一生、破坏他的一切计划并使他陷于不幸的行为。因此，认真地权衡这种选择，无疑是开始走上生活道路而又不愿在最重要的事情上听天由命的青年的首要责任。”②青年的职业选择不仅关系到自身幸福，而且与社会发展、人类解放紧密相关，每一位青年都应当像马克思一样认真考虑职业选择，勇于承担自身使命，自觉为人类幸福和自身完美而工作。

（二）人类的幸福和我们自身的完美的内在逻辑关系

人类的幸福和我们自身的完美在马克思那里有着独特的内涵。马克思指出：“在共产主义社会高级阶段，在迫使个人奴隶

① 《马克思恩格斯文集》第8卷，人民出版社2009年版，第52页。

② 《马克思恩格斯全集》第1卷，人民出版社1995年版，第455页。

般地服从分工的情形已经消失，从而脑力劳动和体力劳动的对立也随之消失之后；在劳动已经不仅仅是谋生的手段，而且本身成了生活的第一需要之后；在随着个人的全面发展，他们的生产力也增长起来，而集体财富的一切源泉都充分涌流之后，——只有在那个时候，才能完全超出资产阶级权利的狭隘眼界，社会才能在自己的旗帜上写上：各尽所能，按需分配！”① 在共产主义社会中，物质财富和精神财富都极大丰富，人们拥有了自由全面发展的物质条件和精神条件，从而在各方面实现了前所未有的提升，社会作为一个自由人的联合体而存在，且在这个联合体中，“每个人的自由发展是一切人的自由发展的条件”②。“由社会全体成员组成的共同联合体来共同地和有计划地利用生产力；把生产发展到能够满足所有人的需要的规模；结束牺牲一些人的利益来满足另一些人的需要的状况；彻底消灭阶级和阶级对立；通过消除旧的分工，通过产业教育、变换工种、所有人共同享受大家创造出来的福利，通过城乡的融合，使社会全体成员的才能得到全面发展”③。“只是从这时起，人们才完全自觉地自己创造自己的历史；只是从这时起，由人们使之起作用的社会原因才大部分并且越来越多地达到他们所预期的结果。这是人类从必然王国进入自由王国的飞跃。”④ 总之，人类解放（幸福）和每个人的自由全面发展（完美）是紧密联系、不可分割的，人类幸福建基于个人完

---

① 《马克思恩格斯选集》第3卷，人民出版社2012年版，第364—365页。

② 《马克思恩格斯选集》第1卷，人民出版社2012年版，第422页。

③ 《马克思恩格斯选集》第1卷，人民出版社2012年版，第308—309页。

④ 《马克思恩格斯选集》第3卷，人民出版社2012年版，第671页。

美的基础之上，人的完美也只有在人类解放中才能达成。

人类的幸福和我们自身的完美的这种逻辑关联体现了人的发展的个体性维度和群体性维度的有机统一，只有兼顾两个方面，做到两方面有效互动，才能实现人类的幸福和我们自身的完美。这决定了“在选择职业时，我们应该遵循的主要指针是人类的幸福和我们自身的完美。不应认为，这两种利益会彼此敌对、互相冲突，一种利益必定消灭另一种利益；相反，人的本性是这样的：人只有为同时代人的完美、为他们的幸福而工作，自己才能达到完美。如果一个人只为自己劳动，他也许能够成为著名的学者、伟大的哲人、卓越的诗人，然而他永远不能成为完美的、真正伟大的人物”①。青年进行职业选择，关键在于处理好个人和社会、个体发展与群体进步的关系，如果只考虑个人，罔顾社会，或者过分追求高远目标而忽视自身实际，往往难以取得理想结果。“我们的使命决不是求得一个最足以炫耀的职业，因为它不是那种使我们长期从事而始终不会感到厌倦、始终不会松劲、始终不会情绪低落的职业，相反，我们很快就会觉得，我们的愿望没有得到满足，我们的理想没有实现，我们就将怨天尤人。”而“历史承认那些为共同目标劳动因而自己变得高尚的人是伟大人物；经验赞美那些为大多数人带来幸福的人是最幸福的人；宗教本身也教诲我们，人人敬仰的理想人物，就曾为人类牺牲了自己——有谁敢否定这类教诲呢？”② 这就是说，人只有在“群体”

① 《马克思恩格斯全集》第1卷，人民出版社1995年版，第459页。

② 《马克思恩格斯全集》第40卷，人民出版社1982年版，第4、7页。

中才能真正彰显自身价值，实现自身发展，人的发展是个体性维度和群体性维度的有机统一。

（三）青年如何为人类的幸福和我们自身的完美而工作

青年只有为人类的幸福和我们自身的完美而工作，才能真正实现自身价值。而为了达成这一目标，青年需要在实践中做好以下几个方面。

一是立足自身实际，切实找准人生方向。个体是存在差异的，每个人所能承担和实现的社会义务也会有所不同，如果忽视自身实际，不但无法实现人生价值，也会使人生充满痛苦。人生方向应当与个体实际相符合，这主要包含两层意思，一方面是人生方向要与个体的实际能力相符合，包括个人的物质条件、身体素质、人脉关系等，对此，马克思曾指出："我们并不总是能够选择我们自认为适合的职业；我们在社会上的关系，还在我们有能力对它们起决定性影响以前就已经在某种程度上开始确立了。"①而"如果我们错误地估计了自己的能力，以为能够胜任经过周密考虑而选定的职业，那么这种错误将使我们受到惩罚。即使不受到外界指责，我们也会感到比外界指责更为可怕的痛苦。如果我们把这一切都考虑过了，如果我们生活的条件容许我们选择任何一种职业，那么我们就可以选择一种使我们最有尊严的职业；选择一种建立在我们深信其正确的思想上的职业；选择一种能给我们提供广阔场所来为人类进行活动、接近共同目标（对于

① 《马克思恩格斯全集》第 40 卷，人民出版社 1982 年版，第 5 页。

这个目标来说，一切职业只不过是手段）即完美境地的职业”①。“如果我们选择了力不胜任的职业，那么我们决不能把它做好，我们很快就会自愧无能，并对自己说，我们是无用的人，是不能完成自己使命的社会成员。由此产生的必然结果就是妄自菲薄。”② 另一方面是人生方向要与个体的精神实际相符合，这涉及个体的兴趣、喜好、意志等，对此，马克思也以反问的方式表达了自己的观点：“我们应当认真考虑：所选择的职业是不是真正使我们受到鼓舞？我们的内心是不是同意？我们受到的鼓舞是不是一种迷误？我们认为是神的召唤的东西是不是一种自欺？但是，不找出鼓舞的来源本身，我们怎么能认清这些呢？”③ 能够从事自己喜欢的职业是一种幸福，而这种喜欢的职业又恰好能构成人生的方向，则是一种莫大的幸运。

二是坚定理想信念，自觉树立崇高目标。明确人生方向之后，还要将其具体化为奋斗目标，实现理想与目标的统一。人生方向的明确需要热情和内心的呼唤，奋斗目标的确立则需要理性和冷静的分析，如此才能将崇高的理想转化为具体可行的目标追求。当然，这种理性和冷静要与现实相结合，充分考虑职业的特点，选择可敬可取的职业作为实现目标的通道和手段，将理想的目标与理想的职业很好结合起来。在马克思看来，“能给人以尊严的只有这样的职业，在从事这种职业时我们不是作为奴隶般的

① 《马克思恩格斯全集》第 40 卷，人民出版社 1982 年版，第 5—6 页。
② 《马克思恩格斯全集》第 40 卷，人民出版社 1982 年版，第 5 页。
③ 《马克思恩格斯全集》第 40 卷，人民出版社 1982 年版，第 4 页。

工具，而是在自己的领域内独立地进行创造；这种职业不需要有不体面的行动（哪怕只是表面上不体面的行动），甚至最优秀的人物也会怀着崇高的自豪感去从事它。最合乎这些要求的职业，并不一定是最高的职业，但总是最可取的职业”①。总之，青年应当将人生方向具体化为人生目标，并且将人生目标现实化为具体职业和工作，通过做好职业和工作实现人生目标。

三是发挥主动精神，投身实践，积极作为。人类的幸福和我们自身的完美只有在实践中才能逐渐实现，青年的人生方向和奋斗目标也只有在实践中才能逐渐达成，因此，青年必须充分发挥主动精神，充分发挥自身的积极性、主动性、创造性，投身实践，积极作为。“志之所趋，无远弗届，穷山距海，不能限也。”广大青年应当抓紧学习，既惜时如金、孜孜不倦，下一番心无旁骛、静谧自怡的功夫，又突出主干、择其精要，努力做到又博又专、愈博愈专，只有迈稳步子、夯实根基、久久为功，才能谱写精彩的青春华章。习近平总书记指出：“‘人才有高下，知物由学’。梦想从学习开始，事业靠本领成就。广大青年要自觉加强学习，不断增强本领。”② 青年要提高政治站位，不断增强“四个意识”，始终坚定“四个自信”，坚决做到“两个维护”，深刻领会“两个确立”的决定性意义，及时了解党和国家的方针政策，结合党和国家需要进行学习和工作；要提升专业本领，结合

① 《马克思恩格斯全集》第 40 卷，人民出版社 1982 年版，第 6 页。

② 习近平：《在知识分子、劳动模范、青年代表座谈会上的讲话》，人民出版社 2016 年版，第 11 页。

人生方向和奋斗目标制定职业规划，有目的、有计划地进行专业学习，从而具备基本的职业素养和专业本领。通过扎实勤恳的实践，每一位有志青年定能实现自己的人生目标。

四是提升思想境界，乐于奉献服务社会。奋斗和奉献是中华民族宝贵的精神财富，是中国共产党人不朽的优秀品质，也是鼓励青年从事各项工作要坚守和践行的精神品格。乐于奉献，在某种程度上就是“伟大”的代名词，体现的是一种高尚的思想境界。中国共产党人之所以能够赢得人民拥护，取得一个又一个伟大胜利，一个重要原因就是乐于奉献自己，以为中国人民谋幸福、为中华民族谋复兴为初心使命。青年人也要有这种奉献的精神，不断提升自己的思想境界，如此才能赢得他人和社会的尊重。2013年5月，习近平总书记在同各界优秀青年代表座谈时寄语青年选择吃苦和奉献就是选择了收获和高尚。2016年7月，习近平总书记在庆祝中国共产党成立95周年大会上的讲话中，勉励青年做走在时代前列的奋进者、开拓者、奉献者，再次强调了奋斗和奉献。2019年6月，习近平总书记在对黄文秀同志先进事迹的重要指示中，勉励广大青年以在脱贫攻坚第一线倾情投入、奉献自我的黄文秀为学习榜样，勇于担当、甘于奉献，在新时代的长征路上作出新的更大贡献。奉献自己，首先要明白党和人民需要我们做什么。对于党而言，希望我们青年人热爱祖国，发奋努力，锤炼本领，今后堪做党和国家事业的接班人，把实现中华民族伟大复兴的接力棒接好；对于人民而言，希望我们敬业爱民，团结友善，发挥自己的才能建设人民安居乐业的幸福家园，满足人民对于美好生活的向往。总之，提升思想境界，乐于奉献，服务社会，要求我们自觉将自己的专业才能用在党和人民需要的地方，积极为人民幸福、社会进步、民族复兴作出自己的应有贡献。

五是发扬斗争精神，坚持不懈，持续努力。习近平总书记在党的二十大报告中强调："广大青年要坚定不移听党话、跟党走，怀抱梦想又脚踏实地，敢想敢为又善作善成，立志做有理想、敢担当、能吃苦、肯奋斗的新时代好青年"①。在世界百年未有之大变局和中华民族伟大复兴战略全局的双重背景下，我们肩负使命任务的艰巨性、面对风险挑战的严峻性、进行伟大斗争形势的复杂性都前所未有，广大青年应当自觉把实现个人理想融入全面建设社会主义现代化国家的时代洪流中，在脚踏实地的奋斗中不断提高斗争本领，用青春和汗水为党和国家事业发展作出应有贡献。为此，必须充分认识到新时代伟大斗争的长期性、复杂性和艰巨性，胸怀理想、脚踏实地，敢于投身于伟大的斗争实践之中，自觉走向实际、走进群众，到祖国和人民需要的地方，努力"向下扎根"，深入条件艰苦的基层、国家建设的一线去练胆魄、磨意志、壮筋骨、长才干，到艰苦环境和基层一线去担苦、担难、担重、担险，经风雨、见世面、壮筋骨，锤炼"逢山开路、遇水架桥""咬定青山不放松"的斗争意志，在实践锻炼中不断提高攻坚克难的本领、创新创造的本领、化解矛盾风险的本领，把发扬斗争精神体现在做好每一件事、完成每一项任务、履行每

① 习近平：《高举中国特色社会主义伟大旗帜　为全面建设社会主义现代化国家而团结奋斗——在中国共产党第二十次全国代表大会上的报告》，人民出版社 2022 年版，第 71 页。

一项职责中，从而以“千磨万击还坚劲，任尔东西南北风”“踏平坎坷成大道，斗罢艰险又出发”的坚韧和刚毅不断书写青春华章，跑出属于这一代青年的好成绩。

习近平总书记指出：“新时代中国青年要勇做走在时代前列的奋进者、开拓者、奉献者，毫不畏惧面对一切艰难险阻，在劈波斩浪中开拓前进，在披荆斩棘中开辟天地，在攻坚克难中创造业绩，用青春和汗水创造出让世界刮目相看的新奇迹！”[①] 青年兴则国兴，青年强则国强。人民的幸福、国家的复兴、人类的解放，都要求青年选好职业，做好工作，而青年也需要在有意义的工作中实现自己的人生价值。正如马克思所言：“如果我们选择了最能为人类福利而劳动的职业，那么，重担就不能把我们压倒，因为这是为大家而献身；那时我们所感到的就不是可怜的、有限的、自私的乐趣，我们的幸福将属于千百万人，我们的事业将默默地、但是永恒发挥作用地存在下去，而面对我们的骨灰，高尚的人们将洒下热泪。”[②] 总之，我们青年人要向马克思学习，努力为人类的幸福和我们自身的完美而工作。

三、举世无双的友谊

有一种友谊叫“马恩”。马克思和恩格斯因倾慕彼此的学识，

① 《习近平谈治国理政》第 3 卷，外文出版社 2020 年版，第 336 页。

② 《马克思恩格斯全集》第 40 卷，人民出版社 1982 年版，第 7 页。

有共同的理想信念而成为终身的挚友，他们的革命友谊长达40年，共同合作创立了马克思主义，并留下大量富含深邃思想的巨作，为世人留下宝贵的精神财富。正如列宁所说："古老传说中有各种非常动人的友谊故事。欧洲无产阶级可以说，它的科学是由这两位学者和战士创造的，他们的关系超过了古人关于人类友谊的一切最动人的传说。"①在生活上，马克思和恩格斯互相关心、互相帮助，在对方遇到困难时总竭尽全力给予最大的物质和精神支持。在共产主义事业上，他们亲密合作，一起考察工厂、走访工人，一起相互启发、共同研究，共同撰写和发表重要文章。《德意志意识形态》《共产党宣言》的问世、《资本论》第二卷和第三卷等重要著作的出版是马克思和恩格斯举世无双的友谊的结晶，也见证了他们为无产阶级奋斗的历程。

（一）有趣的灵魂总会相遇

恩格斯比马克思小两岁，1820年出生于普鲁士王国莱茵省巴门市（今德国伍珀塔尔市）。恩格斯家族是当地的纺织业世家。恩格斯的父亲是擅长经营的工厂主，但思想保守，笃信宗教，要求子女们无条件地恪守宗教教义。1837年恩格斯中学还没毕业，他的父亲就决定让他退学，到在巴门开办的公司，当一名办事员。但恩格斯不满意这样的安排，不甘心终生陷入经商的琐碎事务中，他在进入商行和随后到柏林服兵役的几年里，孜孜不倦地自学，在诗歌、语言、历史、哲学等方面广泛阅读，还抓住一切

① 《列宁全集》第2卷，人民出版社2013年版，第10页。

机会到大学去旁听，结识很多学界朋友，关注学术界的前沿问题。这使没有上过大学的青年恩格斯，无论在理论功底还是在实践经验和认识问题的广度深度上，都远远超过那些大学里的书呆子和普通的年轻学者。恩格斯的写作生涯比马克思更早些，他除了写诗，还钻研黑格尔哲学。当费尔巴哈的《基督教的本质》一书出版，如同一道闪电划过德国思想界时，恩格斯与马克思几乎同一时期，开始向唯物主义者转变，以批判扬弃的态度对待黑格尔哲学的长处和不足。恩格斯在柏林服兵役期间，从“青年黑格尔派”的朋友那里听说过马克思。1842 年 11 月，在他赴英国曼彻斯特谈商业合作的途中，特地绕道到科隆的《莱茵报》编辑部，见到了马克思。但两人的第一次见面并不是“一见倾心”的，这次会面气氛很冷淡。因为马克思误将恩格斯当作他所看不起的“自由人”组织的成员。而此时的恩格斯，其实已经同这个组织断绝了关系。道不同不相为谋，两人的第一次会见不欢而散。

他们真正相互认可并结缘，是在两年后。但 1842—1844 年这两年间，他们几乎同时走向了历史唯物主义，这种思想认识上的高度一致奠定了两人友谊的基础。恩格斯这两年间主要在英国度过，他深入了解了这个世界资本主义工业中心在生产力作用下的巨变，也看到了资本主义社会矛盾丛生，无产阶级和资产阶级的斗争。基于洞察现实的分析，恩格斯完成了《政治经济学批判大纲》一文并寄往马克思主编的《德法年鉴》。马克思对此文大加赞赏。正是在这一文章的影响下，马克思开始思考经济学问题，感到自己经济学知识不够，必须深入到资本经济结构的矛盾中，才能给共产主义学说建立有力的理论依据。于是马克思大量阅读亚当·斯密、大卫·李嘉图、萨伊等经济学家的著作，写下详细的摘录和笔记。而恩格斯也带着丰富的基于实践的思考，急切地盼望着同马克思交流看法。两个有趣的灵魂，终于在1844年8月底相遇了。恩格斯在从英国返回德国途中到巴黎拜访马克思，从8月底到9月初，两人几乎形影不离，利用一切可利用的时间探讨问题。他们发现彼此在哲学、经济学、历史、资本主义等"一切理论领域中"意见完全达成了一致，有了终身合作和进行革命斗争的基础。正如《马克思传》的作者弗·梅林评论所说，根据恩格斯和马克思发表在《德法年鉴》上的文章来分析，"他们的思想，一个浸浴着法国革命的光辉，另一个浸浴着英国工业的光辉，——这两者都是开创现代资产阶级社会历史的伟大历史变革。尽管色彩不同，他们的思想在本质上却是一样的"①。伟大的友谊从此开始了。

（二）朋友一生一起走

恩格斯是马克思精神上的兄弟。他们伟大的友谊是由终身不渝的共产主义信念作支撑的。这一友谊在随后的40多年里，伴随了他们各自的人生历程，也为马克思主义的诞生、发展起了十分关键的推动作用。

在1844年8月的第2次见面时，他们就着手合作撰写第一部著作《神圣家族》。恩格斯随后又完成了《英国工人阶级状况》

---

① ［德］弗·梅林：《马克思传》，樊集译，生活·读书·新知三联书店1965年版，第126页。

一书，马克思于1845年春，撰写了《关于费尔巴哈的提纲》。与此同时，法国迫于普鲁士政府的压力，于1845年1月对马克思下达了驱逐令。远在巴门老家的恩格斯听到马克思被驱逐的消息，立即四处询问马克思的新地址，并汇钱解决马克思一家交不起房租、靠赊欠解决一日三餐的困顿。此后马克思一生颠沛流离的生活中，恩格斯倾囊相助，以解燃眉之急的状况成为一种常态。

1845年7月到8月，流亡布鲁塞尔的马克思稍微安定后，便与恩格斯先后到曼彻斯特和伦敦进行了为期6周的考察，他们查阅资料并同工人运动建立联系。1845年10月到1847年4—5月，他们合作完成了《德意志意识形态》。这部著作第一次系统阐述了他们所创立的历史唯物主义，标志着两人思想发展开始走向成熟。1847年马克思和恩格斯应邀参加正义者同盟，同年6月，这一组织更名为共产主义同盟。马克思和恩格斯起草了同盟纲领《共产党宣言》，这标志着马克思主义的创立和诞生。这部巨著既有恩格斯《共产主义原理》一文的影响，又体现了马克思深邃的理论功底、缜密的逻辑思维和精美激情的语言风格。当1848年欧洲革命的浪潮风起云涌之时，马克思和恩格斯立即参与其中，用实际行动促进革命。1848年6月1日马克思创刊了《新莱茵报》，而恩格斯则在马克思因事外出时，肩负起代理总编的职务，成为马克思的“第二个‘我’”。马克思和恩格斯积极投身于革命，活动中多次参加工人阶级和起义军的集会，向他们宣传自己的思想。恩格斯甚至带上两箱子弹返回家乡参加当地起义，当战斗失败后，恩格斯随部队撤入瑞士，他立即写信给马克思，惦记着他的处境。此时的马克思躺在病床上，当他得知恩格斯逃亡瑞士，出走匆忙，身边没有带钱时，抱病到银行，取出所有的存款，全部寄给了恩格斯。不久，马克思再次被法国政府驱逐，前往英国伦敦，开启了非常艰难的生活。这一时期马克思没有固定的工作，一家人的经济来源主要靠极其微薄而不稳定的稿费维系，饥饿和生存问题差点把马克思置于死地。而恩格斯在经济上长期无私、竭尽全力的援助，成为马克思专心进行理论创作、从事领导国际无产阶级运动事业的重要支撑和保障。正如列宁所说："如果不是恩格斯牺牲自己而不断给予资助，马克思不但无法写成《资本论》，而且势必会死于贫困。"①

马克思对恩格斯的无私奉献多次表达感激和不安，1867 年他在致恩格斯的信中写道："坦白地向你说，我的良心经常像被梦魇压着一样感到沉重，因为你主要是为了我才把你的卓越才能浪费在经商上面，使之荒废，而且还要分担我的一切琐碎的苦恼。"② 这是马克思的肺腑之言。恩格斯不仅给予马克思生活和家庭上的关心、物质援助，而且在事业上牺牲自我以成就马克思。这种伟大的、高尚的友谊，世所罕见。1867 年 9 月 14 日，《资本论》德文版第一卷出版。为了扩大《资本论》的影响，打破资产阶级学者对《资本论》蓄意保持的沉默，恩格斯在很短的时间内为《资本论》写了 9 篇书评，并为《资本论》第一卷第一版总共 6 章中的前 4 章写了提要，以通俗的语言宣传《资本论》的思

---

① 《列宁全集》第 26 卷，人民出版社 2017 年版，第 51 页。

② 《马克思恩格斯文集》第 10 卷，人民出版社 2009 年版，第 256 页。

想。在恩格斯以及其他战友的努力下，《资本论》很快就在德国以及欧洲其他国家传播开来。

两位老战友在异地工作时，常通信交流思想，倾诉个人生活和政治生活中的感受。1870 年，恩格斯终于脱离商海，从曼彻斯特移居伦敦，两个伟大人物终于有较长时间住在同一个城市，共同把全部心思用在领导工人运动和从事理论研究上了。1876 年，恩格斯开始着手写《反杜林论》，并于 1878 年出版该书。它的出版也是马克思和恩格斯合作的结晶，不过这次是恩格斯主笔，马克思帮助查找资料，提供意见建议。1883 年 3 月 14 日下午两点三刻，积劳成疾的一代思想巨匠马克思溘然离世，终年 65 岁。恩格斯沉痛地写道："人类却失去了一个头脑，而且是人类在当代所拥有的最重要的头脑。"①3 月 17 日，马克思葬礼举行，恩格斯在马克思墓前发表的演说感人至深，成为流传千古的名篇。

马克思的逝世并未终结这一伟大动人传说的友谊。为了整理出版马克思数千页的遗稿，完成他未竟的事业，恩格斯停下了手中正在进行的《自然辩证法》的研究和撰写，夜以继日地投入到《资本论》后两卷的整理出版中。1885 年《资本论》第二卷问世，1894 年《资本论》第三卷问世。几个月后，1895 年 8 月 5 日，恩格斯逝世，他所热爱的自然辩证法的研究，成为一部未完成的手稿。

（三）硕果累累，举世无双

马克思曾这样说过，"在这个尘世上，友谊是私人生活中唯

① 《马克思恩格斯文集》第 10 卷，人民出版社 2009 年版，第 505 页。

一具有重要意义的东西”①。纵观马克思和恩格斯的一生，他们的友谊长达40年，两人在共同的事业中不分你我地融为一体，已成为彼此生命中不可或缺的一部分：他们为了共产主义理想信念并肩作战，在科学研究中分工合作，在生活中相互支撑，经受住了漫长而复杂的革命斗争和人生变迁的考验。他们的友谊之树为何枝繁叶茂、硕果累累？又为何能突破了死亡的界限，在当今仍熠熠生辉？究其原因，马克思和恩格斯的友谊之本质也许能给我们答案。

1. 坚定的友谊以共产主义信念为根基

马克思和恩格斯对于共产主义事业终生不渝的坚定信念，为他们的友谊之树扎下深根，使其历经时代考验仍屹立不倒，坚韧直挺。

马克思曾说：“我们两人从事着一个合伙的事业”②。这个事业就是共产主义事业，马克思和恩格斯的友谊便是建立在这个崇高事业基础之上的。马克思和恩格斯在青年时代就有志于为了人类的幸福而工作，树立起为人类服务的崇高理想。尽管二人的成长背景各不相同，但都通过各自学习和探索的道路，向同一方向前进——为人类的彻底解放奉献一生。马克思和恩格斯正是因为有着相同而又坚定的共产主义理想信念，发现彼此在“一切理论领域中都显出意见完全一致”③，他们的友谊之树便因此生根发芽。

① 《马克思恩格斯全集》第32卷，人民出版社1974年版，第527页。

② 《马克思恩格斯全集》第31卷，人民出版社1972年版，第135页。

③ 《马克思恩格斯文集》第4卷，人民出版社2009年版，第232页。

他们将个人理想同无产阶级的彻底解放结合起来，在共同理想信念的指引下，携手共进，相互成就，不惜一切代价同征途中的阻碍者作斗争，两人的友谊也在革命斗争中不断升温。两人互相支持，在种种迫害和威逼利诱面前，在投身无产阶级事业的革命实践中，在创立马克思主义学说的过程中，始终坚定无产阶级理想信念，在革命道路上奋力前行，向旧世界宣战，捍卫着两人的崇高友谊。

2. 双向的友谊是共产主义事业发展的精神动力

马克思和恩格斯的友谊因共同的理想信念而缔结，又在血与火交织的伟大革命斗争中日渐深厚，而这种双向的友谊也为共产主义事业发展提供了连绵不绝的精神动力。马克思主义学说正是在马克思和恩格斯的友谊催化之下创立的，两人都是无产阶级的革命导师，缺一不可。

马克思与恩格斯在科学研究工作中，各有所长，优势互补。恩格斯敏锐，注重实践经验，善于发现新的事物并迅速作出评论，同时在军事科学、语言学和自然哲学方面有着精深的研究。马克思称赞恩格斯的博学多才和才思敏捷，是一部“真正的百科全书”①。而马克思评价自己则是“迟缓”的，他在给恩格斯的一封信里有这样的表达：“你知道，首先，我对一切事物的理解是迟缓的，其次，我总是踏着你的脚印走。”②这是马克思对恩格斯的赞美之词，其实马克思极具创造性的思维和彻底批判的精神，善于抽

① 《马克思恩格斯全集》第49卷，人民出版社2016年版，第490页。

② 《马克思恩格斯全集》第30卷，人民出版社1975年版，第410页。

象力理论，总是能从各个方面对事物的内在本质进行深刻的剖析。恩格斯认为“马克思是天才，我们至多是能手”[①]，并始终谦逊地认为自己是拉第二小提琴的，很高兴有像马克思这样出色的第一小提琴手。他把同马克思并肩战斗，看作是一生中最大的幸福。

马克思和恩格斯虽然个性别具一格，成长环境不尽相同，但他们都有崇高的追求、纯朴的心灵、持久的探索精神和坚韧的革命毅力，这也是他们建立起伟大友谊的重要条件。马克思和恩格斯并肩作战，根据自身所长在科学研究工作中形成了默契的分工，但几乎在所有的重要问题上，他们都要共同探讨、相互协作、交换意见。马克思在科学研究中总是要吸取恩格斯的意见后再作出结论，著作和文章也都要经过恩格斯的阅读再发表。马克思在研究政治经济学时，经常向恩格斯提出各种问题或征求意见，需要他提供市场中的内部消息和现实情况。同样，恩格斯也经常向马克思请教，马克思则乐于向恩格斯提供科学研究资料。两人的政治活动和理论创作活动相互协作、融为一体，马克思主义学说正是在两个天才大脑的相互交流、不断切磋中孕育而生又不断发展的，是友谊的硕果，智慧的结晶。这种双向的友谊是马克思和恩格斯攀登科学高峰的强大精神助力。

3. 纯粹的友谊是苦难生活的慰藉与支撑

马克思和恩格斯虽然长期分隔异地，却一直保持着频繁通信，平均每隔一天就通信一次。他们在信件中无话不谈，从身体、趣闻、工作等生活琐事到历史、军事、经济、哲学等政治和

① 《马克思恩格斯全集》第 21 卷，人民出版社 1965 年版，第 336 页。

理论问题，这些频繁的通信将两颗伟大的心紧紧相连，成为马克思和恩格斯友谊的纽带。这份纯粹的友谊是他们得到精神慰藉的宝贵抒情渠道，是在苦难生活中难得的休憩地。

马克思和恩格斯在生活上患难与共，互相帮助。19 世纪五六十年代，马克思在伦敦度过了一生中最为困难的日子，但写出了《资本论》第一卷这一极其重要的著作。在这期间，马克思被经济和债务问题缠身，受疾病所苦，同时还经历了 3 个孩子的接连死亡，精神状况不佳。为了让马克思能够继续进行科学研究，为他提供经济方面的援助，恩格斯作出了很大牺牲。他回到了“欧门—恩格斯”公司，重新同他一向厌恶的“鬼商业”打交道，并定期汇款给马克思以维持生活。同时，恩格斯还帮助马克思为《纽约每日论坛报》撰稿，并将稿费也寄给了马克思。1855 年，马克思十分钟爱的儿子因病去世，他在给恩格斯的信中写道：“在这些日子里，我之所以能忍受这一切可怕的痛苦，是因为时刻想念着你，想念着你的友谊，时刻希望我们两人还要在世间共同做一些有意义的事情。”① 他们在信中无所不谈，毫无保留地与对方分享各自工作和生活中的喜怒哀乐，两人互相关心、相互挂念。如若有几天没有收到对方的来信，便会尤为担心。友谊成为他们苦难生活中的一针强心剂，给予他们在黑暗中继续前行的积极力量。

对与恩格斯之间的友谊，马克思曾给恩格斯的信中有这样的真挚表达：“我们之间存在着这样的友谊是何等的幸福。你要

① 《马克思恩格斯全集》第 49 卷，人民出版社 2016 年版，第 668 页。

知道，我对任何关系都没有作过这么高的评价。”① 马克思与恩格斯的友谊之树，生长于共产主义理想信念的土壤之中，在满含精神力量的纯洁之水的浇灌下，结出马克思主义的累累硕果，昭示着世间最动人最纯洁的友谊万古长青。

（四）伟大的友谊给我们启迪

友谊究竟是什么？友谊的小船可以经受诱惑也坚韧不破，但有时也会变得很脆弱。如何在茫茫人海中找到那个志同道合的小伙伴，让友谊的小船牢固前行而不说翻就翻呢？马克思与恩格斯的故事给了我们最好的答案。用忠诚去播种，用热情去灌溉，用原则去培养，用谅解去护理，这是马克思对自己交友观的总结，也是对二人伟大友谊的最好概括。马克思与恩格斯伟大友谊的传说为人们追求友谊树立了光辉典范。放到今日来看，马克思交友观对当下青年精神世界的滋养仍然是难以估量的，足以使人获益一生。

要交“志同道合”、拥有共同理想信念和人生追求的朋友。知音难觅，真心难得。人们常说，朋友就是另一个自己。志向不同，理想有别，友谊也就不可能长久。马克思与恩格斯的友谊正是一段志同道合的无产阶级友谊。终生不渝的共产主义信念就是马克思和恩格斯的伟大友谊的最大支撑点。他们的友谊建立在坚信自己的理想是科学的、自己的事业是正义的基础上，远远超越了功利。在向着共同目标的奋斗中，马克思与恩格斯

① 《马克思恩格斯文集》第 10 卷，人民出版社 2009 年版，第 236 页。

二人的名字总是联系在一起。正如保尔·拉法格说的那样："当我们回忆恩格斯的时候，就不能不同时想起马克思，同样，当我们回忆马克思的时候，也就不免会想起恩格斯。他们两人的生活联系得如此紧密，简直是统一而不可分的。"①马克思和恩格斯保持了为人类解放和无产阶级解放的共同不懈追求，共同创造了伟大的马克思主义。他们的思想与行动是高度一致、不分彼此的，互为另一个自己。1860 年 11 月 22 日，马克思在写给匈牙利革命家贝尔塔兰·瑟美列的信中说："恩格斯，您应当把他看作是我的第二个'我'"②。正是因为志同道合，让他们欣赏到了同一片风景。

要交"同甘共苦"、既能相互促进又能真心付出的朋友。真正的朋友不仅能够锦上添花，更能在危难中雪中送炭。在寻求真理的道路上，往往伴随着牺牲。马克思牺牲了他的健康、幸福、家庭；恩格斯选择违背了心心念念的意愿而经商。幸而，这种牺牲并非单枪匹马，他们在一起为无产阶级的人们斗争的共同目标的奋斗中，共同领导国际工人运动、共同办报、编杂志、起草文件……在生活上，他们也是互相关心，互相体贴。马克思生活拮据的时候，恩格斯总是尽力扶持，雪中送炭。为了资助马克思写作《资本论》，恩格斯甘心牺牲自己宝贵的时间，去从事他所厌恶的"该死的商业"。《资本论》第一卷问世后，马克思在写给

① 中共中央马克思恩格斯列宁斯大林著作编译局编：《回忆恩格斯》，人民出版社 2005 年版，第 23 页。

② 《马克思恩格斯全集》第 30 卷，人民出版社 1975 年版，第 569 页。

恩格斯的信中，由衷地说道：“其所以能够如此，我只有感谢你！没有你为我作的牺牲，我是决不可能完成这三卷书的巨大工作的。我满怀感激的心情拥抱你！”① 每个人的人生都是第一次，我们会发现生活里难免有好多让人犹豫胆怯的事情。在朋友面前惊慌失措，是我们最真实柔软的样子。再转身时，我们面对这个世界就没那么怕了。因为一段好的友谊中两个人就是互相搀扶着面对这个世界的人。

要交“正直善良”、可以直言不讳也能求同存异的朋友。马克思与恩格斯的终身友谊是真挚而深厚的，但两人都有鲜明而突出的个性，彼此不仅在外貌上，在性格、脾气和感情方面都有着不同。真正的朋友，不是花言巧语，而是关键时候拉你的那只手。真正的朋友，或许不能给你物质上的帮助，却可以给你精神上的鼓励。人生在世有推心置腹、相互扶持的朋友是十分幸运的事情。每个人的家庭和社会环境不同、阅历不同，个性必然千差万别。因而，宽宏大度、真诚待人尤为重要。我们没有权利也很难去改变一个人，但我们可以学会去发现彼此的长处，在求同存异中相互学习、相互进步。

要交“势均力敌”，既能相互认可又能保持独立人格的朋友。有人说，人与人之间的相处，最基本的条件就是平等。最好的友谊，从来不是居高临下的恩赐，而是势均力敌的默契。真正的友情，是不看轻别人，也不妄自菲薄。若两个人无法保持势均力敌，只会让彼此相互疏远。就像马克思非常重视恩格斯的博学，

① 《马克思恩格斯全集》第 31 卷，人民出版社 1972 年版，第 328—329 页。

称赞他思想灵敏，能毫不费力地从一个题目转到另一个题目，说自己总是踏着恩格斯的脚印走。而恩格斯则对马克思的逻辑思辨能力和综合分析能力十分敬佩，说马克思的才能要超过自己。马克思和恩格斯，作为国际工人运动的伟大导师，被世人并称为科学社会主义理论体系的创建人。对此，恩格斯本人总是很谦虚地说，能与马克思并肩作战40年，是他自己一生中最大的幸福。科学社会主义的基本贡献都是马克思做出的，他自己至多算是个“第二小提琴手”。第一小提琴手和第二小提琴手，就是这样和谐地演奏着动人心魄的乐章。

四、沿着陡峭山路攀登光辉的顶点

作为全世界无产阶级和劳动人民的革命导师，无产阶级的精神领袖，马克思既是杰出的理论家，他经年累月艰苦创作，撰写了大量科学著作，创立了追求人的自由全面发展的马克思主义理论；也是伟大的革命家和实践者，是第一国际的组织者和领导者，是马克思主义政党的缔造者，也是国际共产主义运动的开创者。可以说，“思想的人和实践的人不可分割地融于一身”地追求知识和真理，是马克思人生的头等大事。那么，马克思是如何创立了“为无产阶级的解放和全人类的幸福”而奋斗的马克思主义理论的？他的学术经历是怎样的？他为什么会选择为“全人类的幸福”奋斗终生？为什么马克思会说“我一直在坟墓的边缘徘徊……我不得不利用我还能工作的每时每刻来完成我的著作，为了它，我已经牺牲我的健康、幸福和家庭"①，以及马克思是运用什么科学研究方法使马克思主义成功问世？这一系列的问题都会不同程度地萦绕在每一位初识马克思的青年朋友们的脑海中。下面我们就从马克思的学术志向、学术经历、学术态度和学术方法等方面为新时代青年朋友们展现一个志存高远、笃行不怠、睿智思辨的马克思。

（一）"天地境界"的学术志向

我国著名哲学家冯友兰曾在《人生的境界》中说到，人生的境界可划分为四个等级，从低到高依次是自然境界、功利境界、道德境界、天地境界。其中，"天地境界"指的是"一个人可能了解到超乎社会整体之上，还有一个更大的整体，即宇宙。他不仅是社会的一员，同时还是宇宙的一员。他是社会组织的公民，同时还是孟子所说的'天民'。有这种觉解，他就为宇宙的利益而做各种事。他了解他所做的事的意义，自觉他正在做他所做的事。"②1835年，年仅17岁的马克思在中学毕业作文《青年在选择职业时的考虑》中曾热情激昂地写道："在选择职业时，我们应该遵循的主要指针是人类的幸福和我们自身的完美……如果我们选择了最能为人类福利而劳动的职业，那么，重担就不能把我们压倒，因为这是为大家而献身；那时我们所感到的就不是可怜的、有限的、自私的乐趣，我们的幸福将属于千百万人，我们的

① 《马克思恩格斯文集》第10卷，人民出版社2009年版，第253页。

② 冯友兰：《中国哲学简史》，北京大学出版社1996年版，第220页。

事业将默默地、但是永恒发挥作用地存在下去，而面对我们的骨灰，高尚的人们将洒下热泪。”[①]不言而喻，马克思就是冯友兰先生所说的具有“天地境界”的人，他将自己的人生理想定位为“为了无产阶级的解放和全人类的幸福而工作”，这是何等的抱负、境界和气魄！而且马克思一辈子也坚实地兑现着自己的诺言，以巨大且超凡的毅力坚持艰苦创作，在吸收借鉴、批判创新的基础上创立了辩证唯物主义和历史唯物主义学说，创立了为了人类自由全面发展的马克思主义理论！

我不知道，当有说过“为什么要树立崇高的志向呢？我觉得正是因为人要追求所谓的种种理想，才变得焦虑疲惫，看着都累，没有理想不也挺好的吗，开心就好……”这样的青年朋友读到马克思的人生志向时，会不会有片刻的低头沉思呢？内心会不会产生些许震撼呢？我希望答案是肯定的。我想你们也不该说，马克思唱高调，因为这个高调人家敢唱，而且唱了一辈子，坚守了一辈子，努力了一辈子，终把“高调”唱成了“高尚”！马克思真就如同毛泽东同志所说的那句话那样，是一个高尚的人，一个纯粹的人，一个有道德的人，一个脱离了低级趣味的人，一个有益于人民的人！我想，当晚年的马克思回首自己一生时，内心是充盈的，眼中是有光的！他完全可以热烈地对自己说：当我回首往事的时候，不因碌碌无为而羞愧，不因虚度年华而悔恨，因为我把自己的健康、心血、生活都毫无保留地献给了我毕生心爱的事业——为了全人类的幸福！

---

① 《马克思恩格斯全集》第 40 卷，人民出版社 1982 年版，第 7 页。

（二）持之以恒的学术经历

学习是马克思认为至高无上且乐此不疲的事情，而其根本目的则是为了全人类的解放和幸福！马克思曾说：“在科学上没有平坦的大道，只有不畏劳苦沿着陡峭山路攀登的人，才有希望达到光辉的顶点。”① 马克思一生贫困潦倒却不畏辛苦勇攀高峰。正是如此，马克思揭示了资本主义生产方式和它所产生的资产阶级社会的特殊运动规律，揭示了资本家攫取剩余价值的秘密，发现了整个人类社会发展的基本规律，从而科学断言资本主义社会必然灭亡，共产主义社会必然实现。

1830—1835 年，马克思在特里尔中学学习，他在中学毕业作文《青年在选择职业时的考虑》中，把“人类的幸福和我们自身的完美”作为自己职业的选择。1835 年，马克思进入波恩大学法学专业学习，一年后转入柏林大学，专业是法律，但却喜欢哲学和历史学。用马克思自己的话讲，就是“没有哲学我就不能前进”。其 1841 年完成的博士论文《德谟克利特的自然哲学和伊壁鸠鲁的自然哲学的差别》总体上还是青年黑格尔派的思想观点，但也反映出马克思鲜明的民主主义政治立场。马克思获得博士学位后，转向报刊工作，任《莱茵报》主编，直接投身于现实的政治斗争。其间，马克思撰写了《关于林木盗窃法的辩论》《摩泽尔记者的辩护》等文章，其世界观也逐渐由唯心主义转向唯物主义、从革命民主主义转向共产主义，且这一转变到 1844 年的《德法年鉴》时

① 《马克思恩格斯全集》第 43 卷，人民出版社 2016 年版，第 13 页。

期基本完成。随后，马克思通过对黑格尔法哲学的批判，得出“市民社会决定国家”的重要结论，其研究也从哲学深入到经济学，《1844年经济学哲学手稿》是马克思关于政治经济学研究的最初成果。至此，马克思提出“异化”概念，且提出消灭私有制的共产主义革命是变异化劳动为自由自觉的人的劳动的必然途径，即把异化劳动理论同消灭私有制的共产主义革命联系起来。1844年8月，马克思和恩格斯会晤，开始共同承担起创立马克思主义和指导共产主义运动的历史使命，其合作完成的《神圣家族》体现出他们从异化劳动理论向唯物史观转变的过渡思想，处在唯物史观的前夜。1845年春，马克思撰写《关于费尔巴哈的提纲》，制定了科学的实践观，奠定了历史唯物主义的重要理论基础。1845年10月至1847年4—5月，马克思和恩格斯合著《德意志意识形态》，系统阐述了历史唯物主义的基本原理，标志着历史唯物主义的诞生。1848年，马克思和恩格斯合作《共产党宣言》标志着马克思主义正式诞生。与此同时，1843年马克思开始政治经济学研究，到1867年《资本论》第一卷德文第一版正式出版，马克思实现了劳动价值论上的科学革命和剩余价值理论的伟大发现，揭示了资本主义生产方式内在奥秘，对资本主义生产方式的内在矛盾、运动规律和历史趋势做了科学分析。由此可见，马克思持之以恒地践行自己青春梦想，为了实现人类的自由解放和全面发展而甘愿奉献自己的一生。

（三）如饥似渴的学术精神

马克思说：“但是在科学的入口处，正像在地狱的入口处一样，必须提出这样的要求：‘这里必须根绝一切犹豫；这里任何怯懦都无济于事。’”① 顽强的毅力、刻苦的钻研、永不放弃的精神是马克思成为伟大的科学家和革命家的内在动力。马克思撰写《资本论》，从 1843 年直到他去世，40 多年如一日，用了他大半生的时间去艰苦创作，哪怕是“躺着也继续苦干”。如此，才成就了《资本论》，使其成为马克思主义的重要百科全书，同时也是马克思研究资本主义社会经济形态的巅峰之作。

马克思在研究经济学时，曾经遇到一些关于计算上的困难，于是他就进一步研究数学。马克思本身有着极强的求知欲，越是不了解的知识，就越会投以十分的热情去钻研。并且在研究政治经济学的岁月里，凡是有关经济学的书，他总要千方百计地买来钻研，像亚当·斯密、李嘉图、西斯蒙第、穆勒等人的古典著作，他不但一一读完，而且还做了许多笔记。从 1843 年到 1847 年，他竟做了 24 本经济学笔记。有一次，他没有钱，买不起一本叫《通货史册》的书，他写信向恩格斯求助，他信中这样写道：这本书很可能没有什么我所不知道的新东西，但经济学家们对于此书，既然大惊小怪，而我又只读过它的节引，我不安于让我不读这本书就写下去。就凭着这份超乎常人的毅力和坚持，他在对大量的经济学文献进行研究、批判之后，经过 15 年的时间，终于整理发表了《政治经济学批判》一书。

马克思一生 4 次被各国政府驱逐，最后在英国伦敦定居。他在伦敦最初十年间，度过了一生中生活最艰难的时期。然而马克

① 《马克思恩格斯选集》第 2 卷，人民出版社 1995 年版，第 35 页。

思没有被苦难所压倒，几乎每天大英博物馆刚开门，马克思就准时到达这里，如饥似渴地进行学习和研究，直至晚上博物馆闭馆。1850 年 3 月底，燕妮随马克思一起流亡伦敦，对于这段生活，燕妮曾给好朋友约瑟夫·魏德迈信中写道："因为这里奶妈工钱非常高，尽管我的胸和背都经常痛得很厉害，我还是决定自己给孩子喂奶。但是这个可怜的孩子从我身上吸去了那么多的痛苦和内心的忧伤，所以他总是体弱多病，日日夜夜忍受着剧烈的痛苦。他从出生以来，没有一个晚上是睡到两三个小时以上的。最近又加上了剧烈的抽风，所以孩子终日在生死线上挣扎。由于这些病痛，他拚命地吸奶，以致我的乳房被吸伤裂口了；鲜血常常流进他那抖动的小嘴里。有一天我正抱着他这样坐着，突然我们的女房东来了。我们一个冬天已经付给她二百五十多塔勒，其余的钱按合同不应该付给她，而应该付给早已查封她的财产的地产主。但她否认合同，要我们付给她五英镑的欠款，由于我们手头没有钱，于是来了两个法警，将我不多的全部家当——床铺衣物等——甚至连我那可怜的孩子的摇篮以及眼泪汪汪地站在旁边的女孩们的比较好的玩具都查封了。他们威胁说两个钟头以后要把全部家当拿走。那时忍受着乳房疼痛的我就只有同冻得发抖的孩子们睡光地板了……"① 即便生活已穷困潦倒，但马克思从未放弃他的青春理想，从未停止对人类幸福和世界未来的思考和探索。

到了马克思晚年，他虽然体弱多病并且持续失眠，但"斗争

① 《马克思恩格斯全集》第 27 卷，人民出版社 1972 年版，第 631 页。

是他的生命要素”，他始终没有放下科学研究工作、工人运动和政治斗争，他克服亲人离世、身体病痛，用自己最后的生命时光坚持“为人类工作”！

（四）严谨求实的学术方法

马克思的女儿曾问马克思这样一个问题：你最喜爱的座右铭是什么？马克思回答说：怀疑一切。正如列宁所说：马克思做到了“凡是人类社会所创造的一切，他都有批判地重新加以探讨，任何一点也没有忽略过去。凡是人类思想所建树的一切，他都放在工人运动中检验过，重新加以探讨，加以批判，从而得出了那些被资产阶级狭隘性所限制或被资产阶级偏见束缚住的人所不能得出的结论”①。也正是这样审视一切、严谨求实的学术方法成就了伟大的马克思。

一是博览群书。马克思在大学里攻读法律专业，但他所阅读的书籍远远超出法律的范围，几乎涉及当时知识的所有领域。当时大学里最盛行的是哲学大师黑格尔的哲学，马克思以及马克思主义注定要和黑格尔结下不解之缘。在大学期间，马克思参加了由青年黑格尔派组成的“博士俱乐部”，得到了青年黑格尔派主要成员的推崇。正如科本称马克思为“一座思想的仓库、制造厂，或者按照柏林的说法，思想的牛耳……”赫斯更是把马克思推崇为“当今活着的唯一的哲学家”，是卢梭、伏尔泰、霍尔巴赫、莱辛、海涅和黑格尔的结合体。

---

① 《列宁全集》第 39 卷，人民出版社 2017 年版，第 334 页。

在研究和写作中，马克思研究的文献、科目之多，和他使用过的材料之浩瀚，是同样惊人的，其范围极为广博：历史学、经济学、法学、物理学、化学、数学、语言学、文学等。有人统计说，马克思一生涉猎1500多种书目，这是多么庞大的数字啊！而且，凡是读过的著作，他都做出比较详细的摘录，写下自己感想以及附以批判性的边注和解释，供自己进一步思考和研究。他就是用这样的方式，彻底地，首先是批判地，掌握了那个时代的知识。

二是严谨创作。马克思说："研究必须充分地占有材料，分析它的各种发展形式，探寻这些形式的内在联系。只有这项工作完成以后，现实的运动才能适当地叙述出来。"① 马克思在学术研究中怀有强烈的批判意识，用审视的眼光和思维看待他阅读的书籍，而且有极大的钻研精神去完成，从而追求他的新思想新观点。在批判他人思想的同时也批判自己之前的学说，他始终在批判中不断进步。而且当马克思遇到某一个问题有疑难、有分歧的意见，马克思就跟他的朋友们一再讨论，有时从黑夜讨论到第二天早晨，也不知疲倦。马克思为写作《资本论》付出极其艰苦的劳动，曾多次修改手稿。拉法格曾回忆说："马克思对待著作的责任心，并不下于他对待科学那样严格。他从不引证一件他还未十分确信的事实，而且在他尚未彻底研究好一个问题时他决不谈论这个问题。他决不出版一本没有经过他仔细加工和认真琢磨过的作品。他不能忍受把未完成的东西公之大众的这种思想。""他

---

① 《马克思恩格斯选集》第2卷，人民出版社2012年版，第93页。

从来不允许任何人去整理，或者更确切地说，去弄乱他的书籍和文件。它们只是表面上混乱而已，实际上，一切东西都在一定的地方，不须寻找，他就能很快拿到他所需要的任何书籍或笔记簿。”“他有这么一种习惯，隔一些时候就要重读一次他的笔记和书中做上了记号的地方，来巩固他的非常强而且精确的记忆。”① 马克思的好朋友恩格斯也在《卡尔·马克思》一文中说，马克思总是“以无比的严肃认真的态度进行研究和探讨”，“这种极其严肃认真的态度，使他在自己对自己的结论在形式和内容上尚未满意之前，在自己尚未确信已经没有一本书他未曾读过，没有一个反对意见未被他考虑过，每一个问题他都完全解释清楚之前，决不以系统的形式发表自己的结论”。② 此外，马克思善用引证方法。他在引用材料时，总是选用最权威、最全面、最有说服力的材料，并且追根问底材料的出处，保证引用材料的真实性和正确性。恩格斯曾这样评说马克思的引证方法：“在大多数场合，也和往常一样，引文是用作证实文中论断的确凿证据。但在不少场合，引证经济学著作家的文句是为了证明：什么时候、什么地方、什么人第一次明确地提出某一观点。只要引用的论点具有重要意义，能够多少恰当地表现某一时期占统治地位的社会生产和交换条件，马克思就加以引证，至于马克思是否承认这种论点，或者说，这种论点是否具有普遍意义，那是完全没有关系的。因此，

---

① 苏共中央马克思列宁主义研究院编：《回忆马克思恩格斯》，人民出版社1957年版，第87、70页。

② 《马克思恩格斯全集》第16卷，人民出版社1964年版，第412—413页。

这些引证是从科学史上摘引下来并作为注解以充实正文的。”①

三是实事求是。马克思一生强调：理论联系实际。马克思晚年曾与他的女儿劳拉的通信中，讲到一个令人深思的关于哲学家与船夫的故事：“哲学家：船夫，你懂得历史吗？船夫：不懂！哲学家：那你就失去了一半生命！哲学家又问：你研究过数学吗？船夫：没有！哲学家：那你就失去了一半以上的生命。哲学家刚刚说完了这句话，风就把小船吹翻了，哲学家和船夫两人都落入水中，于是船夫喊道：你会游泳吗？哲学家：不会！船夫：那你就失去了你的整个生命。”② 马克思的科学研究并非束之高阁，而是关注现实，“把实际斗争作为我们批判的出发点”，坚持科学研究和实践斗争相结合，“努力参与现实生活，尽一切可能改变和改造现实生活”，以真正共产主义者的身份去“改造世界”，开创人类社会新纪元。也正因如此，马克思在充分考察资本主义生产方式和生产关系的基础上，得出“两个必然”和“两个决不会”的论断，科学揭示人类社会发展规律。

在马克思墓碑底座的正面，刻着《共产党宣言》结尾处的那句话：全世界无产者，联合起来。底座的下面则刻着：哲学家们只是用不同的方式解释世界，而问题在于改变世界。这是两句最能反映马克思的抱负和思想内涵的话了。无奋斗，不青春；奋斗者，正青春。千百年来，青春的力量、青春的涌动、青春的希望始终是推动中华民族勇毅前行、延绵扩展，屹立于世界民族之林

---

① 《马克思恩格斯全集》第23卷，人民出版社1972年版，第35页。

② 《马克思恩格斯全集》第35卷，人民出版社1971年版，第303—304页。

的磅礴力量。在全面建设社会主义现代化国家、全面实现中华民族伟大复兴中国梦的新时代，青年这支朝气蓬勃的社会中坚力量应当以马克思为精神榜样，坚定理想、勇担使命、奋勇争先、艰苦奋斗，充分展现出新时代中国青年在科学研究的道路上，坚持科学的理想信念与扎实的笃行不怠相统一、全面的专业知识素养与突出的创新创业能力相统一、强烈的中国情怀与广阔的国际视野相统一的综合素质，坚定不移地听党话、跟党走，既仰望星空又脚踏实地，既敢想敢为又善作善成，以饱满的朝气、美好的梦想、积极的创造，在与人民共命运、同历史共进步、同时代共成长的生动实践中奏响青春之歌，让青春焕发出绚丽光彩，为创造无悔于青春、无悔于祖国和人民的业绩而奋斗。

致敬马克思！

马克思的英名和事业将永垂不朽！

五、当代青年的困惑与怎样做出正确的人生选择

党的十九大报告提出要“培养担当民族复兴大任的时代新人”①。二十大报告中指出：“当代中国青年生逢其时，施展才干的舞台无比广阔，实现梦想的前景无比光明。”② 作为新时代的青

① 《习近平谈治国理政》第 3 卷，外文出版社 2020 年版，第 33 页。

② 习近平：《高举中国特色社会主义伟大旗帜　为全面建设社会主义现代化国家而团结奋斗——在中国共产党第二十次全国代表大会上的报告》，人民出版社 2022 年版，第 71 页。

年，要与时代同呼吸、与国家共命运，始终有理想、有本领、有担当，做奋进者、开拓者、奉献者，成为中国特色社会主义事业的合格建设者和可靠接班人。青年，是为人生打基础的重要发展阶段；青年时期，是人生最美好的年华。马克思、恩格斯指出："作为确定的人，现实的人，你就有规定，就有使命，就有任务。至于你是否意识到这一点，那都是无所谓的。这个是由于你的需要及其与现存世界的联系而产生的。"① 作为生逢"百年未有之大变局"的新时代中国青年，这是最大的人生际遇，也意味着会面临更多的挑战。那么，如何解决在发展过程中遇到的困惑，以及如何做出正确的人生选择？正如习近平总书记所言："中国梦是历史的、现实的，也是未来的；是我们这一代的，更是青年一代的。中华民族伟大复兴的中国梦终将在一代代青年的接力奋斗中变为现实。"② 为此，新时代中国青年要以成为时代新人为己任，追梦新愿景、确立新航向、开启新征程，展示出新时代青年的精神风貌和青春风采。

（一）树立崇高理想，凭信念放飞青春梦想

什么是理想？一言以蔽之，是对未来的美好寄望。庄子有云："哀莫大于心死。"西晋傅玄曰："面歧路者有行迷之虑，仰高山者有飞天之志。"习近平总书记特别重视青少年理想信念的重要性，指出："要从小学习立志。志向是人生的航标。一个人要

---

① 《马克思恩格斯全集》第 3 卷，人民出版社 1960 年版，第 329 页。

② 《习近平谈治国理政》第 3 卷，外文出版社 2020 年版，第 54—55 页。

做出一番成就，就要有自己的志向。一个人可以有很多志向，但人生最重要的志向应该同祖国和人民联系在一起，这是人们各种具体志向的底盘，也是人生的脊梁。”① 理想信念作为衡量个体精神境界高下的重要标尺，是人的精神世界的核心内容。只有具备了崇高的理想信念，才能使自身的精神生活健康起来，才能让自己的精神世界系统得以有序运转，避免自己的精神空虚与迷茫。也只有具备了崇高的理想信念，才能引导自身不断追求高远的人生目标，并在实现这一理想目标的过程中不断提升精神境界，锻造高尚品格，放飞青春梦想。马克思在中学毕业考试时写的德语作文中谈到了对目标的认识：“每个人眼前都有一个目标，这个目标至少在他本人看来是伟大的，而且如果最深刻的信念，即内心深处的声音，认为这个目标是伟大的，那它实际上也是伟大的，因为神决不会使世人完全没有引导者；神轻声地但坚定地作启示。”② 在他看来，理想目标的产生应是来自内心深处最深刻的信念。

诚然，在追求理想的过程中，总是会遇到各种挑战和诱惑。尤其是在网络时代，各种信息获取变得更为多元和便捷，深刻影响着新时代青年的学习、工作及生活方式。在网络空间，各种错误思潮、腐朽观念或多或少地隐匿其中，如果没有崇高的理想信念，就很容易受到拜金主义、享乐主义和极端个人主义等错误观

① 《习近平关于青少年和共青团工作论述摘编》，中央文献出版社 2017 年版，第 92 页。

② 《马克思恩格斯全集》第 1 卷，人民出版社 1995 年版，第 455 页。

念的影响。个人的健康良性发展总是其精神世界不断从狭隘走向高远、从空虚走向充实、从疑惑走向坚定的过程，也总是一个沿着自我成长与完善的道路上勇攀高峰、逐步提升精神定力与境界的过程。人在青年时期思想活跃，对新鲜事物充满好奇心，也容易将现有美好视为理所应当，甚至会出现对传统与权威的质疑与抵触。这或许是所谓“独立”“自由”的人格觉醒，即会对一切既有的存在，产生为什么一定如此、何必如此的想法，这在某种方面是可以值得肯定的。我们要具备批判和怀疑的精神，但更要具有科学的批判精神。批判不是简单粗暴的批评与指责，而是有着科学的范式与要求的。所谓批判，应是澄清前提、划定界线，以科学的世界观和方法论为指导才能真正运用得当。青年阶段的我们必须要树立起崇高的理想信念，确立马克思主义的科学信仰，树立共产主义的远大理想和中国特色社会主义共同理想。新时代的青年，应该把个人的奋斗志向同国家和民族的前途命运紧紧联系在一起，只有把个人的学习进步同祖国的繁荣昌盛紧紧联系在一起，把自己的青春与祖国和人民同行，融入国家和民族的伟大事业中，和祖国和时代一起成长与进步，才能放飞青春梦想，让理想信念之花结出丰硕的成长成才之果。

（二）练就过硬本领，用奋斗汇聚前进力量

“空谈误国，实干兴邦”，告诉我们必须要行动起来。不能只停留在想法、打算，而不去行动和实践。作为新时代青年，首先必须要练就过硬本领，具备高强才干，勤奋学习，积极参加社会实践，全面发展。只有不断提升自身的本领才干，才能让

自己的青春焕发无限光彩。清代袁枚曾言，“学如弓弩，才如箭镞，识以领之，方能中鹄”。即是说，学问的根基好比弓弩，才能好比箭头，只有依靠厚实的见识来引导，才可以让才能很好发挥作用。马克思在谈到使命与职业选择时指出：“我们的使命决不是求得一个最足以炫耀的职业，因为它不是那种使我们长期从事而始终不会感到厌倦、始终不会松劲、始终不会情绪低落的职业，相反，我们很快就会觉得，我们的愿望没有得到满足，我们的理想没有实现，我们就将怨天尤人。”① 至于选择特定职业的热情的发生，马克思指出不能来自虚荣心，尤其是不能“被名利弄得鬼迷心窍”。“如果我们通过冷静的研究，认清所选择的职业的全部份量，了解它的困难以后，我们仍然对它充满热情，我们仍然爱它，觉得自己适合它，那时我们就应该选择它，那时我们既不会受热情的欺骗，也不会仓促从事。”② 在这里，所谓冷静的研究，就必须是以过硬的本领、高强的才干作为前提和基础的。缺乏厚实的见识以及强大的信念，我们将无法真正选择适合自己的职业。青年要秉持勤奋刻苦的奋斗精神，“撸起袖子加油干”，练就了一身过硬的本领，为自己的青春远航汇聚前进力量。

（三）担当时代大任，以奉献成就出彩人生

何为大学？《大学》有云：“大学之道，在明明德，在亲民，在止于至善。”大意是：大学的宗旨，在于彰显光明的品德；在

① 《马克思恩格斯全集》第40卷，人民出版社1982年版，第4页。

② 《马克思恩格斯全集》第40卷，人民出版社1982年版，第4—5页。

于反省提高自己的道德并推己及人，使人人都能改过自新、弃恶从善；在于让整个社会都能达到完美的道德境界并长久地保持下去。这句经典的话，习近平总书记2014年5月4日在北京大学师生座谈会上讲话时曾引用，是我们理解大学要义的一把钥匙。也有人讲，大学之大非有大楼之谓也，乃有大师之谓也。每个人对大学的理解各有不同，但大学至少应该是一个特定的学习阶段，处于该学习阶段的青年正值人生发展的重要时期，该时期更是一个人的世界观、人生观、价值观形成的关键时期。这个阶段的青年，开始真正地认识与反思自我，追问人生的价值和意义等。这是很自然的一件事，认识自我必须要认识自身所处的时代。马克思在谈职业选择时指出："我们应该遵循的主要指针是人类的幸福和我们自身的完美。不应认为，这两种利益会彼此敌对、互相冲突，一种利益必定消灭另一种利益；相反，人的本性是这样的：人只有为同时代人的完美、为他们的幸福而工作，自己才能达到完美。如果一个人只为自己劳动，他也许能够成为著名的学者、伟大的哲人、卓越的诗人，然而他永远不能成为完美的、真正伟大的人物。"① 在这里，他提到了应致力于人类的幸福和自身的完美，更提到了时代。每个人都无法脱离自身所处的时代，只有为同时代的人的完美、幸福而努力，自身才能达到完美、幸福。其实，不论是否真正走进大学校园，完整接受大学教育，人的成长也必将经历使自身从"小小的我"到"大大的我"的青年时期。所以，对青年而言，"大学"的要义也并不仅是指

① 《马克思恩格斯全集》第1卷，人民出版社1995年版，第459页。

局限在特定场域的存在，而是每个青年人都要经历的过程。

德国哲学家黑格尔曾说，“哲学的任务在于理解存在的东西，因为存在的东西就是理性。就个人来说，每个人都是他那个时代的产儿”①，也就是说，我们要了解自身，则必须要了解自己所处的时代。而把握时代的要义，就必须洞悉和把握时代的哲学。马克思讲：“任何真正的哲学都是自己时代的精神上的精华，因此，必然会出现这样的时代：那时哲学不仅在内部通过自己的内容，而且在外部通过自己的表现，同自己时代的现实世界接触并相互作用。”② 如果不能理解和把握自身所处的时代，以及自己时代精神精华的哲学，则我们将无法了解自身。例如，身处所谓桃花源之中人不接触现实，只能是“问今是何世，乃不知有汉，无论魏晋”。很多人都是生活在自己想象出来的世界里面，甚至是网络空间，而不是将自身置于鲜活的现实世界中。我们生活的时代，我们生活的国家，才是我们仰望星空、脚踏实地的最大实际。中国特色社会主义进入新时代，近代以来久经磨难的中华民族迎来了从站起来、富起来到强起来的伟大飞跃，迎来了实现中华民族伟大复兴的光明前景。这个新时代，是全国各族人民团结奋斗、不断创造美好生活、逐步实现全体人民共同富裕的时代，是全体中华儿女勠力同心、奋力实现中华民族伟大复兴中国梦的时代，是我国日益走近世界舞台中央、不断为人类作出更大贡献的时

---

① ［德］黑格尔：《法哲学原理》，范扬、张企泰译，商务印书馆 2010 年版，第 12 页。

② 《马克思恩格斯全集》第 1 卷，人民出版社 1995 年版，第 220 页。

代。2021 年 7 月 1 日，习近平总书记在庆祝中国共产党成立 100 周年大会上指出，“新时代的中国青年要以实现中华民族伟大复兴为己任，增强做中国人的志气、骨气、底气，不负时代，不负韶华，不负党和人民的殷切期望！”① 作为新时代的青年，必须要有担当时代大任的精神，讲求奉献，实干进取。勇于担当的青春是至美的，而青年人的担当则是影响时代发展进程的重要力量。我们要把个人的奋斗志向同国家和民族的前途命运紧紧联系在一起，作为实现中华民族伟大复兴的生力军，新时代青年的担当精神主要体现在乐于奉献之中。《新时代的中国青年》白皮书中指出：“中国梦是历史的、现实的，也是未来的；是广大人民的，更是青年一代的。新时代中国青年必将以永不懈怠的精神状态、永不停滞的前进姿态，在接续奋斗中将中华民族伟大复兴的中国梦变为现实。”② 为此，作为新时代的青年，一定要担当起党和人民赋予的历史重任，在激扬青春、开拓人生、奉献社会中书写无愧于时代的壮丽篇章，同时也让自己的人生更加多姿多彩。

---

① 习近平：《在庆祝中国共产党成立 100 周年大会上的讲话》，人民出版社 2021 年版，第 21 页。

② 中华人民共和国国务院新闻办公室：《新时代的中国青年》，人民出版社 2022 年版，第 3—4 页。

第六章

中国化时代化的马克思

一、马克思如何看待近代中国?

中国是马克思在理论研究和革命实践中长期关注的东方国家。作为“千年第一思想家”，马克思对遥远的东方文明古国——中国的关注和研究，从一开始就同创立无产阶级世界观的崇高使命紧密相连。马克思一方面广泛阅读欧洲各国学者关于中国历史、中国文化等方面的著作；另一方面，从议会通报、政府文件、军事要闻、媒体报道，以及来华的商界人士、外交官员、旅行家和传教士发表的记叙文章中搜集并了解中国的历史文化。马克思关于中国的论述涉及中国历史与文化、19 世纪中国的社会性质、鸦片战争、太平天国运动等多方面，形成了关于中国问题的立场、观点和方法。

（一）关于古老中国由盛而衰的深刻洞察

中华民族是世界上伟大的民族，有着 5000 多年源远流长的文明历史，曾长期走在世界前列，创造了悠久灿烂的中华文明，为人类文明进步作出了不可磨灭的贡献。在中国历史上，我们先后出现过文景之治、贞观之治、康乾盛世等，这彰显了我国经济文化发展的繁荣景象和中国社会治理的博大智慧。在现代科学技术登场前的十多个世纪，中国在科技和知识方面的积累远胜于西方。16 世纪以前，影响人类生活的重大科技发明约有 300 项，其中中国人的发明占了 175 项之多。马克思高度评价了中国古代文明为人类文明进步事业作出的重大贡献。他充分肯定中国古代技术发明对世界发展的重要影响："火药、指南针、印刷术——这是预告资产阶级社会到来的三大发明。火药把骑士阶层炸得粉碎，指南针打开了世界市场并建立了殖民地，而印刷术则变成新教的工具，总的来说变成科学复兴的手段，变成对精神发展创造必要前提的最强大的杠杆。"① 在马克思的著作中，他还多次论及中国在许多方面的发明，如火炮、纸币、算盘、茶叶、丝织品、养蚕业等。这些中国的发明创造极大地推动了世界文明的进程，深刻改变了人们的生活方式。

自 15 世纪地理大发现以来，西方国家经过文艺复兴运动、宗教改革，开始进入近代，随后的启蒙运动、工业革命和资产阶级革命，使得西方国家开始逐渐成为新的世界中心，西方国家也由农业经济逐步转变为工业经济，由民族性的封闭发展逐步转变为世界性的开放发展，由封建社会逐步转变为资本主义社会，总而言之，西方国家开始由古代文明逐步转变为现代资本主义文明。然而，中国社会的发展却陷入僵化、停滞不前。几千年来，中国一直是自给自足的自然经济，正如马克思所说，妨碍与

① 《马克思恩格斯全集》第 37 卷，人民出版社 2019 年版，第 50 页。

世界经济交往的“主要因素，是那个依靠小农业与家庭工业相结合而存在的中国社会经济结构”①。即便当时，中国依旧是贸易大国，但由于经济结构落后，最终必然被先进的工业经济所打垮。马克思认为，这种自然经济抵触新的工业经济，而且“始终是东方专制制度的牢固基础，它们使人的头脑局限在极小的范围内，成为迷信的驯服工具，成为传统规则的奴隶，表现不出任何伟大的作为和历史首创精神”②。18—19世纪，西欧和美国先后发生产业革命，紧接着又是第一次工业革命，此时的中国正处于康雍乾时期，虽然社会和经济有了一定的发展，但是中国的封建社会每发展一步都意味着向新制度过渡的困难加重一步。由于这种种原因，使得中国和西欧各国在面对当时世界千年未有之大变局的时候走上了两条截然不同的道路，也使得中国开始逐步落后于世界潮流。马克思这样写道：“对亚洲的输出在1697年不到不列颠出口总额的1/52，而1822年已经达到约1/14，1830年达到1/9左右，1842年达到1/5强。”③“在1842年，现代贸易史上第一次真的发生了白银大量从亚洲运往欧洲的事情。”④中国长期的闭国锁国、封闭僵化，导致其在经济、科技、政治乃至文化等方面陷入停滞，走向衰落。马克思在《鸦片贸易史》一文中指出：“一个人口几乎占人类三分之一的大帝国，不顾时势，安于现状，人为地隔绝于世并因此竭力以天朝尽善尽美的幻想自欺。这样一个帝

---

① 《马克思恩格斯选集》第1卷，人民出版社2012年版，第843页。

② 《马克思恩格斯选集》第1卷，人民出版社2012年版，第853—854页。

③ 《马克思恩格斯全集》第12卷，人民出版社1962年版，第73页。

④ 《马克思恩格斯论中国》，人民出版社2018年版，第17页。

国注定最后要在一场殊死的决斗中被打垮”①。古老的中国就像一块古代社会的活化石，社会基础停滞不动。

（二）关于鸦片战争的系列论述

鸦片战争在中国历史上占有重要地位，是中国社会转型的开始。习近平总书记在庆祝中国共产主义青年团成立100周年大会上的讲话中指出：“1840年鸦片战争以后，中国逐步成为半殖民地半封建社会，国家蒙辱、人民蒙难、文明蒙尘，中华民族遭受了前所未有的劫难。”②鸦片战争在中国历史上是标志近代史起点的重大事件，也是马克思研究中国问题的着眼点和切入点。马克思在英国居住生活期间，能够接触到英国关于鸦片战争的一手资料。他依据大量的外交公函、官方文件、议会记录和法律条文等，围绕两次鸦片战争的起因、进程、直接后果等方面展开了论述，批判了西方列强通过侵略战争和不平等的贸易对中华民族进行的欺凌、宰割、剥削和掠夺，揭露了英、法、俄、美等国对华战争的侵略本质和血腥暴行，极其深切地同情中国人民所遭受的苦难和屈辱。“从人的感情上来说，亲眼看到这无数辛勤经营的宗法制的祥和无害的社会组织一个个土崩瓦解，被投入苦海，亲眼看到它们的每个成员既丧失自己的古老形式的文明又丧失祖传的谋生手段，是会感到难过的”③。从中可以看出马克思对饱受屈

---

① 《马克思恩格斯选集》第1卷，人民出版社2012年版，第804页。

② 习近平：《在庆祝中国共产主义青年团成立100周年大会上的讲话》，人民出版社2022年版，第2页。

③ 《马克思恩格斯选集》第1卷，人民出版社2012年版，第853页。

辱的中华民族和历经磨难的中国人民的同情和关怀。

马克思通过细致的分析，揭示了战争的本质，驳斥了侵略者为了对中国进行“非法的鸦片贸易”而寻找的借口。马克思指出：“在1839年至1842年的第一次英中战争期间，英国制造商曾陶醉于出口贸易会惊人扩大的妄想。他们曾一码一码地量出了准备给天朝人穿着的棉织品。然而，实际经验砸碎了帕麦斯顿这类政客锁住他们心窍的那把大锁。从1854年到1857年，向中国出口的英国工业品平均不超过125万英镑，而这是第一次对华战争以前的年份里常常达到的数字。”① 针对这一现象，西方的资本家和政客企图掩盖其真实的动因，并试图从这一现象中寻找借口，为发动战争“洗白”。对此，马克思在《对华贸易》一文中指出：“每当亚洲各国的什么地方对输入商品的实际需求与虚拟需求——虚拟需求大多是根据新市场的大小，那里人口的多寡，以及某些重要口岸外货销售情况等表面资料推算出来的——不相符时，急于扩大贸易地域的商人们就极易于把自己的失望归咎于野蛮政府所设置的人为障碍在作梗，因此可以用强力清除这些障碍。正是这种错觉，在我们这个时代里，使得英国商人拼命支持每一个许诺以海盗式的侵略强迫野蛮人缔结商约的大臣。这样一来，假想中对外贸易从中国当局方面遇到的人为障碍，事实上便构成商界人士眼中能为对天朝帝国施加的一切暴行进行辩护的绝好借口。”② 马克思通过这段话，批驳了西方列强发动战争的荒诞

① 《马克思恩格斯全集》第16卷，人民出版社2007年版，第76页。

② 《马克思恩格斯全集》第19卷，人民出版社2006年版，第20—21页。

借口，道出了侵略者企图发动战争的真实缘由。马克思一针见血地指出："昨天早晨由亚美利加号轮船带到的邮件，有许多是关于英国人在广州同中国当局的争端和海军将军西马糜各厘的军事行动的文件。我们认为，每一个公正无私的人在仔细地研究了香港英国当局同广州中国当局之间往来的公函以后，一定会得出这样的结论：在全部事件过程中，错误是在英国人方面。"①

马克思援引大量文献资料，以铁的事实，雄辩地证明了鸦片对中华民族和中国人民造成的深重灾难，中国人民"惨遭屠杀"，"他们的住宅被炮火夷为平地"，"人权横遭侵犯"。马克思多次用"海盗"这个词来形容列强对中国侵略的行径。马克思谴责英国政府"把战争的所有国际法准则破坏无遗"，将鸦片战争称为"无比残忍的蹂躏屠杀""极端不义的战争"，谴责战争发动者是"把炽热的炮弹射向毫无防御的城市、杀人又强奸妇女的文明贩子"。马克思通过对中英贸易特别是鸦片贸易史的研究，深刻地揭示了这场战争是为输入鸦片而进行的战争，是用大炮强迫中国进行正式的鸦片贸易，以武力打开天朝同尘世往来的大门。②

英国为了攫取鸦片贸易的巨额利益大肆向中国走私，鸦片不仅麻痹中国人的精神意识，还腐蚀了风雨飘摇的清政府官员，整个国家官僚体系和行政机关被腐化。马克思在《鸦片贸易史》一文中一针见血地指出："中国人的道义抵制的直接后果就是，

① 《马克思恩格斯全集》第 16 卷，人民出版社 2007 年版，第 17 页。

② 《马克思恩格斯全集》第 12 卷，人民出版社 1962 年版，第 73 页。

帝国当局、海关人员和所有的官吏都被英国人弄得道德堕落。侵蚀到天朝官僚体系之心脏、摧毁了宗法制度之堡垒的腐败作风，就是同鸦片烟箱一起从停泊在黄埔的英国趸船上被偷偷带进这个帝国的。”① 中国官员的贪污受贿使政府防止鸦片入侵的关卡如同虚设。面对整个官僚体系的堕落腐化，封建皇权虽整治官吏，但这都是杯水车薪，腐朽的清政府未能从根本上解决官员腐败问题。马克思指出：“皇帝下诏严禁鸦片贸易，结果引起了比他的诏书更有力的反抗。除了这些直接的经济后果之外，和私贩鸦片有关的行贿受贿完全腐蚀了中国南方各省的国家官吏。正如皇帝通常被尊为全中国的君父一样，皇帝的官吏也都被认为对他们各自的管区维持着这种父权关系。可是，那些靠纵容私贩鸦片发了大财的官吏的贪污行为，却逐渐破坏着这一家长制权威——这个庞大的国家机器的各部分间的唯一的精神联系。存在这种情况的地方，主要正是首先起义的南方各省。所以几乎不言而喻，随着鸦片日益成为中国人的统治者，皇帝及其周围墨守成规的大官们也就日益丧失自己的统治权。”② 在西方资本主义腐蚀冲击下，皇帝的权威因官僚体系的腐化而丧失，而依赖整个官僚体系运转的君主专制制度也因官僚体系的腐蚀必然走向灭亡。

鸦片战争造成中国白银大量外流，导致银源枯竭、国库亏空，以至整个国家出现财政危机，经济濒临崩溃。西方列强发动战争的直接目的就是掠夺财富、获取利益，中国开始沦为列强的

---

① 《马克思恩格斯选集》第 1 卷，人民出版社 2012 年版，第 805 页。

② 《马克思恩格斯选集》第 1 卷，人民出版社 2012 年版，第 779 页。

附庸。马克思指出:“中国在1840年战争失败后被迫付给英国的赔款,大量的非生产性的鸦片消费,鸦片贸易所引起的金银外流,外国竞争对本国生产的破坏,国家行政机关的腐化,这一切就造成了两个后果:旧税捐更重更难负担,此外又加上了新税捐。例如,1853年1月5日皇帝在北京颁发的一道上谕中,就责成南方各省、武昌、汉阳的总督和巡抚减轻税捐,允许缓交,首先是绝对不要额外再征;否则,这道上谕中说,‘小民其何以堪?’又说:‘……庶几吾民于颠沛困苦之时,不致再受追呼迫切之累。’”① 马克思在《鸦片贸易史》一文中用大量材料对此作了仔细分析。如1767年以前,输入中国的鸦片不到200箱,而1800年,一年就达2000箱;1837年则达39000箱,价值2500万美元;1856年输入的鸦片价值达3500万美元,英印政府从中获得2500万美元的收入,是其财政总收入的六分之一。②

鸦片战争成为中国历史的转折点。穷凶极恶的西方列强逐步把中国推向半殖民地半封建社会的深渊。马克思对鸦片战争和不平等条约进行了分析。他指出,鸦片战争前,中国还是一个封建社会,采用封建自给自足的经济形式,制造业虽然落后,但农业生产很发达。但是,随着英国等国家的入侵,中国的经济被打开,被迫接受西方资本主义体系的强制性要求。由此,中国开始面临资本主义强制推进和破坏的时代,其传统的经济制度和文化体系无法与之匹配,陷入一种被动、落后和脆弱的状态。两次鸦

① 《马克思恩格斯全集》第9卷,人民出版社1961年版,第111页。

② 《马克思恩格斯文集》第2卷,人民出版社2009年版,第631—635页。

片战争均以中国失败而告终，中英由此订立了 1842 年的中英《南京条约》和 1858 年的《天津条约》。马克思对《南京条约》和《天津条约》进行了剖析。马克思指出这两个条约都是英国人“在炮口下强加给对方的对华条约”①。第一次鸦片战争“英国人轻而易举地向中国人勒索到大宗银两”②，即“420 万英镑，其中 120 万英镑赔偿被没收的走私鸦片，300 万英镑赔偿军费”，且“外加香港”割让给英国。第二次鸦片战争赔偿英国人 1334000 英镑。③所不同的是，俄国、美国、法国都不同程度参与了第二次鸦片战争，也强迫清政府签订了 1858 年中俄、中美、中法《天津条约》。鸦片战争和不平等条约导致了中国的崩溃和沦陷，进而导致中国人民遭受了数十年的剥削和压迫。这也意味着中国的自由、独立和民主遭到了摧残，中国陷入了半殖民地半封建的社会状态。此时，中国社会革命的根本任务是反对帝国主义和封建主义的统治，争取民族独立和民主自由的权利，实现现代化和工业化。

（三）关于中国民主革命的深入剖析

以农业和家庭手工业相结合的中国传统生产方式，一方面是封建君主专制制度建立的经济基础，另一方面也是养活亿万农民的经济体系。资本主义生产方式冲击着以农业和手工业相结合的中国传统生产方式，中国传统生产方式在资本主义生产方式的

① 《马克思恩格斯论中国》，人民出版社 2018 年版，第 75 页。

② 《马克思恩格斯全集》第 16 卷，人民出版社 2007 年版，第 102 页。

③ 《马克思恩格斯文集》第 2 卷，人民出版社 2009 年版，第 645 页。

猛烈攻击下逐步解体，随之而来的是农民的生活方式的改变。西方列强叩开中国大门后，中国传统手工业受到了资本主义工业的排挤和压制并逐步走向破产的边缘。“成千上万的英美船只开往中国；这个国家很快就为英国和美国用机器生产的廉价工业品所充斥。以手工劳动为基础的中国工业经不住机器的竞争。”① 随着国外商品大量引入中国，资本主义工业在逐渐瓦解中国传统生产方式的过程中加剧了农民的负担，导致农民手工业者大量破产，而作为统治阶级的清政府不仅不能解决农民疾苦，反而为了支付战争赔款，横征暴敛，加重赋税。马克思指出：“中国在 1840 年战争失败以后被迫付给英国的赔款、大量的非生产性的鸦片消费、鸦片贸易所引起的金银外流、外国竞争对本国工业的破坏性影响、国家行政机关的腐化，这一切造成了两个后果：旧税更重更难负担，旧税之外又加新税。”② 维系亿万农民生活的传统经济体系的瓦解，以及战争赔款和赋税加重的灾难，深化了阶级矛盾，孕育了社会危机，引发了农民革命。“牢固的中华帝国遭受了社会危机。税金不能入库，国家濒于破产，大批居民赤贫如洗，这些居民开始愤懑激怒，进行反抗，殴打和杀死清朝的官吏和和尚。这个国家据说已经接近灭亡，甚至面临暴力革命的威胁”③。

为了挽救民族危亡，近代中国农民进行了可歌可泣的抗争。

---

① 《马克思恩格斯全集》第 10 卷，人民出版社 1998 年版，第 277 页。

② 《马克思恩格斯选集》第 1 卷，人民出版社 2012 年版，第 780 页。

③ 《马克思恩格斯全集》第 7 卷，人民出版社 1959 年版，第 264 页。

如 1851 年至 1864 年，由洪秀全、杨秀清、萧朝贵、冯云山、韦昌辉、石达开等组成的领导集团在广西金田村发动反抗清朝的武装起义，后被称为太平天国运动。马克思支持中国人民反抗侵略的斗争，并对太平天国运动也有所关注。马克思恩格斯在《时评。1850 年 1—2 月》中写道："当我们的欧洲反动分子不久的将来在亚洲逃难，到达万里长城，到达最反动最保守的堡垒的大门的时候，他们说不定会看见上面写着：中华共和国：自由，平等，博爱。"①1853 年 5 月 20 日，马克思在《中国革命和欧洲革命》一文中，明确将太平天国运动称作"革命"。他说："中国的连绵不断的起义已延续了 10 年之久，现在已经汇合成一个强大的革命"②。"可以有把握地说，中国革命将把火星抛到现今工业体系这个火药装得足而又足的地雷上，把酝酿已久的普遍危机引爆，这个普遍危机一扩展到国外，紧接而来的将是欧洲大陆的政治革命。"③"过不了多少年，我们就会亲眼看到世界上最古老的帝国的垂死挣扎，看到整个亚洲新纪元的曙光。"④ 在这篇文章中，马克思满怀期望地对太平天国运动进行了分析和评价，并预示它能带来巨大的影响。1856 年 10 月 17 日，他在《欧洲的金融危机》中，又一次提到太平天国运动，将其称为"中国的起义"。紧接着，在 1857 年 3 月 2 日写的《俄国的对华贸易》中，他再次使用了"起义"的字眼，说中国产茶区的通路"为起义部队所占领"。

---

① 《马克思恩格斯论中国》，人民出版社 2018 年版，第 134 页。

② 《马克思恩格斯全集》第 9 卷，人民出版社 1961 年版，第 109 页。

③ 《马克思恩格斯选集》第 1 卷，人民出版社 2012 年版，第 783 页。

④ 《马克思恩格斯选集》第 1 卷，人民出版社 2012 年版，第 800 页。

3月22日，在《英人在华的残暴行动》一文里，他说“太平天国”是“在中国爆发成了愤怒的烈火”。1858年9月3日，在《鸦片贸易史》中，他重申“鸦片战争”“使中国发生起义”的看法。而在该年9月10日的《英中条约》中，他再次强调了“太平天国”是“中国革命”的说法。①

1862年，马克思在发表的《中国记事》中对太平天国运动给予评价。马克思认为：“除了改朝换代以外，他们没有给自己提出任何任务。他们没有任何口号。他们给予民众的惊惶比给予老统治者们的惊惶还要厉害。他们的全部使命，好像仅仅是用丑恶万状的破坏来与停滞腐朽对立。”② 可以看出，在这篇文章中马克思对太平天国运动的评价，与1853年发表的《中国革命与欧洲革命》对太平天国运动的评价大相径庭。马克思在《中国革命与欧洲革命》一文中对太平天国运动满怀期望，基本上持肯定态度。但在《中国记事》中对太平天国运动加以批评，基本持否定态度。

马克思对太平天国运动评价前后反差很大，可能与太平天国运动的发展和变化密切关联。太平天国运动在爆发伊始是以反清为主要目标，表现出的是对专制王朝的批判和反抗，自身的精神状态也还可以。所以马克思和恩格斯给予了积极评价，也多少寄予一定的期望。但太平天国在不断壮大的过程中，逐

---

① 李忠杰：《马克思恩格斯怎样看中国》，北京人民出版社2019年版，第282页。

② 《马克思恩格斯全集》第15卷，人民出版社1963年版，第545页。

步暴露出弊端和不足，如内部派系斗争、宗教迷信等，这些负面信息势必导致马克思改变对太平天国运动的最初的评价。当然，从整体和主流上分析，马克思对太平天国运动并没有全盘否定。太平天国运动虽不是一次彻底的无产阶级革命，太平军身上也存在不足和缺陷，但在当时的社会历史条件下，农民阶级发动反封建的斗争，它是中国社会的重要力量，是一种革命潜力。

二、在遍地烽火中传播马克思主义真理

青年人是时髦的，可以是又卷又躺的“斜杠青年”、是玩梗溜到飞起的社恐群体、是把国粹变国潮的破圈勇者。而历史、理论看起来沉闷且晦涩，似乎被归类于与现下年轻人的时髦是毫无关系的，事实是怎么样的呢？

如果问中国青年，马克思是谁？答案会是什么呢？他高频出现在我们读书各个时期，他是课本里需要诵读记忆的重点、他是在考卷中反复提及的得分点、他是挂在学校走廊里肃穆的伟人照片。究竟马克思的魔力在哪儿，在他去世 140 多年后我们仍需要学习、缅怀。究竟在所有熟记研读的关于“马克思”的重点与考点背后我们需要理解的是什么？马克思，一个大胡子德国老头儿，为什么能跨越千山万水、穿越历史长河，在中国掀起巨浪、落地生根。

其实，马克思与青年亲密无间，他不是在纸面上平静的名

字，不是只需要背诵的“熟悉的陌生人”。马克思主义在中国革命、建设和改革的实践中，解决了一个又一个时代之问。他诠释了信仰的力量，力证了真理的选择，为中国在黑夜中走出民族存亡困境提供了路径、为中国在光明中走向民族伟大复兴提供了指南。而中国青年的选择早已融入这历史川流之中，你可以看看这百余年的中国青年啊！

从十月革命带来了马克思主义起，青年就与马克思紧紧联系在一起，青年的思想与马克思的信仰早已相遇，青春的思维与马克思主义早已碰撞，青年的前进之路被点亮、真理的思想之光被传承。中国青年是打破封建禁锢的新文化运动呐喊者、是扛起爱国旗帜的五四运动觉醒者、是投身大革命洪流的角逐者、是发出抗日救国最强音的抗争者、是反内战迎解放憧憬新中国的战斗者。而当下的中国青年呢？他们是无畏疫情的最美逆行者、是高呼“请党放心、强国有我”的奋斗者、是平视世界敢于亮剑为国发声的前行者。

青年与马克思紧密相连并非政治口号，而是历史逻辑使然。青年于国家蒙辱、人民蒙难、文明蒙尘之中觉醒，作为政治力量登上历史舞台，成为国家治理体系的重要组成部分，随着青年不断成熟发展，在革命、建设、改革每一阶段中不断推进，青年的发展与时代的发展同频共振，在这一过程中青年对马克思主义的认识越发深厚，马克思主义在中国的扎根就越发深入。

从五四一代、北伐一代、抗日一代、解放一代、建国一代、改革一代……这都是中国青年！百余年这一腔赤诚热血的信仰未曾改变，这一念忠肝义胆的誓言未曾改变，这一派霁月清风的气韵未曾改变。他们在烽火狼烟中铮铮前行，他们在乱世流离中护山河风骨，他们在百废待兴时勇毅奔赴，他们在盛世中华时先锋领航。胸中云梦波澜阔，眼底沧浪宇宙宽。无论历史音容如何变幻，中国青年仍愿为天下苍生登高一呼。

（一）青年觉醒——“试看将来的环球，必是赤旗的世界！”

辛亥革命瓦解了最后一个封建王朝，打开了社会进步的闸门，促进了人们的思想解放，却没有将反帝反封建的革命斗争进行到底，中国人民仍在苦难之中。中国的先进分子逐渐觉悟到必须另外探寻新的救国救民的道路。1915 年 9 月，36 岁的陈独秀在上海创办的《青年杂志》（后改名为《新青年》），以“改造青年之思想，辅导青年之修养”为宗旨，吹响了新文化运动的号角。德先生与赛先生的讨论、资产阶级新文化反对封建阶级旧文化的斗争如火如荼地进行着，新文化运动的蓬勃发展也越来越吸引青年群体。1917 年，列宁领导的俄国十月革命第一次把社会主义从书本上的学说变成活生生的现实，一个新的社会现实、一种新的思想学说让敏感的青年群体产生了新的震荡，为他们日后接受宣传马克思主义奠定了基础，马克思主义在青年中的传播也拉开了历史帷幕。

1919 年，作为第一次世界大战战胜国的中国，对巴黎和会寄予厚望，中国代表在会上提出废除外国在中国的势力范围、撤退外国在中国的军队等七项希望和取消“二十一条”及换文的陈述书。会议拒绝了中国的合理要求。名曰“和平会议”，却罔顾中国的尊严与权益，将战败的德国在中国山东的一切特权转交给日本。消息传回国内群情激愤，以学生斗争为先导的五四运动如火山般地爆发了。5 月 4 日，在天安门前约有 3000 名北京学生集会游行示威，高呼“外争主权、内除国贼”“取消二十一条”“还我青岛”“诛卖国贼曹汝霖、章宗祥、陆宗舆”等口号，并呼吁全国工商各界一起行动，掀起爱国风暴。从 6 月 5 日起，上海工人举行声援学生的罢工，参加人数达六七万。工人罢工、商人罢市蔓延全国，扩展到 100 多座城市。至此，五四运动突破了知识分子的狭小范围，成为有工人阶级、小资产阶级和资产阶级参加的全国规模的群众运动。运动的中心也由北京转移到上海，斗争的主力由学生逐渐转向工人。迫于压力，北洋政府不得不释放被捕学生，宣布罢免亲日派官僚。6 月 28 日，中国代表终于没有出席巴黎和约的签字仪式。

五四运动以中华优秀传统文化中最深沉的爱国情怀集结了一切进步力量，也涤荡了所有对帝国主义与封建势力还抱有的幻想。五四运动表现出了反帝反封建的彻底性，促进了马克思主义在中国传播并与工人运动相结合，社会主义思潮渐成为主流，李大钊、陈独秀、毛泽东、周恩来、董必武等一批先进青年走到了马克思主义道路上来。

道路的选择必然是在曲折中前进，即使在五四运动的热潮下，马克思主义真理并没有被“一票通过”相反呈现出多样的选择、讨论，以符合客观规律的自然演进在时间中让历史作了选择，让人民作了选择，马克思主义真理反复经受住了考验。五四时期，社团并立、学说纷繁也在一定程度上推动了马克思主义的广泛和深入传播，而实践的考验也让先进分子对马克思主义的拥护更加坚定。比如，信奉无政府主义的社团的思潮也影响了毛泽东、周恩来、恽代英、邓中夏等许多进步青年。提倡学术研究和人格修养的社团——少年中国学会，毛泽东、张闻天、恽代英、高君宇、邓中夏等都是会员。少年中国学会后逐渐分化，有的坚定接受马克思主义，有的则反对主张不谈主义。这一时期思想活跃、思潮澎湃。社团、期刊作为传播马克思主义的主要阵地发挥了重要作用。如，当学生亲眼看到工人阶级的力量，一些先进知识分子决定到工人中去开办学校、组织工会。国民杂志社、新潮社、新民学会、觉悟社等都是信仰马克思主义的社团，促进了马克思主义的传播。1919 年 5 月，《新青年》发表了由李大钊撰文的《我的马克思主义观》，全面地介绍马克思主义的唯物史观、经济学说和社会主义理论。1920 年，《东方杂志》《新青年》等刊物刊登苏俄政府发表的第一次对华宣言。这个宣言宣布“废弃（沙俄在中国境内享有的）一切特权”。中国人民从苏俄政府对待中国的态度中，对社会主义有了进一步的认识。9 月，陈独秀发表《谈政治》一文，明确宣布承认用革命的手段建设劳动阶级的国家，表明他已转变为马克思主义者。杨匏安作为华南地区最早的马克思主义传播者，在《广东中华新报》上发表了许多宣传马克思主义的文章，等等。期刊的蓬勃发展对马克思主义思想在中国的进一步传播给予了有力的推动，而马克思主义思想以其先进性、科学性和革命性吸引着中国的先进分子。五四运动以后研究和宣传社会主义逐渐成为主流，先进分子确立了对马克思主义的信念。

若讨论马克思主义的传播则不得不提及五四运动。历史的偶然性寓于必然性之中。一寸山河一寸血，赵家楼的一把烈火是青年对国之不存的凄凉之绪。“中国的土地可以征服而不可以断送！中国的人民可以杀戮而不可以低头！”是青年对民族存亡的浩气长歌。而马克思主义送来了复我河山的光明之路，使得马克思主义在中国由小众传播转向广泛传播、由局部传播转向系统传播、由理论学说转向实践主导，五四运动则承接了这一历史使命。五四运动与马克思主义在中国传播过程中的双重互动，形成了以爱国、进步、民主、科学为主要内容的伟大五四精神，奠定了马克思主义中国化、时代化的价值共识。证明了马克思主义真理始终与中华优秀传统文化的丰富内涵、中国道路的历史演化、人民群众的心之所系相契合。正是这种有效传播推动了中国革命道路的开辟，推进了马克思主义中国化、时代化发展，回答了一个大胡子德国老头儿的魔力所在，为什么在他去世 140 多年后我们仍需要学习、缅怀，“是为了向人类历史上最伟大的思想家致敬，也是为了宣示我们对马克思主义科学真理的坚定信念”①。

（二）青年聚集——“无产者在这个革命中失去的只是锁链。他们获得的将是整个世界”

在五四爱国运动的激荡下，先进分子群体改造社会的想法愈发强烈，建立新型的工人阶级政党的任务提上日程——“南陈北李”相约建党。1920 年秋至 1921 年春，武汉、长沙、济南、广州

① 习近平：《在纪念马克思诞辰 200 周年大会上的讲话》，人民出版社 2018 年版，第 27 页。

等地先后建立起共产党的地方组织。在欧洲和日本，中国留学生和侨民中的先进分子也建立了共产党的组织。各地共产党早期组织成立以后，通过组织进步青年学习马克思主义、同反马克思主义的思潮展开论战、在工人中进行宣传和组织工会的工作、建立青年团组织为党培养后备力量等进一步宣传马克思主义，这也为后来轰轰烈烈的大革命奠定了坚实的思想基础。1920年9月起，《新青年》公开宣传马克思主义。11月，上海党组织创办的《共产党》月刊，用以介绍共产党的基本知识以及共产国际和各国共产党的状况。上海的《民国日报》副刊《觉悟》、湖北的《武汉星期评论》、济南的《励新》半月刊、广东的《群报》等，都在面向青年宣传马克思主义。1920年8月，陈望道翻译的《共产党宣言》出版，恩格斯的《科学的社会主义》中文译本出版。陆续的《马克思资本论入门》《唯物史观解说》等马克思主义的著作发行，马克思主义研究会等团体还会组织进步青年学习马克思主义的基本理论，研究中国的实际问题，青年有着更全面、广泛地学习马克思主义的途径。真理越辩越明，为扩大马克思主义的思想阵地，共产党早期组织的成员同反马克思主义的思想流派进行了斗争。在与反对马克思主义思潮的论战中，就有人认识到，中国将来实现社会主义时，必有自己的特性。李大钊就指出社会主义的理想，“因各地、各时之情形不同，务求其适合者行之，遂发生共性与特性结合的一种新制度（共性是普遍者，特性是随时随地不同者），故中国将来发生之时，必与英、德、俄……有异”①。同反对马克思主

①《李大钊文集》（下），人民出版社1984年版，第376页。

义思潮辩论，也有力地帮助了一批倾向社会主义的进步分子走上马克思主义的道路。

共产党早期组织的成员大多是知识分子出身。为组织进步学生，1920 年 8 月，上海成立了社会主义青年团组织，俞秀松为书记。随后，北京、广州、长沙、武昌等地也成立了团的组织。各地青年团组织团员学习马克思主义，为未来的革命造就了一批后备有生力量。为了能在工人中进行有效的马克思主义宣传，还创办了一批通俗的专门供工人阅读的刊物，如上海有《劳动界》、北京有《劳动音》和《工人周刊》、广州有《劳动者》、济南有《济南劳动月刊》。同时，还创办了各种形式的工人学校，如邓中夏等在长辛店开办的劳动补习学校，李启汉等在沪西开办的工人半日学校。经过宣传教育，觉悟提高的工人们也建立了组织。1920 年 11 月，共产党领导的第一个工会——上海机器工会宣告成立。武汉、长沙、广州、济南等地的工人也相继成立工会，工会还组织发动工人举行罢工。可以说，中国的马克思主义思想运动从一开始就是一个知识分子同工人群众相结合的运动。

1921 年 7 月，中国共产党第一次全国代表大会举行，宣告了中国共产党正式成立。一个完全新式的、以马克思主义为行动指南的工人阶级的政党诞生了，一个崭新的革命火种，以争取民族独立和人民解放为己任开始了艰苦卓绝的斗争历程。当时战争与革命几乎是一种社会常态，帝国主义压迫、资本主义剥削、军阀混战民不聊生，国民经济遭受重创，哪里有压迫哪里就有反抗，在共产党领导下，各个阶级的青年积极投身到大革命洪流之中，打倒列强、推翻军阀成为中国社会各阶层的强烈愿望。中国共产党成立后，集中力量从事工人运动。以 1922 年 1 月香港海员罢工为起点，在持续 13 个月的时间里，全国发生大小罢工 100 余次，参加人数在 30 万以上。其中，安源路矿工人大罢工、开滦煤矿工人大罢工最具代表性，1923 年 2 月 4 日爆发的京汉铁路三万名工人大罢工，使第一次工人运动高潮达到顶点。这充分显示出工人阶级的力量，也表明了马克思主义在中国革命实践中的作用。2 月 7 日，军阀吴佩孚对京汉铁路罢工工人实施血腥屠杀和镇压。二七惨案发生后，全国工人运动暂时转入低潮。中国共产党人在工人运动中迅速成长，明白战胜强大的敌人仅仅靠工人阶级是不够的，没有革命的武装斗争，仅仅依靠罢工或其他合法斗争是不行的。

孙中山始终高举革命的旗帜，国民党在人们心中仍是革命的象征，而年轻的共产党人带着工人运动总结的经验和教训寻求最广泛的战线。国民党一大的政治纲领同中国共产党在民主革命阶段政治纲领的若干基本原则是一致的，成为第一次国共合作的政治基础。这次合作实现后，以广州为中心，汇集全国的革命力量，很快开创出反帝反封建的革命新局面，促进了工农运动的恢复和发展。国共两党在广州创办了农民运动讲习所，以培养各地农民运动骨干，这也是大革命时期马克思主义传播的重要阵地。广州农民运动讲习所名义上是由中国国民党中央执行委员会创办、农民部主管，但实际上是由中国共产党提议开办和领导的。彭湃、罗绮园、阮啸仙、谭植棠、毛泽东先后担任负责人，周恩来、瞿秋白、吴玉章、萧楚女、邓中夏等都曾任过教员。他们既是党内对农民问题有研究的理论家、政治家，也是农民运动的领导者。如，彭湃撰写了第一部关于农民运动的专著《海丰农民运动报告》，阮啸仙编写的《中国农民运动》是我党早期运用马克思主义分析农民问题的重要理论成果。马克思主义的文献更加完善且已有结合中国实际的中国化马克思主义成果呈现，如中共早期优秀理论家张伯简撰写的《社会进化简史》，大量引用《资本论》《共产党宣言》等经典著作，结合中国实际，深入浅出地讲解了马克思主义基本思想。萧楚女在查阅大量马列典籍后编写了《社会主义概要讲授大纲》《中国民族革命运动史讲授大纲》等。毛泽东将国内外关于农民运动的重要文献、农讲所教员对农民问题的专题研究、学员深入实地的调研材料等汇集起来加以审订和修改，编成《农民问题丛刊》出版。

1924 年 7 月至 1926 年 9 月，广州农民运动讲习所共举办了 6 届，培养了 721 名毕业生和 25 名旁听生，大多数学员也是由共产党的地方组织选送来的共产党员、青年团员和进步青年，他们成为马克思主义传播的主要力量。农讲所的学习模式对后期马克思主义传播有重要借鉴意义，既有马克思主义基本原理的课堂教学与研究，还注重实际问题调查研究，培养学员研究问题的能力和善于开展调查研究的精神，并且加强军事训练，农讲所的课程安排中专门有关于革命策略、宣传训练等军事问题的教学研讨。农讲所学员毕业后，积极用马克思主义理论唤起农民觉悟，推动农村社会革命的开展，农民群众逐渐成为革命理论的传播受众，马克思主义真理走进了广大农村地区，为后来形成新民主主义革命的“燎原之势”创造了条件。同时期成立的黄埔军校与农讲所都是国共合作的重要标志，为大革命时期各地工农运动的迅速发展，为北伐战争的胜利培养了基础力量。

这一时期，我党已经逐步形成了比较系统、完善的传授马克思主义的方法途径，尤其是已注重结合中国革命特有问题，注重解决革命遇到的理论与实际问题初步实现了有机统一。这一时期马克思主义的传播，传播对象、传播方式、传播途径都呈现出多样性特点，并且对马克思主义与中国具体实践的结合已有涉及，为实现马克思主义中国化的第一次飞跃提供了思想资源与实践经验。以毛泽东同志为主要代表的中国共产党人较早意识到中国革命特有现状，并探索把马克思主义基本原理与中国实际相结合的新道路。传播对象扩大至各进步阶层，包括青年学生、工人阶级、农民，推动了马克思主义由精英向大众、由城市向乡村传播的历史进程。在农村地区传播马克思主义，这是理论传播途径上的一个重大转变。向农民传播好马克思主义理论并能结合好当地特色，以演讲、标语、演出、曲艺等形式生动地向农民做好理论宣传，这些都为后来我们党开展形式多样的思想宣传工作打下了基础。

五卅运动、北伐战争胜利与这一时期坚实的思想基础分不开，虽然发生四一二反革命政变，大革命从高潮走向失败，但通过马克思主义进一步传播，中国共产党在群众中的影响迅速扩大，党的组织得到发展，工农群众自觉在党的领导下组织起来，这些经验为新的阶段革命斗争准备了条件。如果五四运动时期的马克思主义传播是火种，那么大革命时期的马克思主义传播已渐近燎原，为革命聚集的青年思想上日益成熟，对中国革命性质和任务的了解日益清晰，为进一步探索符合中国实际的革命道路奠定了基础。

（三）青年圣地——我只能称呼你是个“赤脚天堂”

革命不可能是一帆风顺的，大革命的失败，第五次反“围剿”失败，不得已开始红军长征，而党内也出现了路线问题。在这样内外交加的恶劣环境中，中国共产党经受了层层考验逐步走向政治上成熟。共产党人以坚定的马克思主义信仰，坚持理论结合实际，杜绝经验主义和教条主义，依靠自己的力量纠正错误，汲取教训，实行正确的路线、方针和政策，不屈不挠，埋头苦干，实现从土地革命战争到抗日民族战争的转变，把中国革命推向了新的阶段，奇迹般地开创出新的局面，马克思主义中国化得到大力推进，马克思主义中国化实现第一次飞跃，以毛泽东同志为主要代表的共产党人在军事、政治、党建、文化等多方面都有了成熟的理论成果。

九一八事变之后，亡国灭种的危机就在眼前，在这生死存亡关头，只有全民族团结抗战才是生存和发展的唯一出路。中国共产党高举起抗日的大旗，积极促进国共两党实现团结合作抗日。1937 年 1 月，中共中央领导机关迁驻延安。此后，延安成为指引中国革命方向的圣地。那里聚集着最有理想、最有抱负的爱国青年，那里聚集着最先进、最前卫的思想交锋，那里有国际的声音，有直扣心弦的歌剧、话剧、京剧、诗歌、散文、小说。同时，在这巍巍宝塔山下，滚滚延河水旁，是穿粗布棉袄，是吃土豆、窝头，是遍地荒山，是简朴的窑洞。画家蔡若虹，也是抗日将领蔡公时的侄子，创作一首关于延安的小诗：“我赶快脱下皮靴 / 因为我发现 / 所有走进天国的男男女女 / 都是赤脚 / 啊，

延安 / 好一个赤脚天堂”。赤脚是延安艰苦的生活条件和自然环境，而天堂则是指这里的自由、平等、民主精神世界。延安吸引了全国成千上万的热血青年和十几个国家百余位国际友人，聚集约四万的知识分子。在这里扑面而来的是官兵平等、社会清明、民主包容的新风。来延安的人们用自己的见闻，向全世界传递着马克思主义才是真理，共产党才是中国的希望，中国的未来。

延安时期，我们党由弱变强、转败为胜，是马克思主义传播的辉煌期，是马克思主义中国化的成熟期。通过学校教育、大众传播、文艺作品、教育整风运动等切实有效的方式对马克思主义进行传播。我们党在延安时期创办了 30 多所各类干部学校，用以传播马克思主义培养青年力量，把理论与根据地的军事、政治、经济、文化等结合起来，为革命取得最终胜利提供了思想保障。而延安抗日军政大学是最具有代表性的。“团结、紧张、严肃、活泼”是抗大的校训，后来出现在新中国许多学校大门两侧。真理在实践中检验。抗大是革命的熔炉是真理的试金石，锻造出民族精神和共产主义理想在抗战烽火中熠熠生辉。培养出 10 多万名军事和政治干部，为取得抗日战争和解放战争的胜利发挥了重要作用。

思想有光土地怎会贫瘠？延安是灯塔、是路标，马克思主义真理在这片土地上扎根汲取了最丰富的滋养，真理在传播，青年也在成长。历史是厚重的但绝不沉闷，历史是严肃的但绝不枯燥，她是有趣的、可爱的，现下的青年在弄潮的一切如你走近延安，时空对照你似乎在历史的另一侧看到了你自己，有理想有信仰、懂生活有生活，是堪当大任的中国青年。马克思主义绝不是束之高阁的晦涩难懂的少数派，它存在于老乡朴素的笑容认可后，它存在于每一个向上的文艺作品后，它存在于每一位青年为国请命的信仰背后。延安时期马克思主义的传播在文艺作品方面有了长足的进展，随着知名作家、艺术家的到来，延安的文艺事业有了新气象，马克思主义的传播有了新发展。如鲁艺秧歌队《兄妹开荒》、歌剧《白毛女》，第120师战斗剧社的《虎烈拉》《求雨》《打得好》等小话剧，杨绍萱、齐燕铭编导的京剧《逼上梁山》，《刘胡兰》《把眼光放远一点》《粮食》《王贵与李香香》《逼上梁山》《三打祝家庄》《李有才板话》《李家庄的变迁》《种谷记》《荷花淀》《暴风骤雨》等一大批优秀的革命文艺作品，在这一时期成为激励战斗的战鼓、成为理论宣传的号角，树立了一个时代的里程碑。知识分子没有闭门造车而是和陕北老百姓融为一体，与当地百姓一起扭秧歌。延安的文艺战线出现了百花齐放的新气象，这些作品渗透了马克思主义理论的丰富内涵，在春风化雨中使知识文化不那么高的边区群众对党的思想方针有了认识，进一步扩大了宣传范围。同时，党中央出版了高质量报纸杂志、人民广播节目等宣传普及马克思主义。如《解放日报》《新中华报》《共产党人》等多种报刊，是马克思主义大众化宣传的重要平台。通过加强党的干部的马列主义教育，通过整风运动等，对广大党员和干部进行纵深的马克思主义的教育。建立专门机构对马克思主义进行研究，如延安中央研究院，研究我国经济、政治、军事、文化等各方面的现状，有组织地开展对马克思主义的研究。

1935年10月到1948年3月，这13年延安时期，中国共产党历经了中国革命进程的巨大转折、国共关系重大变化，以毛泽东同志为主要代表的中国共产党人以巨大的理论勇气和深远的革命战略眼光，为中国革命指明正确的前进方向。《实践论》《矛盾论》的系统阐释为马克思主义中国化提供了坚实的理论基础、融入本土的哲学积淀。正如邓小平所说："在战胜了使中国革命遭到严重失败的王明'左'倾路线以后，毛泽东同志总结了这次斗争的教训，在一九三六年和一九三七年写下了《中国革命战争的战略问题》、《实践论》、《矛盾论》等一系列不朽著作，奠定了我们党的思想理论基础。"① 这一阶段也正式明确提出"马克思主义中国化"的概念和任务，使马克思主义中国化在政治、军事、党建、文化等各个领域全面展开。《〈共产党人〉发刊词》《中国革命和中国共产党》《新民主主义论》《抗日游击战争的战略问题》《论持久战》《战争和战略问题》《新民主主义的宪政》等经典文献是马克思主义中国化的丰硕成果，也是运用马克思主义的立场、观点和方法来研究中国实际问题的科学指南。通过构建"新民主主义"的纲领、体系进一步发展马克思主义中国化，毛泽东思想也日益成熟。延安时期马克思主义中国化传播构建了深厚的本土哲学积淀、开展了全面普遍的教育、以党纲的制度化确定理论成果，并且这种良好的态势有着长久、持续的发展，延安时期马克思主义中国化发展历程和经验启示是我们常学常新的传家宝，青年在锻造中成长，我们党更加成熟，极大推动了后续马克思主义中国化、时代化的发展。

中国共产党自诞生起，就把马克思主义鲜明地写在旗帜上，在烽火岁月中马克思主义传播尤为珍贵，那是我们党从发源涓流汇聚

---

① 《邓小平文选》第 2 卷，人民出版社 1994 年版，第 115 页。

成江海的历程。中国共产党的百余年奋斗史，也是马克思主义在中国的传播史，其在不同时期的传播具有各自的历史特点，与我们党在各个历史时期的主要任务紧密相连，同时又都具有一定的普遍性，对不断推进马克思主义中国化、时代化有重要的借鉴意义。

百余年接续奋斗，马克思主义薪火相传，青年始终是马克思主义传播和发展的先锋，在新时代还需要不断推进马克思主义中国化、时代化。马克思主义从未过时、从未无用，青年远比想象中更亲近马克思主义，在B站有青年在分享阅读马列经典文献，青年亲切称呼毛主席为“教员”。2024年发布的《中国共产党党内统计公报》显示，截至2023年12月31日，中国共产党党员总数为9918.5万名，其中30岁及以下党员1241.2万名,31至35岁党员1119.6万名，约占党员总数的24%；2023年共发展党员240.8万名，其中35岁及以下党员198.3万名，占82.4%。从数据可知青年与党始终保持亲密性，这也是我们党永葆青春活力，事业能够代代相传的关键所在。所以，向青年讲好党的道理、讲好马克思主义的内在机理与运行规律至关重要，而当今青年是平视世界的一代，也以自身独特优势、切合时代脉搏的方式向世界传递着马克思主义的真理。

马克思主义是世界观也是方法论，对待马克思主义要立足现实以符合青年特点的生动形式引导青年，以青年切身关注的问题为导向，在分析和解决具体问题中，让青年领悟到马克思主义为什么行。用好新媒体多元渠道，B站、微信、微博、短视频、知识社区等，在轻松的氛围中理解家国情怀的厚重，摒弃刻板印象，更换陈旧话语体系，让青年愿意接受乐于接受马克思主义理论。而青年作为传播马克思主义的主体力量，需要传播的仅仅是知识、是主义吗？当然不只是，马克思不只有主义。马克思的高中毕业作文《青年在选择职业时的考虑》一文，为青年传播马克思主义的根本目的作了解答：在文中，马克思写下了自己的人生理想——为人类服务。

“如果我们选择了最能为人类而工作的职业，那么，重担就不能把我们压倒，因为这是为大家作出的牺牲；那时我们所享受的就不是可怜的、有限的、自私的乐趣，我们的幸福将属于千百万人，我们的事业将悄然无声地存在下去，但是它会永远发挥作用，而面对我们的骨灰，高尚的人们将洒下热泪。”① 马克思主义真理传播的是内容背后的“初心”，是一份愿意为了人类，为了千百万人的幸福而奋斗的理想信念。时代虽各有不同，但青春一脉相承，中国青年生逢其时，既拥有广阔发展空间，也承载着伟大时代赋予的历史使命，建功立业的人生际遇不会是一帆风顺，有责任有担当，青春才会闪光。

三、新时代马克思主义理论在青年群体中从自觉到自为的传播

（一）自为之本：“国之大者”的政治定位与引领

马克思主义理论在青年群体中的传播不仅是知识传输与获取的文化生产活动，同时也是对理论受众的政治思维与政治认同

① 《马克思恩格斯全集》第1卷，人民出版社1995年版，第459—460页。

进行建构的过程。新时代马克思主义理论在青年群体中实现自觉自为的传播，首先要对青年群体“国之大者”的政治定位予以确认，以精准的政治指引与政治要求持续推进理论为青年群体所认知、体悟与认同，凸显马克思主义理论在传播、对接与容受过程中的场域性要求。

“国之大者”这一政治理念明确了新时代马克思主义理论传播过程中青年群体的政治站位，培育了青年群体的政治思维与政治认同。从理念内涵而言，“国之大者”这一政治理念既具有承继传统文化的历史意蕴，又与实现国家发展的时代内涵深度契合。在宋代王与之所撰的《周礼订义》中就曾写道，“国之大者不过五百里，何取于土圭之寸耶”，文中使用“国之大者”指称一国的国土面积大小。“国之大者”的早期实体含义与衡量一国之国力息息相关，可以看到，“国之大者”所蕴含的概念抽象化程度仍显不足。民国时期，在《台州府志》第八卷中有所记载，“国之大者虽然利国利民而独不利中饱之蠹”。“国之大者”与国家利益、民众利益等相联系，其基本内涵得到进一步阐发。而新时代马克思主义理论在传播的过程中，“国之大者”则作为一种政治理念予以阐明。2020 年 4 月，习近平总书记在陕西考察，谈及秦岭生态问题时首次提出“国之大者”的政治理念，他明确指出：“要自觉讲政治，对国之大者要心中有数，关注党中央在关心什么、强调什么，深刻领会什么是党和国家最重要的利益、什么是最需要坚定维护的立场。”[①] 从政治意识与政治思维角

① 《习近平谈治国理政》第 4 卷，外文出版社 2022 年版，第 39 页。

度而言，“国之大者”指明的是一种政治自觉与政治自律，强调的是一种总体思维与大局意识。同时，“国之大者”是具有方向引领性的重大政治前提，进而与思想政治工作中的“培养什么样的人”“为谁培养”“怎样培养”等问题形成逻辑互洽。此后，针对“国之大者”这一政治理念，习近平总书记在多次重要讲话中均予以重点强调，围绕其具体内涵进行全面而深刻的阐释。在庆祝中国共产主义青年团成立100周年大会上，习近平总书记在对共青团政治工作提出新期盼的同时，明确强调青年要“自觉听从党和人民召唤，胸怀‘国之大者’，担当使命任务”，“争当伟大理想的追梦人，争做伟大事业的生力军”。① 在这里，“国之大者”所要面向的主体范围被明确定位为青年群体，不仅指明了青年的政治觉悟，而且指明了青年所应担当的使命任务。“国之大者”作为政治理念被贯穿于青年群体追求理想、实现理想的自我实践之中，同时又与党和国家发展的伟大事业紧密联系起来。从而，“国之大者”成为理论进驻青年群体之中的重要依循，为青年群体找准政治坐标提供了理论依据。在“国之大者”政治理念的引领下，青年群体的政治诉求与党和国家的发展利益相契合，青年群体实现自我价值与追求伟大理想的步调相一致。进而，在马克思主义理论传播的过程中，“国之大者”这一政治理念形成对于青年群体的强烈政治感召力与政治凝聚力。青年群体基于自身的政治定位，在与国家实现现代化发展的同向道路上不断前进，在肩负历史任务与时代使命的过程中实现政治归属感与政治认同感的确立。

① 《习近平谈治国理政》第4卷，外文出版社2022年版，第275页。

从大局观、长远观、整体观的角度出发，“国之大者”这一政治理念对青年马克思主义者应有的政治素养与政治能力提出了明确要求。2020 年 10 月 10 日，在中央党校（国家行政学院）中青年干部培训班开班式上的讲话中，习近平总书记明确提出：“领导干部想问题、作决策，一定要对国之大者心中有数，多打大算盘、算大账，少打小算盘、算小账，善于把地区和部门的工作融入党和国家事业大棋局，做到既为一域争光、更为全局添彩。”① 可以看到，“国之大者”是一种政治能力的凸显，首当其冲所强调的就是要能够对关乎党和国家事业发展的根本利益做出正确的政治判断。从系统性原则的角度而言，“国之大者”所蕴含的“大”与“小”、“先”与“后”、“主”与“次”、“全局”与“局部”、“中央”与“地方”等辩证关系进一步得到阐明，从而，为青年群体深刻把握与领会“国之大者”的重要内涵提供了辩证思维方法，从大局观、长远观、整体观的角度出发，为统筹兼顾处理好实际政治工作中的各种复杂关系与问题提供了基本遵循。2022 年 3 月 1 日，在中央党校（国家行政学院）中青年干部培训班开班式的讲话中，习近平总书记再次强调：“要心怀‘国之大者’，站在全局和战略的高度想问题、办事情，一切工作都要以贯彻落实党中央决策部署为前提，不能为了局部利益损害全局利益、为了暂时利益损害根本利益和长远利益。”② 从而，围绕“国之大者”这一政治理念，“全局利益”“根本利益”“长远利益”被统一于

① 《习近平谈治国理政》第 4 卷，外文出版社 2022 年版，第 40 页。

② 《习近平谈治国理政》第 4 卷，外文出版社 2022 年版，第 42 页。

中华民族伟大复兴的战略全局之中，指明了中国特色社会主义事业发展的根本方向。由此，“国之大者”这一政治理念对青年马克思主义者想问题、办事情的政治素养与政治能力提出了新的更高的要求，突出强调了新时代马克思主义理论在青年群体中的自觉自为传播的政治方向问题，为在新时代理论宣传工作中不断培育青年马克思主义者提供了明确的政治指引。

（二）自为之基：“民族复兴”的使命召唤与担当

新时代持续推进马克思主义理论在青年群体中的自觉自为的传播，关键在于紧扣新时代马克思主义理论在青年群体中传播的现实主题。在实现中华民族伟大复兴的强力感召下，不断培育与引领青年马克思主义者，促成理论为青年群体所深切体悟与切实认同，凸显理论传播的科学性、时代性与实效性要求。

新时代马克思主义理论在向青年群体传播的过程中，既面临着新机遇与新挑战，又衍生出新问题与新考验。在日益复杂的社会思想环境中，多元化社会思潮所裹挟的价值观念不断渗入青年群体的思想意识之中，青年群体的主体意识遭受西方物质文明的侵蚀，青年的主体价值观塑造受到极大冲击。同时，理论宣传的网络环境繁芜共生，自媒体“去中心化”与“微叙事化”趋势日益严重，社会主义意识形态的主流话语地位受到不良影响。基于此，2017 年 4 月，中共中央、国务院印发《中长期青年发展规划（2016—2025 年）》指出，新时代青年发展事业还存在不少亟待解决的突出问题，尤其是青年思想教育的时代性、实效性有待增强，用共产主义和中国特色社会主义引领青年，用中国梦和社会主义核心价值观凝聚共识、汇聚力量的任务尤为紧迫。因而，在新时代马克思主义理论传播的现实主题之下，推进理论为青年群体所切实认同，必须明确青年作为时代新人的使命与责任，将马克思主义理论在青年群体中的传播寓于实现中华民族伟大复兴的历史进程之中。

“时代呼唤担当，民族振兴是青年的责任。”① 历史和实践充分证明，青年实现理想的主体活动离不开国家发展的现实格局，青年群体对于实现人生理想的方向与道路的选择同民族的前途与国家的命运密不可分。实际上，在革命、建设、改革的不同时期，青年始终是在推进中华民族伟大复兴的历史活动之中实现人生价值的，在历史洪流之中确立正确的人生方向与人生道路。例如鸦片战争以来，“救亡图存”成为中国先进知识分子普遍关心的问题。而在这一过程中，青年被寄予厚望。在《新青年》的诸多文章中，青年被赋予了理想性的人格。陈独秀在 1915 年 9 月 15 日发表《敬告青年》，提出欲扭转社会“必亡”之态势，“是在一二敏于自觉勇于奋斗之青年，发挥人间固有之智能，抉择人间种种之思想”②。1916 年，27 岁的李大钊发表《青春》一文，指出：“青年之自觉，一在冲决过去历史之网罗，破坏陈腐学说之囹圄。”③ 五四运动后，青年在革命中的力量彰显出来，一些比较有名的学生领袖皆为 20 岁出头的青年人。1921 年 7 月中国共

① 习近平：《在纪念五四运动 100 周年大会上的讲话》，人民出版社 2019 年版，第 8 页。

② 《陈独秀文集》第 1 卷，人民出版社 2013 年版，第 90 页。

③ 《李大钊全集》第 1 卷，人民出版社 2013 年版，第 317 页。

产党诞生，一大代表平均年龄为28岁，青年成为中国共产党建设的主力军，在建党中发挥重要作用。青年群体在投身建设现代化国家的伟大事业中凝聚思想共识，汇聚了“爱国”“进步”“民主”“科学”的青年力量，从而成为推动党和国家事业发展的生力军。可以看到，在社会发展的各个阶段，“青年”作为一个概念，既有其差异性特征，又存在共同性特质，但就其本质而言，青年始终带有前瞻性，青年群体是社会中最具蓬勃朝气的人群。在实现社会主义现代化强国目标的过程中，青年群体始终提供着源源不断的动力延续。“新时代中国青年运动的主题，新时代中国青年运动的方向，新时代中国青年的使命，就是坚持中国共产党领导，同人民一道，为实现‘两个一百年’奋斗目标、实现中华民族伟大复兴的中国梦而奋斗。”① 作为现代化进程中的社会运动，青年运动必须具有明确的“现代化”指向，青年群体始终担当着时代新人的使命与责任。马克思主义理论在青年群体中的传播内在蕴含着不断培育与引领时代新人的重大任务。习近平总书记特别重视青年工作，曾寄语青年：“对想做爱做的事要敢试敢为，努力从无到有、从小到大，把理想变为现实。要敢于做先锋，而不做过客、当看客，让创新成为青春远航的动力，让创业成为青春搏击的能量，让青春年华在为国家、为人民的奉献中焕发出绚丽光彩”②。因而，新时代马克思主义理论在青年群体中的

① 习近平：《在纪念五四运动100周年大会上的讲话》，人民出版社2019年版，第6页。

② 习近平：《在知识分子、劳动模范、青年代表座谈会上的讲话》，人民出版社2016年版，第12页。

传播必须实时融入实现国家现代化建设与民族振兴的进程之中，找准新时代马克思主义理论在青年群体中传播的着力点，使理论的传播为青年群体所切实接受与认同。

在新时代马克思主义理论传播的过程中，必须紧扣理论宣传工作的时代主题，同时，还必须强化青年群体的共同的思想基础，在实现中华民族伟大复兴的历史进程中赋予其以新的时代意义，充分展现青年群体实现伟大理想的奋斗姿态，充分激发青年群体投身国家现代化建设的奋斗意志。在纪念五四运动 100 周年大会上的讲话中，习近平总书记对五四运动所留下的思想遗产赋予了新的时代解读，他指出："五四运动以全民族的搏击培育了永久奋斗的伟大传统。"① 从大历史观的角度出发，无论是过去、现在还是未来，"民族复兴的使命要靠奋斗来实现，人生理想的风帆要靠奋斗来扬起"②。"永久奋斗"作为五四运动的历史主题被予以言明，同时，"永久奋斗"所蕴含的源于中华优秀传统文化的精神特质被予以传承与发展。可以看到，"奋斗"作为一种行动话语，既成为"民族复兴"主题叙事的有力支持，又逐渐融入青年群体的人生理想叙事之中。从而，"民族复兴"与"人生理想"二者被紧密关联起来，构成汇聚青年群体思想共识的同向性话语，进而形成实现民族复兴的社会动员激励。"奋斗"在新时代的语境中得到了激活与转化，在中华民族伟大复兴的历史进

① 习近平：《在纪念五四运动 100 周年大会上的讲话》，人民出版社 2019 年版，第 4 页。

② 习近平：《在纪念五四运动 100 周年大会上的讲话》，人民出版社 2019 年版，第 9 页。

程中被赋能。从而，在理论的高度上，指明了青年群体在实现伟大理想过程中所应展现的奋斗姿态与奋斗意志，凝聚了青年群体在实现中华民族伟大复兴历史进程中的思想共识与集体力量，为青年群体实现理想的奋斗行动指明了现实路径。青年将实现个人奋斗融入实现民族复兴的历史进程之中，将个人发展与伟大事业紧紧联结起来，在推进国家发展的过程中充分彰显人生价值。

（三）自为之魂："理想信念"的精神内化与彰显

马克思主义理论在青年群体中的传播具有明确的意识形态导向，承载着立德树人的根本任务。因此，在理论传播、对接与容受的全过程之中，必须将青年的理想信念教育活动贯穿其中，注重青年群体的价值观塑造问题，打破理论传播与容受过程中的脱节与阻滞状态，实现政治认同、理论认同与情感认同能动的有机统一，凸显马克思主义理论在青年群体中传播的内生性、持续性与发展性要求。

青年群体理想信念的确立是由理论认同、情感认同再到实践行动的转化过程。理论认同、情感认同与实践行动三者协同并举，共同构成对青年进行理想信念教育的有效机制。理论认同是实现理想信念内化的基础和前提。正如习近平总书记所指出的："把理想信念建立在对科学理论的理性认同上，建立在对历史规律的正确认识上，建立在对基本国情的准确把握上。"① 即要将青年群体对于马克思主义理论的感性认知上升为理性认同。在这一

① 《习近平谈治国理政》第 1 卷，外文出版社 2018 年版，第 50 页。

过程中，理性认同的确立又与情感价值层面的塑造紧密相连，毕竟“理性凝聚的伦理命令使所建造的‘新人’极不牢靠”，通过“以美启真”“以美储善”[①]的情感的陶冶塑造，才能实现将通俗普遍的认知内化为个体品格上的真实认同。实际上，情感价值层面的塑造是将外在的理知导向内心深处，从而构成一种稳定的文化心理结构。新时代马克思主义理论在青年群体中的传播，通过爱国主义教育、理想信念教育、人生观和价值观教育等方式共同形塑青年群体的精神面貌与精神风范。“青年理想远大、信念坚定，是一个国家、一个民族无坚不摧的前进动力。”[②]青年与国家、民族、社会紧密联系起来，青年个体诉求的实现被融入中华民族伟大复兴的历史进程之中，青年的个人情感与对民族、国家的情感相融通，形成共同的利益集合与价值体系。从而，青年能够自觉在国家发展的格局中明确自身定位，在与实现国家现代化发展的同向道路上确立正确的人生道路，在实现人生价值的过程中将个人选择与国家前途紧密联系起来，最终形成能够推动历史发展的合力。

同时，在青年群体实现理论认同、情感认同的基础上，还要注重实现向实践行动的转化，从而使理想信念在行动行为上得到充分践履与彰显。在 2022 年春季学期中央党校（国家行政学院）中青年干部培训班开班式上，习近平总书记明确强调：“坚

① 李泽厚：《人类学历史本体论》，青岛出版社 2016 年版，第 449 页。

② 习近平：《在纪念五四运动 100 周年大会上的讲话》，人民出版社 2019 年版，第 6 页。

定理想信念，必先知之而后信之，信之而后行之。”① 因而，要通过实践行动的进一步推进，才能使青年对于理想信念的确立得到进一步升华，实现青年个体发展与理想信念确立的高度契合。在中国共产党百年发展的历史进程之中，我们党始终致力于引领青年群体的理想信念，并将对于青年群体的理想信念教育导向实践活动之中。一是，为青年群体的理想信念培育指明正确方向。在革命战争年代，马克思主义者对于无产阶级青年的组织与引导，正是通过关注并解决与青年密切相关的现实问题，形塑青年群体革命的人生观，将青年群体的人生选择与社会问题的根本解决相关联，引导青年群体走上革命的人生道路，积极投身于革命斗争的实践之中。同时，在对青年群体进行理想信念培育的过程中，我们党十分注重青年与工农群众的结合，号召青年群体唤醒工农群众的无产阶级觉悟，一方面使得青年在实际斗争的过程中加深对于革命精神的领悟，另一方面能够持续壮大无产阶级的力量，进一步推动革命斗争与解放事业的发展。二是，通过组织实践活动为青年群体理想信念的培育提供平台。通过群团组织的集体活动，使青年置于交互的组织网络之中，从而能够为青年群体确立理想信念建构一种共同体意识，使理想信念的确立具有更强的集合力与感召力。通过高校搭载组织平台，开展社会实践活动、志愿者实践活动、创新创业活动等。利用多种形式的实践活

---

① 《习近平在中央党校（国家行政学院）中青年干部培训班开班式上发表重要讲话强调　筑牢理想信念根基树立践行正确政绩观　在新时代新征程上留下无悔的奋斗足迹》，《人民日报》2022 年 3 月 2 日。

动，使青年群体充分践履与彰显理想信念。三是，创新利用新媒体资源，为青年群体理想信念的实践提供良好环境。如，开发利用学习强国 APP、青年大学习“网上主题团课”等，将文章、报刊、会议、音频、视频等多种资源结合起来，将“线上”与“线下”的参与方式相结合，丰富了青年群体理想信念践履的渠道与方式，贯通青年理想信念生成与确立的全过程，使青年群体能够全面系统地感受理想信念的正向能量。总之，青年群体的理想信念确立是理论认同、情感认同、实践行动的多维互动。在这一过程中，青年对于理论的认知与接受乃至实践行动的输出都被纳入持续发展的长效机制之中，最终汇聚成为强有力的理想信念并在现实生活中发挥力量。

四、肩负起新时代青年传播马克思主义的光荣使命

马克思主义是立党立国的根本指导思想，推动马克思主义的传播、让马克思主义在中国牢牢扎根是开辟马克思主义中国化时代化新境界的重要要求。青年是党和国家的接班人，同时也是马克思主义的传播者，承担着自觉传播和践行马克思主义的使命。

（一）青年在新时代传播马克思主义的价值意涵

党和国家历来重视青年工作。2017 年，中共中央、国务院印发了《中长期青年发展规划（2016—2025 年）》，明确指出青

年的年龄界定为14—35周岁。生理学年龄的界定明确了青年自身具有的特质，例如这一时期“青年处在身体发育、心理发展、人格形成的时期，集中接受大中学教育，开始第一次就业”①。在这个阶段，学习和实践锻炼是其主要任务，青年的世界观、人生观和价值观在生活和学习中逐步塑造起来，通过学识、能力和“三观”的培养，为接下来的人生阶段奠定了基础，这也是青年的未来充满无限可能的原因所在。正确引导青年成长成才，使其成为可堪大用的后备力量是青年工作的重要任务。2022年，我国首次就青年群体发布了《新时代的中国青年》白皮书，表明了我国对新时代中国青年发展的重视与期望。《新时代的中国青年》中强调了“青年是整个社会力量中最积极、最有生气的力量”，“是实现中华民族伟大复兴的先锋力量”②，在党和国家发展的各个历史时期，青年都担起了重要责任，是党和国家事业发展的鲜活力量。“青年强，则国家强”，党的二十大报告发出了中国青年砥砺奋进的时代最强音，表明了青年这一特殊群体在国家发展中的重要战略地位，是民族的希望、祖国的未来。习近平总书记强调：“明天的中国，希望寄予青年。青年兴则国家兴，中国发展要靠广大青年挺膺担当。”③

随着科技的不断创新升级，全球进入了互联互通时代，全球化浪潮将各个国家的命运紧紧联系在一起，发展的同时也带来

---

① 张良驯：《青年概念辨析》，《青年学报》2018年第4期。

② 中华人民共和国国务院新闻办公室：《新时代的中国青年》，人民出版社2022年版，第1页。

③ 《国家主席习近平发表二〇二三年新年贺词》，《人民日报》2023年1月1日。

了和平赤字、经济危机、治理赤字等世界性难题。在复杂的国内国际形势下，中国共产党能够带领广大人民从胜利走向胜利的根本原因在于“马克思主义行，中国化时代化的马克思主义行”；在于始终坚持以马克思主义为根本指导，坚持马克思主义中国化时代化，才能取得如此举世瞩目的成就。中国特色社会主义新时代为青年的发展创造了良好条件，面对多元文化的碰撞交锋，面对意识形态领域的激烈斗争，中国青年应当成为社会主义文化繁荣兴盛的积极推动者，成为中国化时代化马克思主义的创新者与传承者，肩负起传播马克思主义的光荣使命，积极参与中国话语权的构建，展现中国青年的精神风貌与时代的使命担当。中国青年应在建设现代化强国的新征程上始终坚定政治立场，自觉传播马克思主义、自觉践行马克思主义，在未来的发展中大有作为。

（二）青年传播力的特点与优势

传播力即传播的能力和效力：传播的能力重点在于传播的硬件和能够传播的范围；传播的效力突出传播的精度和效果，两者是传播力的一体两面。

青年作为传播马克思主义的主体，其传播力具有与青年心理和年龄相关的特性；深刻认识青年传播力的特点与优势，对于正确引导青年传播马克思主义、弘扬马克思主义精神具有重要意义。

一是思维活跃、接受力强，还具有强烈的求知欲与强大的行动力。五四运动前后，正是一大批有志青年率先接受了新文化、新思想和新知识，在各种理论、主义中进行比较，最终选择了马克思主义；青年的觉醒和青年运动的发展，再度唤醒了沉睡的国人投入拯救国家危亡的斗争中。21 世纪，随着网络通信技术的发展，全球交往更加密切，青年成长的环境更加开放、包容、自由，青年较之父辈的思维更加活跃、对新生事物的好奇心和接受度较高，对待事物有一种更加包容的态度。因此青年在成长成才的关键时期，如果对其进行正确的马克思主义理论教育，能够让青年对马克思主义的接受度更高、激发青年学习马克思主义的热情、培养青年的爱国主义理想和抱负，进而提升自觉传播马克思主义的行动力。

二是当代青年受教育程度高，接受马克思主义理论教育机会更多。时代塑造青年，时代培养青年。在中国共产党的领导下，中华民族伟大复兴进入了不可逆转的历史进程，生逢盛世的青年遇到了祖国发展的机遇期、也是自己成长的机遇期，当代青年拥有优越的发展环境、广阔的成长空间，国家的发展给青年营造了良好的氛围。当代青年的受教育程度普遍提高，享受更加平等、更加高质量的教育。2021 年，中国义务教育巩固率达 95.4%；高中阶段毛入学率达 91.4%；高等教育毛入学率达 57.8%、在学总规模达 4430 万人，居世界第一，越来越多的青年打开了通往成功成才大门的重要路径。① 学校是青年集中接受马克思主义理论教育的主阵地，思政课也成为了各级学生的必修课，马克思主义理论的普及、青年接受马克思主义理论教育的覆

① 中华人民共和国国务院新闻办公室：《新时代的中国青年》，人民出版社 2022 年版，第 5—6 页。

盖面更广，为青年传播马克思主义奠定了扎实根基。

三是青年普遍具有积极的社会参与热情。青年在成长期对世界、国家、社会都抱有美好的期待，因此青年的社会参与热情更高。社会是青年的大舞台，当代青年展现出更加主动的精神适应社会、融入社会，参与社会发展的历史进程，担当起社会发展的中坚力量。在新冠肺炎疫情的防控中，许多大学生和青年走到一线自觉参与防疫工作，展现出了中国青年的社会参与意识和社会工作能力，成为了党和国家政策的践行者和传播者。另外，青年的政治参与度也在逐年攀升。青年入党、入团的积极性较高，截至 2021 年 6 月，35 岁及以下党员共 2367.9 万名，占党员总数的 24.9%。中国共产党第十八次全国代表大会以来，每年新发展党员中 35 岁及以下党员占比均超过 80%。截至 2021 年底，共青团员总数达 7371.5 万名。① 青年在政治、社会中的影响力为其有效传播马克思主义奠定了良好的社会基础。

四是青年的传播创新能力强。青年在探索人生的过程中具有丰富的想象力和创造力，其开放包容自由的态度能够减少思想桎梏，让青年有勇气、有锐气开拓进取，青年也在成长过程中通过不断创新创造推进社会发展。随着互联网的普及、科技的升级转型，传播的手段迭代更新速度快，互联网的发展重塑了青年，青年的创新创造也给互联网等传播手段带来了深刻变革。在网络视频（短视频）、网络直播、社交软件等用户中青年都是主体。

---

① 中华人民共和国国务院新闻办公室：《新时代的中国青年》，人民出版社 2022 年版，第 23 页。

中国青年日益成为网络空间主要的信息生产者、服务消费者、技术推动者，深刻影响了互联网发展潮流。[①] 以此看来，青年也具备了传播的双重身份即传播者和接受者，这为青年传播马克思主义创造了传播的硬件和软件基础。

可见，随着时代的不断发展，青年与社会产生了更加紧密的关系，并且在这一过程中相互塑造、相互成就，青年的发展也深刻影响了社会的变革。把握青年传播力的特点和优势，有利于更好地借用这些特点和优势，增加马克思主义在青年中的影响力、引导青年自觉传播马克思主义，进而提高青年传播马克思主义的效力。

（三）当前青年在传播马克思主义过程中的问题与困境

青年有着独特的马克思主义传播优势，但就目前来看，传播的情况并不理想，传播积极性不高、传播自觉不强、传播乏力主要存在以下 3 个方面的因素。

1. 国内环境氛围不佳

首先，随着经济的高速发展，经济利益诱惑引起的拜金主义、功利主义风潮影响广泛。许多青年也受到这些风潮的影响，在学习、工作和生活中愈发浮躁。青年更愿意接受金融、法律、行政等专业知识；忽视马克思主义、哲学等专业领域的学习，他们认为这些领域在就业、生活方面并没有太多帮助和用处。其

---

① 中华人民共和国国务院新闻办公室：《新时代的中国青年》，人民出版社 2022 年版，第 5—6 页。

次，随着各种手机、电脑软件的开发和应用，让青年在工作学习之余被过多纷杂的信息资讯占用，网络的实时性和便利性很适合碎片化的输出方式，尤其是在“泛娱乐化”“娱乐至死”的风潮影响下，青年接触的信息缺乏理论内涵，更多的是哗众取宠的、肤浅的海量资讯。长此以往会导致青年对社会问题、理论问题缺乏深度理性的思考，进而造成逻辑思维能力片面化，对马克思主义的学习和深度理解造成负面影响。最后，当前的马克思主义教育有待完善。在我国，马克思主义教育主要在高校的思政课堂，作为青年学生的必修课，然而教育现状却不容乐观。许多高校的思政课缺乏吸引力，青年学生学习只是为了应付考试和修得学分。除了马克思主义专业学生以外，其他青年学生对马克思主义的学习兴致欠缺，这也造成了青年传播马克思主义的乏力。在学校之外，青年在社会中较少能够接触到马克思主义，缺乏马克思主义的学习研讨氛围，更遑论传播马克思主义。

2. 西方意识形态渗透

20 世纪冷战开始后，东西方阵营分别代表了两种意识形态；苏联解体给社会主义阵营带来了较大的危机，但中国特色社会主义的蓬勃发展证明了马克思主义行，中国化时代化的马克思主义行。改革开放以来，中国取得了举世瞩目的成就，西方对中国的干涉逐步朝意识形态领域蔓延，企图用西方新自由主义的意识形态瓦解中国共产党的领导和遏制中国的发展。近年来，我国与世界发生着更加密切的往来，全球化进程的参与度更深、与他国交往更加频繁；青年在网络媒体上更加活跃，接触境外的文化产品机会更多、渠道更广，这也让反马克思主义、反社会主义等的境外势力对中国的渗透找到了突破口，企图瓦解马克思主义在我国意识形态领域的指导地位，否定、污蔑甚至妄图破坏中国特色社会主义取得的辉煌成就。此外，在学术交流、文化交流、社会交流等领域，西方鼓吹其“自由民主”的优越性，“用极其温和、极具诱惑力的方式混淆群众视听”①，“这些文化产品隐含着对西方资本主义价值观的美化和对我国民族文化的歪曲抹黑，从而达到对我国人民价值观潜移默化的渗透”②。14—35 岁正是青年“三观”养成的关键时期，西方反马克思主义势力通过意识形态和社会生活领域无形的渗透，影响我国青年对马克思主义的认可，产生错误的“媚外”思想，造成马克思主义在青年群体中式微的窘境。

3. 自身理论准备不足

14—23 岁的青年学习马克思主义的主要场所在学校，从中学到大学的思政教育大多是应试教育，导致了马克思主义在青年群体印象中的固化，机械性地学习马克思主义；一旦相关课业完成后便鲜有人再深度地接触马克思主义，更无法谈及运用马克思主义指导实践生活以及传播马克思主义。14—23 岁青年的“三观”还处在养成阶段，对世界的好奇心强、有求知欲和探索欲，渴望接触更多的资讯和文化；在这个关键的时间节点如果没有正确、系统地学习马克思主义，很难树立起坚定马克思主义信仰。面对西方意识形态的渗透，青年的思想很容易受到影响，难以站稳马

① 曹宇巍：《新发展阶段加强大学生意识形态安全教育省思》，《中学政治教学参考》2022 年第 48 期。

② 钱波、傅莉玲：《理论自信的价值意蕴及实现路径研究》，《杭州电子科技大学学报（社会科学版）》2022 年第 5 期。

克思主义的坚定立场，容易对马克思主义产生怀疑和排斥，加深对马克思主义的刻板印象。无法从思想和内心真正接受马克思主义，马克思主义传播的自觉性也难以培养。23—35岁的青年离开校园步入社会后，如果没有继续从事马克思主义相关专业的工作，很难再次主动接触马克思主义。随着社会竞争的愈发激烈，"内卷"现象随之而来，青年离开校园后更多的压力来自找工作、结婚、买房等实际问题，竞争压力导致青年鲜有闲暇顾及理论学习，在应对工作压力之余更多地偏向于享受"快餐"文化带来的片刻休憩，这也是青年传播马克思主义的一大困境。

通过分析可见，青年传播马克思主义积极性不高、自觉性不强、传播乏力是社会大环境、西方意识形态渗透和自身理论水平不足导致的。因此，对以上问题和困境，必须有针对性地解决。

（四）肩负起青年传播马克思主义的实践担当

提升青年传播马克思主义的效力应当利用青年传播力的特点和优势、遵循青年学习和成长的规律、克服传播中的阻力，构建知、情、意、行四维传播力框架，推动构建马克思主义在青年群体中内化于心、外化于行的自觉传播机制。

1. 形成学习自觉，培养学习马克思主义的理论自觉与理论自信

传播马克思主义的前提是深入理解领悟马克思主义的精髓。培养青年的马克思主义理论自觉和理论自信，最重要的一个环节和前提就是全面系统地学习马克思主义。

一是以加强自学为内生动力，着重培养青年学习马克思主义的自觉性和主动性。青年在自学过程中首先应当读原著、学原文、悟原理；其次要善于系统地学习马克思主义，准确把握马克思主义的内涵、思想和精髓，通过系统学习深刻领悟其中蕴含的哲学价值；最后要始终注重学习和实践相结合，把理论学习与中国特色社会主义伟大实践结合起来，用马克思主义的世界观和方法论指导自己的生活和工作，真正做到学思践悟相结合，更容易培养马克思主义的理论自觉与理论自信。

二是以提升教育水平为外部辅助。学校思政课是青年学习马克思主义的主阵地，青年应结合学校思政课堂进行深入学习。思政课堂的教学成效很大程度上决定了青年接受马克思主义的程度。目前能看到两种对比鲜明的现象：一种思政课堂一课难约；另一种是上课无人听、考试划重点、考过扔一边。因此，要提升青年学习马克思主义的热情，学校和思政教师应当提升思政课堂的效果；通过教师深入浅出的讲授、结合实际的深入分析，提高青年学生学习马克思主义的积极性；学校要注重思政课的教学效果，提供多种形式的教学方式，丰富青年学生的学习体验感，以提升青年学生学习马克思主义的主动性。

三是营造良好的社会氛围。青年步入社会后，接触马克思主义的机会少，因此造成了马克思主义与青年在工作生活中的割裂。社会应当为青年接触马克思主义、学习马克思主义营造积极良好的氛围。通过提供更多的高质量文化产品如电影、短视频、歌曲等，潜移默化地提高青年与马克思主义的接触范围，为培养青年的理论自觉和理论自信创造良好的环境。

通过自觉学习、学校教学和社会氛围创造，能够增加青年学习马克思主义的机会，只有深入学习马克思主义、深刻理解马克思主义才能形成理论自觉和理论自信，为青年传播马克思主义奠定扎实基础。

2. 树立情感认同，培养对马克思主义的政治认同和信仰认同

“政治认同”和“信仰认同”即在政治领域、信仰体系中对客体的理念和观点的接受与认可。传播的前提是对客体的接受和认可，因此青年传播马克思主义的一个重要前提是对马克思主义的政治认同和信仰认同，在此基础上才能外化于行地自觉传播马克思主义。

一是结合“四史”教育，培养青年的信仰认同。党的二十大报告中再次强调了：“马克思主义是我们立党立国、兴党兴国的根本指导思想。”① 中国共产党带领全国各族人民团结奋斗的百年历史充分证明了，中国共产党为什么能、中国特色社会主义为什么好，归根到底是马克思主义行，是中国化时代化的马克思主义行。通过“四史”教育这个平台与契机，讲好马克思主义理论、讲好中国故事，使“四史”教育真正入脑、入心，真正做到以史论理、以史服人、以史育人，培养青年对马克思主义的信仰和认同。

① 习近平：《高举中国特色社会主义伟大旗帜　为全面建设社会主义现代化国家而团结奋斗——在中国共产党第二十次全国代表大会上的报告》，人民出版社 2022 年版，第 16 页。

二是关注青年成长，培养青年的政治认同。随着青年成长，青年的自我意识也更加强烈，功利主义、利己主义也间接影响青年的自我价值。中国特色社会主义制度是在马克思主义的指导下、在历史和实践中逐步构建起来的，人民当家作主、发扬人民民主、密切联系群众等是中国特色社会主义制度的优势。通过多种渠道关心帮助青年成长，解决青年在成长中遇到的困难和问题，让青年在学习、工作、生活中感受到党和国家的温暖；与党和国家共同成长发展，自觉融入党和国家的事业当中，逐步强化青年对党和国家的政治认同、对马克思主义的政治认同。

三是通过多种渠道，培养青年情感认同。价值观认同是情感认同的核心，能够为公民政治认同的实现提供精神支撑和情感归属。情感认同相较于信仰认同和政治认同，更容易被青年所接受。党的十八大提出的社会主义核心价值观，充分体现了马克思主义的哲学底蕴与思想精髓，是中国特色社会主义价值取向的核心表达。实现青年对马克思主义的情感认同关键在于对马克思主义价值观的认同，通过多种渠道、形式、方法引导青年在科学理论的指导下、在把握中国特色社会主义本质的基础上，深刻领会马克思主义的价值体系和价值观，在生活中自觉践行社会主义核心价值观，逐步培养青年对马克思主义的情感认同。

搭建信仰认同、政治认同和情感认同三位一体的认同体系，为青年传播马克思主义铸就了坚实的思想和心理基础。

3. 涵养意志品质，培养忠诚于马克思主义的意志品质

李大钊曾经说过："历史的道路，不全是坦平的，有时走到

艰难险阻的境界，这是全靠雄健的精神才能冲过去的。”[1] 当前意识形态领域斗争激烈，青年如果没有坚定的马克思主义意志品质，很容易在反马克思意识形态的冲击下缴械投降。

一是凝聚“更为主动的精神力量”，营造良好的马克思主义传播风气。“更为主动的精神力量”，意涵着精神力量的发挥具有更大的主动性、自觉性和创造性。[2] 马克思主义对精神力量十分重视，并且强调了精神力量和物质力量的重要关系，“理论一经掌握群众，也会变成物质力量”[3]。时代的精神风貌在青年身上有着最生动的体现，中国共产党人经过不懈奋斗迈入了新时代、新发展阶段，新时代的中国青年能够以“平视这个世界”的自信姿态融入世界的发展潮流中。因此，有了扎实的马克思主义理论积淀，青年应当培养“更为主动的精神力量”传播马克思主义，在中外交往和交流中以中国人的志气、骨气、底气传承、弘扬马克思主义，以青年蓬勃的朝气映射新时代社会主义接班人昂扬向上的精神力量。

二是发扬斗争精神，坚持马克思主义在意识形态领域的指导地位。随着网络时代的到来，互联网成为了青年对外接触的主要渠道，但也成为了意识形态斗争的主战场。西方反动意识形态大肆通过网络舆论发起意识形态斗争，其实质是“道路”“理论”“文化”之争，青年在这样的环境下容易被“攻心”甚至“诛

---

① 《李大钊全集》第 4 卷，人民出版社 2013 年版，第 487 页。

② 张燕妮、李春华：《“更为主动的精神力量”的三重维度：理论基础、历史成就与赓续弘扬》，《学术探索》2022 年第 12 期。

③ 《马克思恩格斯文集》第 1 卷，人民出版社 2009 年版，第 11 页。

心”[①]。应对意识形态斗争，青年应当积极发扬斗争精神，“务必敢于斗争、善于斗争”[②]，变被动接受为主动进攻，有理有力有节地与反动意识形态进行斗争，避免人云亦云的盲从；巩固马克思主义在意识形态领域的指导地位，凝聚广大青年的共识，占领网络舆论的高地。

三是培养持之以恒的意志品质，涵养传播马克思主义的韧性。传播马克思主义非一朝一夕之功，意识形态领域的斗争也非一个单独的战场。青年传播马克思主义要做好持之以恒甚至终身行动的心理和思想准备；要有“愚公移山的志气、滴水穿石的毅力”。青年应克服面临的困难，长期自觉学习马克思主义。在交往过程中，巩固马克思主义信仰，坚持正确的立场、观点和方法，在斗争中持之以恒地积极传播马克思主义，主动构建马克思主义的话语权和话语体系。

面对各种风险挑战，发扬主动精神、斗争精神，持之以恒地传播正确理论和思想，是青年传播马克思主义重要的意志品质。

4. 构建传播渠道，培养传播马克思主义的自信与自觉

思想是行动的先导，实践是马克思主义的基本内涵。有了扎实的马克思主义理论功底、坚定的马克思主义信仰和坚强的意

① 唐登然：《新时代网络意识形态斗争的焦点、实质及其应对》，《理论导刊》2022 年第 11 期。

② 习近平：《高举中国特色社会主义伟大旗帜　为全面建设社会主义现代化国家而团结奋斗——在中国共产党第二十次全国代表大会上的报告》，人民出版社 2022 年版，第 1 页。

志品质，将理念转化成实际行动，是青年传播马克思主义的根本要求。

一是丰富传播内容，培养青年传播自信。青年传播马克思主义乏力的一个重要原因是传播内容的枯燥、单调、乏味，让青年难以产生兴趣和自觉接受。提升青年传播马克思主义的传播力，要着力构建丰富的马克思主义传播内容，让马克思主义以广大青年喜闻乐见的形式出现，青年在深厚的马克思主义理论功底的基础之上，也能够更好地创新马克思主义传播内容；要告别以往晦涩难懂的枯燥文字，以新颖、独特、有深度的内容吸引青年；要在自觉接受马克思主义和认可马克思主义的基础之上，配合精彩的传播内容，更好地培养青年传播马克思主义的自信和自觉。

二是创新传播路径，丰富青年传播渠道。青年接触马克思主义主要是在课堂和书籍中，但是当下青年的休闲时间更倾向于浏览社交软件、短视频等，可见马克思主义与当下青年的接收路径存在隔阂。因此，提高青年传播马克思主义的传播力应当丰富马克思主义的传播渠道，通过社交软件提供高质量的理论推文、通过短视频推送马克思主义的相关内容，让青年自觉点赞、评论、转发，打通青年接触马克思主义的多种渠道，让青年在潜移默化中自觉传播马克思主义。

三是鼓励传播行为，激励青年积极作为。目前青年传播马克思主义更多停留在私人领域，传播完全靠青年自觉，成效有待提高。因此，学校、社团、社区等单位可以举办马克思主义的相关活动，例如：马克思主义青年交流会、征文比赛、诗朗诵活动等，通过多种行动鼓励青年接触马克思主义、传播马克思主义，提高青年传播马克思主义的积极性，进而推动青年传播马克思主义的效力，在社会领域广泛提高马克思主义的影响力。

只有将马克思主义传播落实到行动中，才能不断形成青年和马克思主义之间的良性互动，自觉提高青年传播马克思主义的传播力。

中国共产党百年奋斗创造了举世瞩目的伟业，站在新的历史起点上，面临的风险和挑战更大，党的二十大明确提出了中国共产党的中心任务是：团结带领全国各族人民全面建成社会主义现代化强国、实现第二个百年奋斗目标，以中国式现代化全面推进中华民族伟大复兴。这一光荣使命落到了青年的肩上。新征程上，面对复杂的国内国际形势，青年要始终站稳马克思主义立场，巩固马克思主义在意识形态领域的指导地位，通过大力传播马克思主义，在国际国内的交往中构建起中国话语权，提升马克思主义的传播力和传播范围，“敢想敢为又善作善成，立志做有理想、敢担当、能吃苦、肯奋斗的新时代好青年，让青春在全面建设社会主义现代化国家的火热实践中绽放绚丽之花”①。

① 习近平：《高举中国特色社会主义伟大旗帜　为全面建设社会主义现代化国家而团结奋斗——在中国共产党第二十次全国代表大会上的报告》，人民出版社2022年版，第71页。

结语

重塑马克思在青年中的形象

19世纪初的一声啼哭，诞生了一位思想巨人，后来被英国广播公司（BBC）评为“千年第一思想家”，至今仍被世界人民所铭记。他的一生是胸怀崇高理想、为人类解放不懈奋斗的一生；是不畏艰难险阻、为追求真理而勇攀思想高峰的一生；是为推翻旧世界、建立新世界而不息战斗的一生。他的著作犹如一盏盏明灯，指引了前行中迷茫的个体和国家。他就是卡尔·马克思，他和恩格斯共同创立了马克思主义理论学说，划破了资本主义世界的虚伪面具，为全世界深陷苦楚的无产阶级指引着前进方向。但是在现实社会中，还有部分学生、学者把马克思“固化”为一尊雕像，“物化”为大胡子的形象，“僵化”为一些只能昂头背诵的词句和艰涩的理论，对其敬而远之。

（一）立志为人类解放而奋斗

恩格斯在评价欧洲文艺复兴时曾说：“这是人类以往从来没有经历过的一次最伟大的、进步的变革，是一个需要巨人并且产生了巨人的时代，那是一些在思维能力、激情和性格方面，在多才多艺和学识渊博方面的巨人”，这些巨人“几乎全都置身于时代运动中，在实际斗争中意气风发，站在这一方面或那一方面进行斗争，有人用舌和笔，有人用剑，有些人则两者并用。因此他们具有成为全面的人的那种性格上的丰富和力量”。① 站在历史的新起点上，重温恩格斯的这段话，回首过往的 19 世纪，同文艺复兴一般，那也是一个伟人迭出的时代，而马克思毫无疑问是其中的巨人之一。作为马克思主义的主要创始人，马克思主义政党的缔造者和国际共产主义的开创者，马克思的巨人之姿不仅屹立于 19 世纪，其思想更是跨越时空，两个世纪过去了，人类社会发生了巨大而深刻的变化，但马克思的名字依然在世界各地受到人们的尊敬，马克思的学说依然闪烁着耀眼的真理光芒！

马克思是何许人也？这个名字为何被历史冠以如此殊荣？他的思想为何有这般惊人的伟力？而要弄懂这一切，我们首先需要从马克思生长的环境和时代说起。

1818 年 5 月 5 日，马克思出生于德国摩泽尔河畔的特里尔城，并在此度过了他的少年时光。特里尔城所在的莱茵地区，在法国资产阶级革命影响下，出现了较为繁荣的资本主义工商业，并由此产生了反对封建专制的民主力量和进步思想。这使得它不仅具有传统德国城市普遍具有的严谨的治学氛围，更具有一种先进人道主义的人文关怀，这对马克思的成长产生了深远影响。马克思出生于一个富足、有文化、有教养的家庭，马克思的父亲亨利希·马克思，富有正义感，同情人民疾苦，是一位受人尊敬的律师。马克思深受父母的宠爱，在这里，他度过了一个幸福的童年。生活的衣食无忧使得马克思无需为生活而烦恼，也为马克思

① 《马克思恩格斯文集》第 9 卷，人民出版社 2009 年版，第 409、410 页。

创造了一个良好的学习与思考的环境，得益于他的父亲与他的老师，以及后来的岳父威斯特华伦等人的积极影响，马克思从少年时期便开始向往自由与平等，树立了崇高的志向。在中学毕业作文《青年在选择职业时的考虑》中，年仅 17 岁的马克思写道：我们选择职业的目标应当是为了“人类的幸福和我们自身的完美”，而“如果我们选择了最能为人类而工作的职业，那么，重担就不能把我们压倒，因为这是为大家作出的牺牲；那时我们所享受的就不是可怜的、有限的、自私的乐趣，我们的幸福将属于千百万人，我们的事业将悄然无声地存在下去，但是它会永远发挥作用，而面对我们的骨灰，高尚的人们将洒下热泪”。① 为全人类的幸福和解放工作，这也成为了马克思后来一生的写照。

人类的解放与自由发展是马克思为之奋斗的理想，但这个宏伟目标的实现注定不会是一帆风顺的。为什么本应是人民理性集合的国家却反过来压迫着人民的理性？为什么为德国人所骄傲的哲学的先进却没有给德国带来生活上的富足？财富的来源究竟在哪里？为什么人越劳动却越赤贫？这些问题曾一度困扰着马克思。1837 年，马克思在《给父亲的信》中清晰地勾勒出了他所面对的问题：“现有之物和应有之物的截然对立”。显然，此时马克思已经开始逐渐洞悉出问题的根源所在：当前的一切社会科学，无论是德国古典哲学还是英国政治经济学，理论不能长久地停滞于解释、维护现存世界的一切，或是脱离现实创造出一个只存在于理想的乌托邦来麻痹百姓，而是要真正能带领人民走向美

① 《马克思恩格斯全集》第 1 卷，人民出版社 1995 年版，第 459—460 页。

好生活。因此，有必要对以往的一切哲学进行颠覆，从批判旧世界中发现通向新世界的道路。

（二）探索历史的发源地

莱茵报时期，马克思接触到的社会现实和物质利益问题促使他深入研究经济关系和社会关系在社会生活中的作用，发表了《关于林木盗窃法的辩论》《摩泽尔记者的辩护》等文章，为底层人民仗义执言，但这样对国家和法律的口诛笔伐却并没有换来平等与自由，随之而来的反而是报社关停的一纸勒令。这使马克思意识到，理性主义的信念和物质利益的权威之间存在着尖锐的对立，并且物质利益总是占了上风。这促使马克思去研究国家和法背后掩饰着的物质利益，推动他从对法的研究转向政治经济学研究。

《莱茵报》停刊以后，马克思与好友卢格共同筹办了一本新的刊物——《德法年鉴》，继续与普鲁士政府进行斗争。在德法年鉴时期，马克思逐渐褪去了青年黑格尔派的理想化色彩，开始将理论与现实的革命实践结合，而这也使得当时最为革命的唯物主义者——费尔巴哈走入了马克思的视野。早在1839年，费尔巴哈便在《黑格尔哲学批判》中，提出把黑格尔所理解的观念与具体现实之间的关系颠倒过来，强调观念并不决定具体的现实，而是相反，观念为具体现实所决定。这引起了马克思的共鸣：不是国家决定个人，事实是家庭和市民社会决定国家！恩格斯说道："那时大家都很兴奋：我们一时都成为费尔巴哈派了。"[①]1844年2月出

① 《马克思恩格斯全集》第28卷，人民出版社2018年版，第329页。

版的《德法年鉴》发表了马克思撰写的《〈黑格尔法哲学批判〉导言》《论犹太人问题》，这两篇文章表明马克思已经完成了从唯心主义向唯物主义、从革命民主主义向共产主义的转变。

但费尔巴哈并不意味着马克思探索的结束，恰恰相反，对费尔巴哈的批判是马克思走向哲学殿堂的全新起点。马克思承认费尔巴哈关于物质与意识的关系的论述，但他同时也发现了隐藏于费尔巴哈唯物主义背后的顽疾：费尔巴哈虽然承认现实对于思维、意识和人的决定作用，但在涉及人的现实性时，费尔巴哈却陷入了泥潭。在费尔巴哈看来，人之所以为人，在于人所具有的类本质，也就是“爱”，是这些将人与动物相区别。费尔巴哈试图使用概念化的、知性的思维方式将人的本质归结为“类”，而这一先验本质外在并凌驾于人的历史性之上，成为决定人的存在和发展的前定性原则，而这无疑就带来了另一种困惑：如果假设历史是这样一部由人的主观意志书写的宏伟的浪漫史诗，忠臣与反贼，道义与背叛，爱与恨的交织构成了我们的历史，传承下来的伟大精神永不过时，那么反观现实，为什么尔虞我诈、利益往来是主旋律呢？为什么人类历史上层出不穷的伟大情感在现实中却失声了？事实证明，历史的发源地另有他处。

那么，真正的历史发源地在哪里呢？马克思将目光放到了为以往哲学家所不屑，但却真实存在并改变人的东西——劳动上，马克思清醒地意识到，人类历史的第一个活动就是生产物质资料。

（三）展现完整的马克思形象

以上是对马克思及其“历史缩影”的简短介绍，具体内容已在书中展开。为重新树立马克思在青年心中的形象，本书共6章，分为文本阅读中的马克思、历史深处的马克思、思想论战中的马克思、科学信仰中的马克思、青年的困惑与马克思、中国化时代化的马克思，从著作阅读、个人成长史、批判错误理论、信仰转变、当代青年困惑与传播马克思主义理论的使命等角度，通过一个一个鲜活的案例、诙谐幽默的语言，全面呈现生动、有趣的马克思形象。

本书第一章以“阅读”为破解马克思和马克思主义的关键词，题为“文本阅读中的马克思”。从阅读马克思主义卷帙浩繁的文献方法论切入，回答广大青年和社会大众在面对马克思主义时，读什么、怎么读。以在马克思主义发展史上具有重要地位的4部著作为例，试图说明阅读马克思主义文本的方法论、文本核心内容，回答为什么《关于费尔巴哈的提纲》被称为“包含着新世界观的天才萌芽的第一个文献”；为什么面对《德意志意识形态》时，马克思说“既然我们已经达到了我们的主要目的——自己弄清问题，我们就情愿让原稿留给老鼠的牙齿去批判了”；为什么《共产党宣言》标志着马克思主义首次完整、系统的表述和公开问世，被称为“完备的理论”“实践的党纲”，能够得到千百万工人的拥护，成为“批判的武器”；为什么列宁说“自从《资本论》问世以来，唯物主义历史观已经不是假设，而是科学地证明了的原理”，为什么《资本论》被誉为“工人阶级的圣经”且经久不衰。

本书第二章以“历史”为破解马克思和马克思主义的关键词，题为“历史深处的马克思”。以马克思如何看待人类历史为总括和统领，从宏观到微观的叙事结构，聚焦马克思个人成长史和马克思思想发展史。宏观层面具体包括马克思如何看待人类历史、马克思对资本主义社会如何“人体解剖”得出“资产阶级的灭亡和无产阶级的胜利是同样不可避免的”必然结论。微观层面马克思个人成长史侧重史实记述马克思如何从文艺青年成长为关注物质利益难题的编辑，从而为劳苦大众发声和奋斗一生，即使被迫流亡 40 年也不曾放弃他矢志不渝的坚守。微观层面马克思思想发展史，论述马克思如何实现“两个转变”，告别形而上学唯物主义的阴霾，将旧唯物主义在社会历史领域清除，修补完善唯物主义大厦，确立一生“两大发现”之一的唯物史观。

本书第三章以“论战”或者“批判”为破解马克思和马克思主义的关键词，题为“思想论战中的马克思”。众所周知，马克思一生中的重要著作，都是在与对手的论战中形成的。譬如，在标志着马克思完成“两个转变”的文献《论犹太人问题》和《〈黑格尔法哲学批判〉导言》中，马克思深刻地批判了青年黑格尔派在宗教和政治解放等问题上的唯心主义观点。1844 年马克思和恩格斯第一部合著《神圣家族》，仍然在批判青年黑格尔派的代表鲍威尔、施蒂纳等的“思辨哲学”“自我意识”“英雄史观”等。1845 年 10 月至 1847 年 4—5 月，马克思和恩格斯撰写的《德意志意识形态》，第一卷批判费尔巴哈形而上学唯物主义和青年黑格尔派的主要代表人物鲍威尔和施蒂纳的唯心主义哲学，第二卷批判“真正的社会主义”。1847 年马克思撰写的《哲学的贫困》，是为了批判蒲鲁东取消社会革命的错误观点和唯心主义形而上学的方法论。1864 年，马克思为第一国际起草《国际工人协会成立宣言》和《国际工人协会共同章程》，在第一国际成立后，马克思对当时在国际中影响最广、危害最大的两种机会主义思潮——蒲鲁东主义和巴枯宁主义展开了针锋相对的批判。除了上述我们所熟知的批判和论战外，本章选取《1844年经济学哲学手稿》中马克思对费尔巴哈的初步清算、马克思对波普尔“历史非决定论”的回应批判、马克思与资产阶级思想家围绕贫困问题的交锋等内容，大大提高了书籍的思想性和树立更为完整的“批判”中的马克思形象，但是马克思并不仅仅停留在简单批判的层面，而往往都是更进一步给出了自己的答案，确立了自己的理论。

本书第四章以“信仰”为破解马克思和马克思主义的关键词，题为“科学信仰中的马克思”。从马克思本人出发，关注他是如何从非科学信仰向科学信仰转变，进而回答什么是科学信仰即马克思主义信仰，其与宗教信仰有何本质区别。从理论和现实结合的维度，聚焦近代中国历史舞台上各种主义和思潮的尝试，资本主义道路没有走通，改良主义、自由主义、社会达尔文主义、无政府主义、实用主义、民粹主义、工团主义等也都“你方唱罢我登场”，都没能解决中国的前途和命运问题。在中华民族前所未有的“黎明前至暗时刻”，十月革命一声炮响给中国送来了马克思列宁主义，自此以后中国共产党以马克思主义为指导思想和科学信仰，在960万平方公里的土地上创造了一个又一个人间奇迹。理论本身的科学性和实践成就的铁证，都清晰地表明马克思主义是对的，是能够指导中国实现现代化和中华民族伟大复兴的科学思想。马克思主义信仰为中国青年实现人生价值提供精神动力，为当代青年成就出彩人生指明了方向。

本书第五章以“青年”及其“困惑”为破解马克思和马克思主义的关键词，题为“青年的困惑与马克思”。青春是我们每个人都要经历的时期，回忆起来人们往往用“美好”等词来指代。关于爱情，历史上有许多关于爱情的动人传说，但都无法与马克思和燕妮的爱情相媲美，因为好的相爱状态不是物欲的满足或者所谓的门当户对，而是精神的共鸣。马克思说：“你的照片纵然照得不高明，但对我却极有用，现在我才懂得，为什么‘阴郁的圣母’，最丑陋的圣母像，能有狂热的崇拜者，甚至比一些优美的像有更多的崇拜者。”① 关于职业的选择，17 岁的马克思在《青年在选择职业时的考虑》中写道：“在选择职业时，我们应该遵循的主要指针是人类的幸福和我们自身的完美。”② 这也为当代青年选择人生职业和事业发展指明了正确的途径。关于友谊，李白有“桃花潭水深千尺，不及汪伦送我情”的依依不舍；白居易有“君埋泉下泥销骨，我寄人间雪满头”表达对亡友元稹的无尽思念；黄庭坚有“桃李春风一杯酒，江湖夜雨十年灯”，是天涯相隔遥想与好友黄几复相聚的把酒言欢。总之，在中国的历史长河中，古人对于友谊的描写不胜枚举。但是，人类历史上有一种友谊是靠共同的信仰即共产主义信仰支撑起来的，列宁说：“古老传说中有各种非常动人的友谊故事”，但他们的友谊“超过了古人关于人类友谊的一切最动人的传说”。他们就是马克思和恩格斯。我们以“举世无双的友谊”试图告诫青年朋友们，要常交孔

---

① 《马克思恩格斯全集》第 29 卷，人民出版社 1972 年版，第 512 页。

② 《马克思恩格斯全集》第 1 卷，人民出版社 1995 年版，第 459 页。

子所说的“益者三友”（友直、友谅、友多闻），懂得在友谊出现裂缝时如何处理。关于科研，一部分青年可能有着繁重的科研负担，这时我们既要有“读书不觉春已深”的定力，“学而不思则罔，思而不学则殆”的深思；也要有“奇文共欣赏，疑义相与析”的合作，“为学无间断，如流水行云”的通达；更要有“青春须早为，岂能长少年”的自觉，“三更灯火五更鸡，正是男儿读书时”的勤奋。而马克思对待学问的态度是“在科学上没有平坦的大道，只有不畏劳苦沿着陡峭山路攀登的人”①。总之，在当代青年面对种种成长的烦恼和困惑时，如何处理和应对，怎样做出正确的人生选择，本章从马克思的视角，试图给出合理的答案，树立正确的榜样和示范。

本书第六章以中国化和时代化的马克思主义，为破解马克思和马克思主义的关键词，题为“中国化时代化的马克思”。从西方的马克思看东方的近代中国的原典出发，透视近代中国的社会变迁和思潮迭起。记述在近代中国的烽火连天中，马克思主义如何从“星星之火”到“燎原之势”的壮丽风景，以至于取得今天的标志性成果、突破性进展，带有鲜明的“中国”标识，在世界上高高举起了马克思主义的真理旗帜。进而结合本书主题“青年”在传播马克思主义中的特征、使命，深刻揭示其肩负的历史荣光。

---

① 《马克思恩格斯全集》第 43 卷，人民出版社 2016 年版，第 13 页。

后　记

青春不仅是躁动的荷尔蒙和多巴胺的分泌，更是深沉的意志、恢宏的想象、炙热的情感，是生命的深泉在涌流，是科学信仰的形成期。作家柳青说过：人生的道路虽然漫长，但要紧处常常只有几步，特别是当人年轻的时候。没有一个人的生活道路是笔直的，没有岔道的。有些岔道口譬如政治上的岔道口，个人生活上的岔道口，你走错一步，可以影响人生的一个时期，也可以影响一生。在人生成长的“拔节孕穗期”，能够遇见马克思主义，从而确立起科学的信仰、肩负起历史和时代的责任，是当代青年责无旁贷的追求，也是本书希望能够达到的“外溢效应”和主要目的。

最后，需要说明的是，本书是通力合作的结果，能够付梓离不开从选题策划到具体稿件撰写的日夜辛勤付出。第三届中国青年马克思主义大会后，人民出版社邓浩迪老师联系我，希望根据时代特征和当下青年的具体情况，写一部兼具学术性与思想性、通俗性与趣味性的马克思主义理论通俗读物，从而介绍全面、立体、生动的马克思形象。本着逻辑与历史、理论与现实相结合的原则，我快速确定了章节框架、写作思路和每章的具体题目，并撰写了结语和负责统筹协调工作，郭建宁教授亲自撰写前言并担任该书主编。本书的编写，得到诸多青年学者响应和支持，参加本书编写工作的有（按撰写顺序）：中国人民大学罗骞教授，北京语言大学宋鑫讲师，上海交通大学鲍金教授，贵州财经大学和思鹏教授、任军超，中国人民大学黄泽清讲师，华中科技大学岳奎教授、蔡超，中国政法大学张欣然讲师，苏州大学张晓副教授，西南大学万雪飞副教授，首都师范大学阮华容讲师，温州大学赵光辉教授、王启霖，华南师范大学关锋教授，复旦大学包炜杰讲师，厦门大学肖斌副教授，中共中央党校田书为讲师，中国科学技术大学江可可讲师，南方科技大学滕明政副教授，清华大学博士生张学森，北京大学博士生郭源，东北大学任鹏教授，河南师范大学博士生张迪，北京航空航天大学博士后毕国帅，上海中医药大学王芳教授，对外经济贸易大学于玲玲副教授，上海政法学院刘旭光讲师，扬州大学徐建飞副教授，中国青年报梅潇予编辑，华东师范大学陈红娟教授、姚新宇，中共福州市委党校李方菁讲师。北京邮电大学周炜杰、中山大学赵静芳、长江日报秦孟婷编辑，对此亦有贡献，在此予以感谢！

从成稿来看，本书初步完成了其使命，由衷感谢人民出版社，尤其是邓浩迪编辑的鼎力支持！本书是一部从“文本”“历史”“论战”“信仰”“困惑”“时代”等不同视角解读马克思和马克思主义的作品，而不是“泥古”和局限于马克思主义文本与其所处社会历史时代，值得社会各界阅读。但也由于编写者能力和水平所限，难免存在疏漏之处，敬请方家批评指正，提出宝贵意见，以待日后时机成熟之际再版或者修订时有所改观。

王富军

谨识于2023年3月4日

喧寂斋

责任编辑：邓浩迪
装帧设计：汪　莹

图书在版编目（CIP）数据

当青春遇见马克思 / 本书编写组 著 . — 北京：人民出版社，
2023.5（2025.8 重印）
ISBN 978 – 7 – 01 – 025576 – 7

I. ①当…　II. ①本…　III. ①马克思主义 – 青年读物
IV. ① A81-49

中国国家版本馆 CIP 数据核字（2023）第 058153 号

当青春遇见马克思
DANG QINGCHUN YUJIAN MAKESI

本书编写组

人民出版社 出版发行
（100706　北京市东城区隆福寺街 99 号）

北京汇林印务有限公司印刷　新华书店经销

2023 年 5 月第 1 版　2025 年 8 月北京第 5 次印刷
开本：880 毫米 ×1230 毫米 1/32　印张：12.625
字数：300 千字

ISBN 978 – 7 – 01 – 025576 – 7　定价：59.00 元

邮购地址 100706　北京市东城区隆福寺街 99 号
人民东方图书销售中心　电话（010）65250042　65289539